beck'sche reihe

D1672834

b'sr

Die Verbindung wissenschaftshistorischer und wissenschaftstheoretischer Fragestellungen macht die Eigenart dieses Buches aus. Ohne zwar eine ausgearbeitete philosophische Theorie der Wissenschaften zu sein, nimmt es in sieben Studien konkret Stellung zu philosophischen Voraussetzungen der Natur-, Sozial- und Geisteswissenschaften und zur Bedeutung von deren Ergebnissen für die Idee der Philosophie.

Vittorio Hösle war Professor an der New School for Social Research in New York, o. Professor an der Universität Essen und Direktor am Forschungsinstitut für Philosophie Hannover. Er lehrt derzeit Philosophie an der University of Notre Dame (USA). Bei C.H.Beck ist zuletzt von ihm erschienen: „Moral und Politik. Grundlagen einer philosophischen Ethik für das 21. Jahrhundert" (1997).

Vittorio Hösle

Die Philosophie und die Wissenschaften

Verlag C.H. Beck

Meiner lieben Frau Jieon Kim

Die Deutsche Bibliothek – CIP-Einheitsaufnahme

Hösle, Vittorio:
Die Philosophie und die Wissenschaften / Vittorio
Hösle. – Orig.-Ausg. – München : Beck, 1999
  (Beck'sche Reihe ; 1309)
  ISBN 3 406 42109 1

Originalausgabe
ISBN 3 406 42109 1

Umschlagentwurf: +malsy, Bremen
© C. H. Beck'sche Verlagsbuchhandlung (Oscar Beck), München 1999
Gesamtherstellung: C. H. Beck'sche Buchdruckerei, Nördlingen
Gedruckt auf säurefreiem, alterungsbeständigem Papier
(hergestellt aus chlorfrei gebleichtem Zellstoff)
Printed in Germany

Inhalt

Vorwort   7

Rationalismus, Determinismus und Freiheit   15

Der Darwinismus als Metaphysik (mit Christian Illies)   46

Tragweite und Grenzen der evolutionären
Erkenntnistheorie   74

Über die Unmöglichkeit einer naturalistischen
Begründung der Ethik   104

Zur Philosophie der Geschichte der Sozialwissenschaften . .   125

Philosophische Grundlagen eines zukünftigen
Humanismus   166

Religion, Theologie, Philosophie   189

Anhang

Anmerkungen   207

Nachweise   235

Vorwort

Kants Schrift „Der Streit der Fakultäten" ist Ausdruck eines Problems, das für die Philosophie, insbesondere die neuzeitliche, konstitutiv ist. Während am Anfang der Philosophiegeschichte die Philosophie die Universalwissenschaft war, in der alle anderen Wissenschaften gründeten, haben sich schon in der Antike, insbesondere mit der peripatetischen Schule, die Einzelwissenschaften von ihr zu emanzipieren begonnen. Im Mittelalter war ihr Wahrheitsanspruch dadurch radikal begrenzt, daß ihr die Theologie übergeordnet war. Ja, zwischen der philosophischen und der theologischen Fakultät vermittelten noch die medizinische und die juristische; und um die Auseinandersetzung mit diesen drei höheren Fakultäten geht es bei Kant. Allerdings gehörte zu seiner Zeit zur Philosophischen Fakultät noch alles, was nicht in jenen drei anderen Fakultäten angesiedelt war – die Mathematik, sämtliche Naturwissenschaften, die Psychologie und Pädagogik, die Vorläufer der späteren Sozial- und Geisteswissenschaften. Diese Wissenschaften haben sich seit dem letzten Jahrhundert in unabhängigen Fakultäten etabliert, und sie haben sich auch inhaltlich von der Philosophie emanzipiert. Nicht nur ist unserem Gefühl nach die Zeit sehr, sehr weit entfernt, in der die Philosophie noch als erforderlich angesehen wurde, um den Erkenntnisanspruch jener Wissenschaften zu legitimieren; manche dieser Wissenschaften verstehen sich inzwischen selbst als Nachlaßverwalter der Philosophie, d. h. sie wollen mit wissenschaftlichen Mitteln die Fragen lösen, die die Philosophie mit den ihren nur gestellt und vergeblich umkreist habe.

Ohne Zweifel ist es im 20. Jahrhundert vollends zum Schicksal der Philosophie geworden, sich immer mehr mit dem alternativen Wahrheitsanspruch der Wissenschaften (und zunehmend auch anderer kognitiver Systeme wie der Religion und der Kunst) befassen zu müssen. Dazu hat sicher nicht nur der beachtliche Erfolg der neuzeitlichen Wissenschaften seit ihrer Konstitution im 17. Jahrhundert (Naturwissenschaften) und im 18./19. Jahrhundert (Sozial- und Geisteswissenschaften) beigetragen. Nicht minder spielt eine Rolle die Fülle an durchaus gegensätzlichen philosophischen Positionen, die in der Tradition erarbeitet wurden und die eine wechselseitig relativierende Wirkung haben, verglichen mit welcher, wenigstens für den Außenseiter, die einzelnen Wissenschaften gleichsam monolithisch wirken. Und doch trügt der Schein. Zwar ist es auf der einen Seite gewiß richtig, daß eine Philosophie, die ernst genommen werden will, sich heute intensiv auf die Einzelwissenschaften einlassen muß. Die bloße Wiederholung der Positionen von Klassikern aus dem Mittelalter und der frühen Neuzeit, ohne ihre Vermittlung mit den Resultaten der zeitgenössischen Wissenschaften, wird niemanden überzeugen, und zwar durchaus zu Recht nicht. Auf der anderen Seite ist der Wahrheitsanspruch der modernen Wissenschaften etwas, was selbst einer Rechtfertigung bedarf, die über den Verweis auf den Erfolg hinausgeht. Auch Mythologien haben soziale Wirkungen gehabt, die man als Erfolg bezeichnen kann, wie etwa die Stabilität der sozialen Ordnung und die Vermittlung von Gefühlen der Geborgenheit; aber ein derartiger Erfolg ist kein Kriterium für Wahrheit. Ferner ist nicht auszuschließen, daß ein Teil des Erfolgs der modernen Wissenschaften auf Machtstrukturen bei ihrer Organisation zurückgeht – Machtstrukturen, die alternative Denkweisen ausschließen, obwohl diese nicht unvernünftiger sind als die dominierenden. Damit ist keineswegs nach Art Foucaults behauptet, die Frage, was wissenschaftlich sei, sei eine Machtfrage, also genauer eine Frage nach denjenigen Menschen oder denjenigen Institutionen, die die Macht haben, „wissenschaftlich" zu definieren. Ganz im Gegenteil: Sosehr Machtfragen bei der Durchsetzung wissenschaftlicher, natürlich auch philosophischer Schulen eine Rolle spielen, sosehr hängt der Wahrheitsanspruch der Wissenschaften daran, daß es eine Geltungssphäre gibt, die sich nicht auf Machtverhältnisse zurückführen läßt.

Und der zentrale Teil dieser Geltungssphäre hat mit spezifisch philosophischen Fragen zu tun. So bleibt, wenn man an den Erfolg der Wissenschaften nicht in der Gesellschaft, sondern etwa bei der Vorhersage von Ereignissen denkt, die alte Frage nach der Berechtigung der Induktion ungelöst: Werden diese Erfolge auch in der Zukunft andauern? Freilich versucht hier die moderne Wissenschaft selber einzuspringen und etwa in Gestalt der evolutionären Erkenntnistheorie und Ethik eine „wissenschaftliche" Antwort auf die traditionellen erkenntnistheoretischen und ethischen Fragen zu geben. Es hängt sehr viel daran, daß man begreift, daß derartige Antworten Scheinantworten sind, die die Antworten der Vergangenheit nicht über-, sondern unterbieten. Freilich hängt ebenso viel an der Erkenntnis, daß die Evolution der Organismen eine fundamentale Struktur der Realität ist, innerhalb welcher auch der menschliche Erkenntnisprozeß seinen Platz hat. Das Festhalten an einer irreduziblen Sphäre reiner Geltungen und die Annahme der Herausforderung des Darwinismus sind miteinander logisch kompatibel, und es ist eine der Leistungen eines seit Platon existierenden Typus von Philosophie, des objektiven Idealismus, daß man auf seiner Grundlage leicht klarmachen kann, warum beide Positionen sogar komplementär sind. Aber es ist nicht nur das formale erkenntnistheoretische Problem der Induktion, das der Philosophie eine bleibende Sonderrolle im Kosmos der Wissenschaften sichert. Auch materiale Prinzipien wie etwa das Kausalitätsprinzip oder Grundbegriffe wie derjenige der Identität setzen der Wissenschaft erst den Rahmen, innerhalb dessen sie erfolgreich operieren kann; sie können also nicht von der Wissenschaft selbst erläutert werden, weil sie von ihr vielmehr vorausgesetzt werden.

Die hier versammelten Aufsätze sind Bausteine zu einer theoretischen Philosophie, die erkenntnistheoretische und ontologische Fragestellungen verknüpft und dabei die Resultate der Wissenschaften aufnimmt, ohne sich selbst zur Magd der Einzelwissenschaften zu machen. Unter „Wissenschaften" verstehe ich keineswegs nur die Natur-, sondern auch die Sozial- und Geisteswissenschaften sowie die Theologie. Eine der Methoden der Auseinandersetzung mit den Einzelwissenschaften ist dabei die geschichtsphilosophische Analyse ihrer Entwicklung, weil diese teils eine kritische Distanz von ihrer gegenwärtigen Erscheinung erzeugt, teils zukünftige Entwicklungen zu antizipieren erlaubt, teils zu erklären vermag, warum bestimmte Phänomengruppen von einer Wissenschaft zunehmend ausgeblendet werden. Denn eines wenigstens dürfte unbestritten sein: Keine Wissenschaft ist vollständig, ja, je reiner sich bei ihr das methodische Bewußtsein entwickelt, desto mehr tendiert sie dazu, das aus dem Blick zu verlieren, was ihrer verfeinerten Methode fremd ist, obwohl diese

Gegenstände nicht deswegen schon aufhören zu sein. In jedem Fall ist es eines der heuristischen Prinzipien dieser Aufsätze, daß eine umfassende Wissenschaftstheorie nicht ahistorisch sein kann, sondern sich mit einer philosophischen Wissenschaftsgeschichte verbinden muß.

Auch wenn die hier vorgelegten Aufsätze über einen Zeitraum von zwölf Jahren entstanden sind, wurden die beiden ältesten (der dritte und vierte dieses Bandes) stilistisch und inhaltlich wenig überarbeitet. Dies in der Überzeugung, daß sie einander nicht widersprechen, sondern sämtlich auf dem Boden des gleichen Paradigmas, des objektiven Idealismus, stehen. Allerdings läßt sich in einer wesentlichen Frage eine Inkohärenz bemerken, die auf einen Wandel meiner Ansichten zurückgeht. Auch wenn alle einschlägigen Aufsätze eine Ablehnung des Interaktionismus als einer angemessenen Antwort auf das Leib-Seele-Problem durchzieht, wird in den chronologisch späteren deutlich gemacht, wieso diese Ablehnung noch keineswegs einen Bruch mit dem Dualismus nach sich zieht. Auch der Parallelismus, ja selbst der Epiphänomenalismus sind dualistische Theorien (und nicht monistische, wie ich früher geschrieben habe, als dualistisch nur den Interaktionismus ansehend); denn an der Unmöglichkeit, mentale Prädikate auf physische zurückzuführen, ist nicht zu rütteln. Die Leugnung der Existenz einer Innenseite ist nicht diskussionswürdig; und die Identitätstheorie scheitert daran, daß hier der Identitätsbegriff in einer Weise verwendet wird, die, um mit Davidson zu reden, äußerst anomal ist und auf die übliche Verwendung von „Identität" nicht zurückgeführt werden kann. Hinter Descartes' Revolutionierung der Fragestellung gibt es, scheint mir, kein Zurück, auch nicht zu Aristoteles.

Was den geistigen Faden betrifft, der die Aufsätze verbindet, so behandelt der erste mit Grund und Ursache Kategorien, die für alle Wissenschaften, damit auch für die erste unter den Realwissenschaften, die Physik, zentral sind. Ja, die Frage nach Determinismus und Freiheit durchzieht fast sämtliche Disziplinen der Philosophie und verknüpft u.a. theoretische und praktische Philosophie. Vielleicht ist dies einer der größten intellektuellen Reize der Philosophie, der sie mit der Mathematik verbindet, daß zwischen ihren einzelnen Disziplinen ein stets faszinierender und oft überraschender Zusammenhang waltet – ein Zusammenhang, der es unmöglich macht, sich auf eine einzige philosophische Disziplin zu konzentrieren und die anderen zu ignorieren.

In den folgenden drei Aufsätzen steht die Biologie im Mittelpunkt, die sich anschickt, zum erfolgreichsten Konkurrenten der Philosophie zu werden, was umfassende Weltdeutungen betrifft. In „Der Darwinismus als Metaphysik" geht es darum, einerseits die metaphysischen Voraussetzungen des Darwinismus, andererseits die Konsequenzen, die der Darwinismus für die Metaphysik hat, zu eruieren. Denn, so die These, der Darwinismus ist nicht nur eine naturwissenschaftliche, sondern auch eine ontologische Position – er hat unser Bild vom Sein für immer verändert. Zwar gelten seine Prinzipien nicht für alles Seiende, also z.B. nicht für präbiotisches Seiendes, aber sie gelten doch nicht nur für Organismen, sondern auch für soziale Gebilde und Theorien, die um knappe Ressourcen konkurrieren. Die feste Verwurzelung der ontologischen Voraussetzungen des Darwinismus in der rationalistischen Metaphysik des 17. Jahrhunderts steht in einer merkwürdigen Spannung zu den antirationalistischen Konsequenzen, die etwa von Nietzsche aus ihm gezogen werden. Diese Spannung beruht natürlich auf einer Verwechselung von Genese und Geltung.

Eben diese Unterscheidung aufrechtzuerhalten und auf ihrer Grundlage Fundierungsverhältnisse zu klären, ist das Ziel des Aufsatzes über evolutionäre Erkenntnistheorie. Während die Kritiker dieser schon bei Darwin selbst angelegten Theorie oft genug die Richtigkeit der ihr zugrunde liegenden Fakten bestreiten, habe ich an dieser keine Zweifel. Das Erkennen ist auch ein natürlicher Prozeß, und man kann es so definieren, daß es lange vor der Entstehung des Menschen, ja, schon mit den ersten Organismen begonnen haben muß. Aber das Erkennen ist nicht nur das, sondern es hat einige Qualitäten, die naturalistisch nicht zu fassen sind (weder in einer rein physikalistischen noch in einer rein mentalistischen Sprache, noch in einer, die beide verbindet). Insbesondere werden die Zirkel aufgedeckt, die die evolutionäre Erkenntnistheorie begeht, wenn sie den Anspruch erhebt, die alten erkenntnistheoretischen Probleme mit ihren Mitteln zu lösen.

Analoges gilt für alle Versuche einer naturalistischen Begründung der Ethik. Zwar halten, wie ich zu zeigen versuche, manche Einwände gegen den Naturalismus nicht Stich, aber am Geltungsproblem der Ethik scheitert er nicht minder als an demjenigen der Erkenntnistheorie. Gerade eine Zeit, die verzweifelt nach einer Ethik für die Naturwissenschaften sucht, um die anthropogenen Veränderungen der Welt im wissenschaftlich-technischen Zeitalter auf verantwortbare Weise zu begrenzen, kann diese nicht in einem szientistischen Naturalismus suchen, so attraktiv dieser auch nach dem Zusammenbruch religiöser Weltbilder erscheint.

Der Aufsatz über die Philosophie der Geschichte der Sozialwissenschaften setzt sich mit dem anderen großen Rivalen der Philosophie auseinander, der Soziologie (die im übrigen durchaus an die Biologie anknüpfen kann und in der Tat auch anknüpft). Dabei geht es um das Sein-Sollens-Verhältnis in den bekanntesten sozialwissenschaftlichen Theorien. Anliegen des Artikels ist der Nachweis einer Entwicklungslogik von der in der rationalistischen neuzeitlichen Metaphysik Spinozas gegründeten philosophischen Soziologie Vicos bis zur wertfreien Systemtheorie Luhmanns und ihrem Abschied von der Geltungsfrage; erörtert werden dabei auch einige der Zwischenstufen bei den berühmtesten Klassikern der Soziologie. Es liegt auf der Hand, daß diese Entwicklung Parallelen aufweist zu derjenigen, die in der Biologie zum Darwinismus geführt hat.

Die Auseinandersetzung mit dem Humanismus ist gleichzeitig ein Beitrag zur Philosophie der Geschichte der Geisteswissenschaften. Wahrscheinlich ließe sich, was hier exemplarisch für die Klassische Philologie gezeigt worden ist, auch für die meisten anderen Geisteswissenschaften generalisieren. In diesem Aufsatz wie in demjenigen über den Darwinismus spielt Nietzsche eine wichtige Rolle – denn es besteht gar kein Zweifel, daß es seine Hammerschläge sind, die das Verhältnis der Philosophie zu den Einzelwissenschaften radikal geändert haben, und zwar weil sie das Selbstverständnis der Philosophie revolutioniert haben. Freilich ist auch eine erfolgreiche Revolution nicht automatisch legitim. An den Schrumpfformen einer historistischen Philosophie und einer positivistischen Philologie läßt sich erkennen, wie schwer humanistische Gedanken, die mehr sein wollen als Appelle, es in unserer Zeit haben, die ohne den Glauben an etwas Absolutes auch den Glauben an den Menschen nicht recht vertreten kann.

Der abschließende Aufsatz gilt, wie könnte es anders ein, der Theologie. Einerseits ist es die These des Aufsatzes, daß die Philosophie ohne eine Reflexion auf den Gottesbegriff nicht vollständig sein kann, ja, sich selbst der eigenen Grundlage berauben würde. Andererseits ist auch klar, daß der Gott der Philosophen sich von demjenigen der Offenbarungsreligionen und ihrer Theologien unterscheidet. Er wird nicht durch narrative Strukturen, sondern durch Argumente erkannt, und diese Argumente bilden ein Kriterium zur Bewertung der geschichtlich gewordenen Religionen. Für besonders wert, weitergeführt zu werden, halte ich die knappe Skizze zu den Gottesbeweisen, die die alten, spekulativen Gottesbeweise gegen Kant zu rehabilitieren versucht, allerdings auf der Grundlage der von Kant ausgearbeiteten Ethikotheologie.

Zu danken habe ich für viele Gespräche zu den Themen dieser Aufsätze meinem Essener Kollegen Herrn PD Dr. Bernd Gräfrath und meinem Essener Assistenten Herrn Dr. Christian Illies, dem Mitverfasser des Aufsatzes über den Darwinismus als Metaphysik sowie einer demnächst bei Herder erscheinenden kleinen Einführung in Darwin.

Die Beschäftigung mit der theoretischen Philosophie erfordert eine Hingabe an die Abstraktion, die die Gefahr in sich birgt, daß die anderen Schichten des Menschseins verkümmern. Meiner Frau Jieon Kim, der Mutter unserer Zwillinge, ist dieses Buch in tiefer Liebe und Dankbarkeit dafür gewidmet, daß sie mit Anmut dafür kämpft, daß diese Schichten am Leben bleiben – was einerseits auch der Philosophie zugute kommt, andererseits in sich selbst einen großen intrinsischen Wert trägt.

Rationalismus, Determinismus und Freiheit[1]

Ein ausgezeichnetes Buch über den Determinismus endet mit dem folgenden Ratschlag: „As a pracital ‚solution' I recommend the ostrich tactic: dont't think too closely or too long on the issues raised here, and in daily life continue with the presumption that the ‚I' that chooses and the self to which we attach value judgments are autonomous. Let those who want to call themselves philosophers bear the risk to their mental health that comes from thinking too much about free will."[2]

Da ich unglücklicherweise zu der Hochrisikogruppe der Philosophen gehöre, will ich wenigstens einige Zeit und einige Energie der Reflexion über das Verhältnis von Freiheit und Determinismus widmen. Da der angeblich nicht-deterministische Charakter der Quantenmechanik eine der Ursachen für das Interesse war, das die Theorie auch außerhalb der Physik erweckte, könnte man erwarten, daß ich im folgenden speziell auf die Quantenmechanik eingehen werde. Das aber wird nicht der Fall sein. Einerseits bin ich kein Naturwissenschaftler und nicht einmal ein Philosoph der Naturwissenschaften im engeren Sinne des Wortes; daher bin ich nicht qualifiziert, zu der Frage beizutragen, ob die Quantenmechanik oder andere einschlägige physikalische Theorien wirklich deterministisch sind. Das ungelöste Problem einer befriedigenden Interpretation der Quantenmechanik betrifft offenbar nicht nur die Frage des Determinismus, sondern auch die Frage von Realismus oder Phänomenalismus und eine Vielzahl konkreter ontologischer Probleme, wie das Verhältnis von Ganzem und Teilen, die Verletzung des Lokalitätsprinzips usw. Diese Fragen sind miteinander verbunden, was die Analyse noch schwieriger macht: Denn man kann nicht über den deterministischen oder nicht-deterministischen Charakter einer Theorie entscheiden ohne bestimmte ontologische Annahmen darüber, welche Eigenschaften existieren und determiniert werden können oder nicht können.

Andererseits ist das Ziel meines Beitrags eine Verteidigung des Determinismus. Ich behaupte hier nicht die Wahrheit des Determinismus, aber ich will ihn so stark wie nur möglich machen. Zumindest will ich einige grobe Mißverständnisse zurückweisen, die bezüglich des Determinismus existieren und die zu übersteigerten Erwartungen an die Quantenmechanik geführt haben – als ob nur diese Theorie uns von einer entsetzlichen und letztlich unmoralischen Vision der Welt befreien könnte. Es besteht kein Zweifel daran, daß die Quantentheorie eine wichtige Herausforderung für die Ontologie darstellt; aber ihre philosophische Bedeutung bliebe groß genug, wenn sie z. B. eine Revolution in der Mereologie (der Lehre vom Verhältnis zwischen den Teilen und dem Ganzen) erzwingen würde, ohne gleichzeitig den Determinismus oder gar den Realismus zu unterhöhlen. In jedem Fall ist die Quantentheorie nicht der einzige Weg, um den Determinismus zu überwinden, und vielleicht gibt es nicht einmal ein dringendes Bedürfnis, den Determinismus aufzugeben.

Plancks und Einsteins scheinbar hartnäckige Weigerung, eine nicht-deterministische Interpretation der Quantenmechanik zu akzeptieren, wird mit reduktionistischen psychologischen Kategorien nur von jenen erklärt, die nicht mit den Argumenten zugunsten des Determinismus vertraut sind. Solche Argumente spielen schon in der antiken Philosophie eine Rolle; es ist jedoch nicht schwierig zu sehen, warum in der Spätantike und im Mittelalter der Determinismus eine viel konkretere Position wurde, die für Philosophen aller drei monotheistischen Religionen anziehend war. Die Lehren von der göttlichen Allwissenheit und noch mehr von der göttlichen Allmacht sind, um das mindeste zu sagen, leichter mit einem deterministischen Universum als mit einem nicht-deterministischen kompatibel, auch wenn viel Anstrengung in die verschiedenen Versuche gesteckt worden ist, zu zeigen, daß der freie Wille durch diese beiden Lehren nicht ausgeschlossen werde. In der frühen Neuzeit schließlich wurde eine deterministische Weltsicht weitgehend akzeptiert, teilweise auf theologischer Grundlage – auch wenn die Veränderungen im Gottesbegriff, die in dieser Zeit erfolgten, tiefgehend sind –, teilweise auch von agnostischen oder sogar atheistischen Positionen. Es ist bezeichnend, daß einer der Klassiker des Determinismus – vielleicht der bekannteste – Newtons „Philosophiae naturalis principia mathematica" von 1686 vorausgeht: Spinozas „Ethica" erschien (postum) 1677. Das zeigt, daß der Triumph des Determinismus die Entstehung der klassischen Mechanik nicht voraussetzte, auch wenn es töricht wäre, zu bestreiten, daß er von ihr begünstigt wurde. Aber es gibt philosophische Argumente für den Determinismus, die nicht von dem Zustand der Physik abhängen; und so wie der Determinismus der Newtonischen Physik nicht bedurfte, um als philosophische Position artikuliert zu werden, so kann er auch nicht widerlegt werden durch die Ersetzung der Newtonischen Physik durch andere Paradigmen. Ich setze hier um des Argumentes willen voraus, daß die Newtonische Mechanik eine deterministische Theorie ist. Das ist freilich eine Position, die nicht von jedem geteilt wird. Earman bestreitet sie ausdrücklich – wenn auch nur, indem er Lösungen der relevanten mathematischen Gleichungen einführt, die als nicht wirklich physisch möglich angesehen werden könnten.[3] Als dem Determinismus gegenüber viel günstiger betrachtet er die spezielle Relativitätstheorie. Aber das sind Fragen, die ich in diesem Aufsatz nicht diskutieren werde. (Noch mehr habe ich das Problem der statistischen Gesetze zu ignorieren.)

Ich muß mich in diesem Kontext sogar mit einem sehr rohen Begriff des Determinismus begnügen. Als „Determinismus" verstehe ich eine ontologische, nicht eine epistemologische Position; Voraussehbarkeit ist daher keineswegs ein notwendiges Moment in dem hier vorausgesetzten Begriff, auch wenn sie eine riesige Rolle in der Geschichte des Problems spielte.[4] Das Universum soll „deterministisch" heißen, wenn, was auch immer geschehen wird, in dem, was früher geschehen ist, sowie in den Naturgesetzen impliziert ist, wenn – um genauer zu sein – die Gegenwart nur mit einer einzigen zukünftigen Entwicklung kompatibel ist. Um diese Definition zu verstehen, ist es nicht notwendig, im Detail den schwierigen Begriff der Verursachung zu analysieren. Es gibt jedoch offenkundige Zusammenhänge zwischen dem Determinismus und dem Prinzip des zureichenden Grundes, auch wenn es falsch ist, den Satz „Jedes Ereignis hat eine Ursache" für äquivalent mit dem Determinismus zu halten – er wird vom Determinismus nur impliziert, da ein früherer Zustand der Welt als eine Ursache des späteren angesehen werden kann; aber unser nackter Satz an sich impliziert noch nicht den Determinismus. Das ist jedenfalls dann wahr, solange wir nicht etwas hinzufügen wie: Die gleichen Ursachen haben die gleichen Wirkungen. Denn man könnte sich eine Welt vorstellen, in der jedes Ereignis eine Ursache hat, aber dieselben Ursachen stets unterschiedliche Wirkungen hervorbrächten, und es wäre absurd, ein solches Universum „deterministisch" zu nennen. Allerdings könnte man dagegen einwenden, daß diese Ergänzung in unserer Proposition impliziert ist. In der Tat ist die Proposition, wenn man sie richtig versteht, und noch mehr der Determinismus, nicht so sehr eine Aussage über „Ursachen" als eine Aussage über den allgemeinen Charakter bestimmter Beziehungen – sie setzt eine Metaphysik der Naturgesetze voraus, die in diesem Beitrag freilich leider ebenfalls ignoriert werden muß. Hier will ich nur die Aufmerksamkeit auf die Tatsache lenken, daß die Idee, daß dieselben Ursachen dieselben Wirkungen haben müssen, dem grundlegenden Prinzip der Ethik und des Rechts, daß gleiche Fälle gleich behandelt werden müssen, formal ähnlich ist; sie ist ein Hinweis auf ein allgemeineres Prinzip in der Architektonik unserer Vernunft, ein Prinzip jenseits der Spaltung von theoretischer und praktischer Vernunft. Ich setze im übrigen in meiner approximativen Definition des Determinismus nicht voraus, daß natürliche Gesetze und physikalische Gesetze dasselbe sind – in der Tat wäre eine solche Behauptung offenkundig falsch. Es kann schon zu Recht bezweifelt werden, ob die Gesetze der Chemie auf diejenigen der Physik zurückgeführt werden können;[5] und es ist offenkundig, daß die Gesetze der Psychologie nie auf diejenigen der Physik zurückgeführt werden werden, die keine Begriffe zum Leben des Geistes enthalten.

Das Problem von Determinismus und Freiheit ist nicht nur, und vielleicht nicht einmal hauptsächlich, ein Problem der Philosophie der Physik. Es hängt mit verschiedenen Feldern der Philosophie zusammen – man könnte sogar die Aussage riskieren, daß es sehr wenige philosophische Themen gibt, die mit so vielen philosophischen Disziplinen verbunden sind. Erkenntnistheoretische Optionen haben, wie wir sehen werden, einen starken Einfluß auf die Rationalität oder Irrationalität deterministischer Annahmen; und die antike, Diodorische Form des Determinismus zeigt, daß auch Fragen der Logik (besonders der Modallogik) auf dem Spiel stehen.[6] Ob die Welt deterministisch ist oder nicht, ist ein wesentliches metaphysisches Problem – es gibt wenige Eigenschaften, die die Struktur der Welt so tief wie diese charakterisieren; der ganze Begriff des Seins und der Substanz ebenso wie der Zeit ändert sich, wenn wir den Determinismus annehmen. Aber das allgemeine Interesse am Determinismus ist nicht beschränkt auf die Natur im engeren Sinne des Wortes; die existentiell relevante Frage ist, ob der Determinismus auch menschliche Handlungen einschließt. Ihr Verhältnis zur Natur und zum Bewußtsein, und somit das ganze Leib-Seele-Problem, ist der Kern der Auseinandersetzung um Determinismus und Freiheit. Diese Kontroverse hat bedeutende Konsequenzen für die Ethik, besonders für die Lehre der Sanktionen, und da ein entscheidender Teil des Rechtes und des Staates aus dem Strafrecht bzw. aus der Strafe besteht, auch für die Rechts- und die politische Philosophie. Die Beziehungen zur philosophischen Theologie betreffen zum Teil die Eschatologie (eine Fragestellung, die mit der letzten zusammenhängt, aber in diesem Aufsatz ignoriert werden muß), zum Teil die Beziehung von Freiheit und Notwendigkeit in Gott.

Im folgenden werde ich erstens einige klassische Argumente zugunsten des Determinismus entwickeln (I.), zweitens die Haupteinwände gegen ihn und die Hauptstrategien nennen, die benützt wurden, um ihn zu vermeiden, sowie andeuten, warum diese Strategien problematisch blieben (II.), und schließlich erklären, warum trotz allem einige Anliegen der Kritiker des Determinismus in einer subtileren Form des Determinismus berücksichtigt werden können (III.).

In der Tat ist einer der Zwecke dieses Aufsatzes, zwischen verschiedenen Formen des Determinismus zu unterscheiden und zu zeigen, daß, während einige von ihnen moralisch abstoßend und sogar selbstwidersprüchlich sind, andere viel interessanter und herausfordernder erscheinen. Die hier vorgeschlagene Konzeption eines nicht-materialistischen Determinismus – dessen Wahrheit ich nicht behaupte, aber gerne mit denjenigen diskutieren würde, die vielleicht zu schnell aus der Unannehmbarkeit einiger Formen des Determinismus auf die Unmöglichkeit all seiner Formen schließen – steht der Leibnizschen Philosophie sehr nahe. Im allgemeinen will ich die Positionen verschiedener Philosophen der Vergangenheit kurz skizzieren, weil ich mich nie davon habe überzeugen können, daß die späteren Positionen in der Geschichte der Philosophie automatisch auch die besseren sind.

I.

Einer der bestimmenden Züge der frühneuzeitlichen Philosophie ist ihr Rationalismus. Mit „Rationalismus" meint man ein starkes Vertrauen in die Vernunft als die letzte intellektuelle Fähigkeit. In einem umfassenderen Sinne des Wortes kann Rationalismus auch jenen frühneuzeitlichen Autoren zugeschrieben werden, die auf der Bedeutung der Erfahrung beharren; daher kann man auch die Empiristen Locke, Berkeley und Hume als zur großen Familie der Rationalisten gehörig ansehen – denn sie betrachteten es als vernünftig, die Erkenntnis auf die Erfahrung zu gründen. Die zentrale Idee, die sowohl den Rationalisten (im engeren Sinne des Wortes) als auch den Empiristen gemeinsam ist, ist der Widerstand gegen Autorität und Tradition als letzte Rechtfertigung von Geltungsansprüchen. Aber das lateinische Wort „ratio", von dem „Rationalismus" kommt, bedeutet nicht nur „Vernunft", es bedeutet auch „Ursache" und „Grund"; daher fühlt sich der Rationalismus gewöhnlich dazu verpflichtet, auch einige Formen des Prinzips des zureichenden Grundes zu akzeptieren. Die Anwendung dieses vielgestaltigen Prinzips auf Ereignisse führt (mit der o. a. Ergänzung) zum Determinismus; und daher kann man den Determinismus als vom Rationalismus im zweiten Sinne des Wortes impliziert ansehen. Die zwei Formen des Rationalismus sind jedoch nur verbunden, nicht logisch äquivalent: Descartes ist ein Rationalist im erkenntnistheoretischen Sinne des Wortes, aber er bestreitet eine Determination der menschlichen Handlungen, wie er auch in Gott die Notwendigkeit verwirft; Hume ist nicht ein Rationalist im engeren Sinne des erkenntnistheoretischen Ausdrucks, aber er verteidigt eine Form von methodologischem Determinismus mit Bezug auf Ereignisse (einschließlich Handlungen). Aber trotz der logischen Unabhängigkeit beider Formen des Rationalismus ist ein gewisser Zusammenhang zwischen ihnen offenkundig, und dies macht es vernünftig, mit einigen allgemeinen Reflexionen zugunsten des epistemologischen Rationalismus zu beginnen.

Das Hauptmotiv für den frühneuzeitlichen Rationalismus war eine tiefe Sehnsucht nach Freiheit. Die mächtigen Traditionen des Mittelalters wurden als Beschränkungen der intellektuellen und politischen Freiheit erlebt, deren Verteidigung der Hauptzweck eines so folgenreichen Werkes wie Spinozas „Tractatus theologico-politicus" ist. Traditionelle Überzeugungen sollten gerechtfertigt werden, ihre Gründe sollten klargemacht werden – das ist der eine Aspekt des modernen Rationalismus. Gleichzeitig entwickelte sich das Projekt, die Menschheit von scheinbar ewigen Problemen wie Hunger, Krankheiten und Kriegen zu befreien, die offensichtlich die Handlungsfreiheit menschlicher Wesen beschränken. Es wurde früh begriffen, daß nur eine vorurteilsfreie Analyse der Natur und der Gesellschaft dazu beitragen konnte, dieses Ziel durchzusetzen, und daher mußte ein Appell an die Vernunft oder an die Erfahrung die traditionellen Philosophien von Natur, Mensch und Staat ersetzen: Man mußte solche Probleme erklären, ihre Ursachen finden, um eine Chance zu haben, sie zu überwinden. Aber warum sind die Projekte der Rechtfertigung und Erklärung mit der „Vernunft" verbunden? In einer sehr groben Annäherung könnte man sagen, daß die Vernunft die menschliche Fähigkeit ist, die die ursprüngliche Frage „Warum?" stellt. Diese Fähigkeit ist schon im Kinde gegenwärtig, und die Zurückweisung der entsprechenden Frage durch die Erzieher, obgleich sie manchmal wichtig und sogar unvermeidlich ist, um die Stabilität einer Gesellschaft aufrechtzuerhalten, schadet oft der philosophischen Entwicklung des betreffenden Individuums. Die Frage „warum" ist in der Tat das Bindeglied zwischen dem Rationalismus im epistemologischen Sinne und dem Determinismus, wobei der vermittelnde Ring in der Kette das Prinzip des zureichenden Grundes ist.

Die Idee, daß jeder Prozeß eine Ursache voraussetzt, findet sich schon bei Platon;[7] und bei Boethius treffen wir auf das ausdrückliche Argument, daß das Sich-Ereignen von etwas ohne eine Ursache dem (eleatischen) Prinzip widerspräche, daß nichts aus nichts kommt.[8] In Spinozas „Ethica" wird etwas wie das Prinzip des zureichenden Grundes als drittes Axiom des ersten Buches aufgestellt, und auch wenn Spinoza terminologisch nicht zwischen Ursachen und Gründen unterscheidet, ist es klar, daß in seiner Vision der ontologischen Struktur der Welt ein klarer Unterschied zwischen Dingen oder Ereignissen auf der einen Seite und Naturgesetzen (den Gesetzen der göttlichen Natur) auf der anderen Seite gemacht wird. Beide sind „verursacht", aber auf unterschiedliche Weise – Einzelereignisse nur durch andere Ereignisse auf der Grundlage von allgemeinen Gesetzen, allgemeine Gesetze durch andere, allgemeinere Gesetze, die in der „causa sui" gipfeln (die man am besten mit den Begriffen des ontologischen Gottesbeweises versteht). Man könnte von dem horizontalen und dem vertikalen Niveau der „Kausalität" sprechen. Heute würden wir sagen, daß nur Ereignisse Ursachen haben können, Gesetze dagegen Gründe – sofern man sich solche Gründe überhaupt vorstellen kann. In der Tat ist Spinozas Versuch, die allgemeinen Gesetze zu begründen, völlig unbefriedigend; es ist nicht einmal klar, ob er die Position des Panlogismus verteidigen möchte, nach der Aussagen über die Naturgesetze analytisch sind. Viel ausgearbeiteter sind seine Aussagen über das horizontale Niveau der „Kausalität": Auf diesem Niveau kann man von Determinismus sprechen, auch wenn das Prinzip des zureichenden Grundes sowohl das horizontale als auch das vertikale Niveau erfaßt. Spinoza wendet den Determinismus ausdrücklich auf die zwei erkennbaren Attribute der Substanz an, auf das Denken ebenso wie auf die Ausdehnung; jede menschliche Handlung, jeder Gedanke ist verursacht und prädeterminiert. Als eine Folge dieses Determinismus bestreitet Spinoza den Charakter der Substantialität in allem, was nicht Gott ist – Gott ist die einzige Substanz. Das bedeutet einen unaussprechbar tiefen Bruch mit der Aristotelischen Ontologie, die als ihren Ausgangspunkt die Annahme verschiedener sinnlicher Substanzen hat (die Spinozistische Auffassung hat jedoch einige Züge mit der Platonischen Metaphysik gemeinsam). Für Aristoteles ebenso wie für seine antiken und mittelalterlichen Nachfolger sind diese Pflanze, diese Katze, dieser Mensch Entitäten eigenen Rechts; für Spinoza sind sie nur Modi, lokale Funktion einer allgemeinen Ausdehnung, die selbst nur das Attribut einer allgemeineren Struktur ist, die allein sich selbst verursachen kann – nämlich der göttlichen Substanz. Als verursacht manifestieren die einzelnen Modi nur die Naturgesetze, sie subsistieren nicht an sich selbst und dürfen daher nicht „Substanzen" genannt werden,[9] auch wenn es pragmatische Gründe für den Beobachter gibt, einzelne Streifen der res extensa zu isolieren. Spinozas Physik ist die härteste Herausforderung des atomistischen Denkens, die man sich vorstellen kann – sie ist eine Form von „Feldontologie".[10] Die Zeit schafft nichts Neues; die

Welt als notwendig zu begreifen, bedeutet, sie „sub specie aeternitatis" zu verstehen (II p. 44 cor. II). Während Gott „frei" genannt werden kann, insofern er nur dank der Notwendigkeit der eigenen Natur existiert (I p. 17), ist eine Freiheit des Willens unmöglich (I p. 32, II p. 48). Teleologische Argumente, die für die antike und mittelalterliche Philosophie und Wissenschaft so bedeutend gewesen waren, werden im Anhang zum ersten Buch verworfen; mit Bezug auf die vier traditionellen Ursachen interessiert sich Spinoza hauptsächlich für die causa efficiens. Aussagen über das teleologische Verhalten von Organismen oder Menschen müssen in eine kausalistische Sprache übersetzt werden. Wenn etwas als zufällig erscheint, d.h. als nicht determiniert, verdankt sich dies nur unserer Unkenntnis (I p. 33); und in der Tat muß man Spinoza zugeben, daß es schwierig, wenn nicht unmöglich ist, die Möglichkeit verborgener Parameter, die einen Prozeß determinieren, auszuschließen.

Der tiefe Einfluß, den Spinoza auf Leibniz ausübte, liegt auf der Hand. Trotz enormer Differenzen zwischen den Persönlichkeiten, den Karrieren, den Methoden und dem Stil beider Denker kann man nicht bestreiten, daß beide ein ähnliches Programm der rationalen Theologie teilen und daß für beide der Rationalismus im epistemologischen Sinne den Determinismus impliziert. Wenigstens die beiden folgenden Aspekte unterscheiden jedoch die Inhalte ihrer Philosophie. Erstens beharrt Leibniz, auch wenn er Spinozas Ablehnung des Atomismus teilt, auf dem substantiellen Charakter der Monaden, der subjektiven Zentren, die auch von Sponiza anerkannt wurden, aber von ihm in das eine Attribut des Denkens versenkt wurden.[11] Es gibt keine Atome, weil die Materie immer weiter geteilt werden kann, aber es gibt individuelle Einheiten, die als Grundlage des Bewußtseinsstroms dienen und die voneinander ontologisch verschieden sind. Zweitens ist Leibniz viel eher als Spinoza an der „vertikalen" Reihe interessiert, und er begreift, daß das panlogische Programm nicht durchgeführt werden kann: Die Welt als ganze ist kontingent, nicht logisch notwendig; daher können nicht logische, sondern nur moralische Gründe, wie sie Spinoza verworfen hatte, erklären, warum die Welt so ist, wie sie ist. Aber all dies bestreitet nicht das Prinzip des zureichenden Grundes – im Gegenteil, es setzt es voraus. Leibniz ist sogar der erste, der dem Prinzip eine Bedeutung

zuspricht, die derjenigen des Prinzips des Widerspruchs gleich-
kommt: „Nos raisonnements sont fondés sur deux grands Princi-
pes, celuy de la Contradiction ... Et celuy de la Raison suffisante,
en vertu duquel nous considerons qu'aucun fait ne sauroit se
trouver vray ou existant, aucune Enontiation veritable, sans qu'il
y ait une raison suffisante, pourquoy il en soit ainsi et non pas
autrement, quoyque ces raisons le plus souvent ne puissent point
nous être connues."[12] Als Argumente zugunsten dieses Prinzips
führt Leibniz die folgenden an: „ Sans ce grand principe, nous ne
pourrions jamais prouver l'existence de Dieu, et nous perdrions
une infinité de raisonnements tres justes et tres utiles, dont il est le
fondement: et il ne souffre aucune exception, autrement sa force
seroit affoiblie. Aussi n'est il rien de si foible que ces systemes, où
tout est chancelant et plein d'exceptions."[13] Leibniz befürchtet,
daß auch nur eine einzige Ausnahme dieses Prinzips die Arbeit
der Vernunft gefährden könnte – denn wenn wir zugeben, daß es
Tatsachen ohne Ursachen oder Gründe gibt, dann können wir nie
ausschließen, daß die Suche nach Ursachen oder Gründen in einem bestimmten Fall sinnlos ist und daß diejenigen recht haben,
die sich mit einfacher Faktizität begnügen. Insbesondere hegt er
die Sorge, daß seine Argumente für die Existenz Gottes scheitern
würden, wenn das Prinzip seine absolute Gültigkeit verlöre.

Die Überzeugungskraft des Determinismus muß sehr groß gewesen sein, wenn nicht nur die Mehrzahl der großen Philosophen
des 17. und 18. Jahrhunderts ihm anhingen, sondern wenn auch
jener Denker, dem wir die größte Revolution in unserem Begriff
der Kausalität verdanken, einer Form des Determinismus verpflichtet bleibt, wenigstens als Denkform des menschlichen Geistes, ohne jede ontologische Relevanz. Ich muß hier die schwieri-
ge Frage ignorieren, ob die epistemologischen Vorhaben von „A
Treatise of Human Nature" und von „An Enquiry Concerning
Human Understanding" ähnlich oder wenigstens miteinander
kompatibel sind; aber man kann ohne Risiko behaupten, daß David Hume in beiden Werken die Idee eines freien Willensaktes,
der durch nichts verursacht ist, als eine leere Idee ansieht. Unser
ganzer gesellschaftlicher Verkehr setzt Regelmäßigkeiten im Verhalten unserer Mitmenschen voraus, die nicht wesentlich von den
Regelmäßigkeiten natürlicher Körper unterschieden sind: „There
is no philosopher, whose judgment is so riveted to this fantastical

system of liberty, as not to acknowledge the force of moral evidence, and both in speculation and practice proceed upon it as upon a reasonable foundation. Now, moral evidence is nothing but a conclusion concerning the actions of man, derived from the consideration of their motives, temper, and situation."[14] Hume erkennt Freiheit als „a power of acting or not acting, according to the determinations of the will"[15] durchaus an. Aber diese Freiheit, die jeder hat, der nicht ein Gefangener ist oder in Ketten liegt, ist mit den Faktoren kompatibel, die den Willen determinieren, wobei diese selbst Funktion des Charakters und der Situation sind. Wie John Locke gesagt hat, impliziert die Freiheit die Existenz des Willens, der daher selber nicht „frei" genannt werden kann.[16]

Hume ist nicht der einzige Philosoph, der Spinozas und Leibniz' subtile und komplexe Determinismuskonzeption dadurch stark vereinfacht, daß er den ontologischen und kosmologischen Gottesbeweis beseitigt, die ursprünglich mit dem Programm des Rationalismus verbunden waren, und indem er sich nur für die horizontale Reihe der Ereignisse interessiert. Die atheistischen und materialistischen Philosophen des 18. und 19. Jahrhunderts verfolgen ein ähnliches Projekt, obgleich auf der Grundlage einer dogmatischen Epistemologie. Auch wenn Schopenhauer nur in einer sehr oberflächlichen Weise als Materialist angesehen werden kann, ist es sinnvoll, sich auf seine Position als paradigmatisch für diesen alternativen Typus von Determinismus zu konzentrieren, da er ausdrücklicher über das Prinzip des zureichenden Grundes als alle materialistischen Philosophen, die ich kenne, nachgedacht hat. Außerdem hat er den Determinismus in seiner Anwendung auf menschliche Handlungen in einer Weise ausgearbeitet, die, auch wenn sie nicht wirklich originell ist, so doch konkreter ist als alle früheren Anwendungen. Ich erhebe nicht den Anspruch, Schopenhauers Philosophie als ganzer Gerechtigkeit zu erweisen – ich muß hier sowohl ihren Kern, die Metaphysik des Willens, als auch die seltsame Verbindung von transzendentalem Idealismus und Realismus übergehen –, aber ich will versuchen, die Hauptzüge seines besonderen Typus von Determinismus zu benennen. In der Tat stellen seine Dissertation „Über die vierfache Wurzel des Satzes vom zureichenden Grunde" sowohl wie sein Werk „Über die Freiheit des menschlichen Willens" bedeutende Schritte in der Geschichte unseres Problems dar: Wenn in populären Diskussionen das Gespenst des Determinimus erscheint, verbindet man es gewöhnlich mit Fragmenten von Argumenten, die von Schopenhauer entwickelt wurden (und später von Nietzsche, dessen Bewußtsein von den methodologischen Problemen, die mit dem Determinismus verbunden sind, jedoch sehr beschränkt ist – Nietzsche war nicht, was auch immer seine Verdienste gewesen sein mögen, in den „strengeren" Disziplinen der Philosophie begabt; seine Überlegungen zur Epistemologie sind dilettantisch und sogar selbstwidersprüchlich). Schließlich ist Schopenhauer auch deswegen einflußreich gewesen, weil er, wie vor ihm Hobbes und Spinoza, eine immanentistische Ethik entwickelte, die auf rein deskriptive Sätze gegründet ist. Das Projekt einer Rechtfertigung der Ethik ist bei ihm integriert in die „horizontal"-deterministische Weltsicht.

Das Hauptanliegen von Schopenhauers Dissertation ist die Unterscheidung von vier Klassen von Gegenständen, auf die angewendet das Prinzip des zureichenden Grundes unterschiedliche Formen annimmt. Er erkennt an, daß diese Formen einen gemeinsamen Zug haben; alle vier Formen garantieren eine Einheit unserer Vorstellungen, „vermöge welcher nichts für sich Bestehendes und Unabhängiges, auch nichts Einzelnes und Abgerissenes, Objekt für uns werden kann."[17] Die erste Klasse wird von den empirischen Vorstellungen konstituiert; in dieser Klasse erscheint das Prinzip vom zureichenden Grunde als Gesetz der Kausalität, als principium rationis sufficientis fiendi. Es besagt, daß jede Veränderung von einer anderen verursacht ist; es kann keine erste Ursache geben, sondern nur eine unendliche Reihe von Ereignissen. Korrolarien dieses Prinzips sind der Trägheitssatz und das Gesetz von der Erhaltung der Substanz. Die Veränderungen setzen etwas Stabiles voraus, nämlich die Materie, aber auch die Naturkräfte. Die Gesetze, die die Wirkweise dieser Kräfte bestimmen, sind ewig und können nicht erklärt werden; der kosmologische Gottesbeweis wird ebenso heftig wie der ontologische zurückgewiesen. Die Kausalität manifestiert sich selbst in drei Formen – in der anorganischen Welt als Ursache im engeren Sinne des Wortes, in den Pflanzen als Reiz und in den Tieren (einschließlich der Menschen) als Motiv. Motive setzen Erkenntnisse voraus und daher einen Prozeß der Vermittlung, der bei den Menschen viel komplexer als bei den anderen Tieren ist, aber dies ändert überhaupt nichts am deterministischen Charakter der Welt. Wenn der Charakter und die Motive gegeben sind, folgen die Handlungen einer Person mit derselben Notwendigkeit wie der Fall eines Körpers in einem Gravitationsfeld. Nur das Prinzip der Kausalität kann die amorphe Masse von Sinneseindrücken in ein strukturiertes Ganzes verwandeln, in eine objektive Welt – durch die Annahme, daß die Empfindungen eine externe Ursache haben. Mit dieser Reflexion will Schopenhauer den apriorischen Charakter des Kausalitätsprinzips begründen, während er Kants Beweis ablehnt, der auf der Kausalbeziehung als dem einzigen Weg, eine objektive Zeitordnung zu garantieren, beharrt hatte.[18] Schopenhauer strebt übrigens nicht danach, die Geltung des Satzes vom zureichenden Grund zu begründen; ein solcher Versuch ist nach ihm sogar absurd, da er das Prinzip voraussetzen müßte, das er zu beweisen versuchte.[19]

Die zweite Klasse, die Schopenhauer erörtert, besteht aus Begriffen; in diesem Bereich wird das Prinzip zum principium rationis sufficientis cognoscendi. Urteile müssen gerechtfertigt werden, und Schopenhauer erkennt vier Typen von Gründen für die Wahrheit von Propositionen an, je nachdem, ob es sich um logische, empirische, transzendentale oder metalogische Wahrheiten handelt. Es ist jedoch klar, daß die Rechtfertigung bald zu einem Ende kommt – entweder bei einer empirischen Tatsache oder bei einem transzendentalen Prinzip wie dem Kausalitätsprinzip.[20] – Die dritte Klasse besteht aus den apriorischen Anschauungsformen; hier behandelt Schopenhauer den Beweis mathematischer Wahrheiten (principium rationis sufficientis essendi). Interessant ist seine Idee, daß ein zwingender Beweis nichtsdestoweniger den ontologischen Grund eines mathematischen Theorems verfehlen mag. – Die vierte Klasse schließlich besteht aus unserer eigenen Subjektivität, d.h. aus dem Subjekt des eigenen Willens. Als principium rationis sufficientis agendi wird das Prinzip für diese Klasse das Motivationsgesetz, das schon innerhalb der ersten Klasse diskutiert wurde, aber nun auf die Introspektion gegründet wird. Für Schopenhauer ist der Wille das wesentliche Merkmal einer Person, deren Verstand und Vernunft nur seine Werkzeuge sind. In „Über die Freiheit des menschlichen Willens" erklärt Schopenhauer mit dem eigentümlichen Charakter der Introspektion die Illusion des freien Willens, eine Illusion, die zudem durch den theologischen Wunsch begünstigt wurde, in dem freien Willen, sofern er für die Übel verantwortlich gemacht werden kann, eine Entlastung Gottes zu finden.[21] Es bleibt jedoch bemerkenswert, daß Schopenhauers Schrift auf überraschende Weise mit einer Beschwörung von Kants transzendentaler Freiheit endet, die er als erforderlich ansieht, um moralische Zurechenbarkeit zu ermöglichen.

II.

Das ist in der Tat der erste, wenn nicht der wichtigste Einwand gegen den Determinismus: daß es unmöglich zu sein scheint, Personen als „verantwortlich" für ihre Handlungen zu betrachten, wenn, was immer sie getan haben und tun werden, von einem früheren Weltzustand prädeterminiert ist. Die Strafe, aber auch schwächere Formen sozialer Sanktionen scheinen vorauszusetzen, daß die Person *anders gehandelt haben könnte,* und werden daher nicht angewandt, wenn die Person z. B. gezwungen wurde, die vorwerfbare Tat zu begehen; aber in einem bestimmten Sinne dieses Ausdrucks kann dies nicht der Fall gewesen sein, wenn das Universum ein deterministisches System ist.[22] Man kann zwar immer ohne Probleme behaupten, daß die Person anders gehandelt hätte, wenn sie eine andere Entscheidung getroffen hätte; aber das Problem ist, daß sie die andere Entscheidung nicht traf und nicht treffen konnte, wenn die Naturgesetze und ein früherer Zustand des Universums als gegeben vorausgesetzt werden.[23] Man kann Leibniz bereitwillig zugeben, daß die Notwendigkeit, um die es geht, nicht eine logische Notwendigkeit ist. Aber es ist immer noch eine Notwendigkeit, wenn wir die faktische Welt voraussetzen, in der wir nun einmal leben. Nun hat der Kompatibilismus stets gelehrt, daß unser System der Sanktionen auch dann überleben kann, wenn wir die Wahrheit des Determinismus akzeptieren – wir müßten es nur in einer anderen Weise interpretieren, in einer Weise, die auf die Zukunft und nicht auf die Vergangenheit bezogen ist; die sogenannten harten Deterministen dagegen erkennen eine Unverträglichkeit zwischen Determinismus und unserer Praxis sozialer Sanktionen an, aber während sie daraus deduzieren, daß unsere Praktiken nicht angemessen sind, sehen die Indeterministen auf der anderen Seite in unseren Praktiken einen Beweis der Absurdität des Determinismus. Nun ist es nicht nur die Liebe zu Gewohnheiten, die seit unvordenklichen Zeiten bestehen, die die Indeterministen davon abhält, die Praxis unserer Sanktionen zu verändern; sie argumentieren, daß der Übeltäter die Strafe verdienen muß (was nicht der Fall ist, wenn die Hauptrechtfertigung für die Strafe nur ihre abschreckende Wirkung ist) und daß er geehrt wird, indem er als verantwortlich angesehen wird. Auch wenn P. F. Strawson zu der großen Familie der Kompatibilisten gehört, könnte man versuchen, in seinem brillanten Aufsatz „Freedom and Resentment"[24] Material gegen den Determinismus zu finden: In der Tat ist der Wechsel von der reaktiven zur objektiven Einstellung, der stattfindet, wenn wir zu der Überzeugung gelangen, daß eine bestimmte Person ein psychotisches Individuum ist, und der die Konsequenz hat, daß wir ihm sein Verhalten nicht mehr übelnehmen, sondern es als eine Art Unglück ansehen, das einfach kontrolliert werden sollte, nicht notwendigerweise im Interesse des Übeltäters, und sicher wäre eine Welt emotional ärmer, in der Individuen nur die objektive Einstellung einander gegenüber kennen würden, weil sie glaubten, daß reaktive Einstellungen in einem deterministischen Universum keine Berechtigung hätten.

Aber nicht nur die Praxis unserer Sanktionen scheint deterministischen Überzeugungen zu widersprechen – auch unser Selbstverständnis tut dies. Wir betrachten uns selbst als frei und reagieren ärgerlich auf diejenigen, die unsere Entscheidungen vorherzusehen behaupten. Die Überzeugung unserer eigenen Freiheit ist vielleicht sogar eine Voraussetzung unseres Handelns; daher argumentieren einige Kritiker des Determinismus, daß diese Position zum Fatalismus führen muß, nämlich zu der Weigerung, zu handeln, weil, was auch immer geschehen wird, auch ohne unseren Beitrag geschehen wird. Besonders ein physiologischer Determinismus, der die kausale Macht mentaler Zustände leugnet, könnte zum Quietismus einladen – die Menschen sollten einfach abwarten, wie ihre Neuronen sich verhalten würden. In jedem Fall kann man nicht bestreiten, daß der Glaube an unsere Freiheit eine der stärksten Intuitionen ist, die wir haben. Wenn wir eine intuitionistische Erkenntnistheorie akzeptieren, sollten wir eine solche Intuition sehr ernst nehmen. Im allgemeinen muß eine intuitionistische Erkenntnistheorie zentrale Grundannahmen des Rationalismus im epistemologischen Sinne des Wortes verwerfen. Auf ihrer Grundlage ist es völlig unmöglich, wie Leibniz nach der Rechtfertigung einer jeden Behauptung zu fragen, weil dies zu einem infiniten Regreß führen müßte. Es gibt letzte Gewißheiten, die nicht begründet werden können und auch nicht begründet zu werden brauchen. Schopenhauer verteidigt in der Tat eine solche Position im Hinblick auf Gründe, während er denkt, daß jede Veränderung eine Ursache hat. Kann das Kausalitätsprinzip selbst begründet werden? Schopenhauer verneint diese Frage; er versucht, nur seinen apriorischen Status, nicht seine Geltung zu begründen. Aber wenn das Kausalitätsprinzip in einer zwingenden Weise nicht gerechtfertigt ist, warum sollten wir es dann akzeptieren? Niemand wird bestreiten, daß es wichtig und nützlich ist; doch dies impliziert nicht, daß wir ihm eine unserer liebsten Intuitionen opfern sollten, nämlich die Intuition unserer Freiheit. Dies ist um so überzeugender, als der Determinismus nichts mehr ist als ein allgemeines Programm, das nicht einmal in der Sphäre der Physik vollständig verwirklicht ist. Wir sind sehr weit davon entfernt, all die Faktoren zu verstehen, die menschliches Verhalten bestimmen – auch wenn man kaum bestreiten kann, daß z.B. die Kriminologie uns verschiedene Ursachen kriminellen Verhaltens aufgezeigt hat, individuelle ebenso wie soziale. Es ist jedoch stets möglich, diese Ursachen so anzusehen, daß sie ein bestimmtes Verhalten nur wahrscheinlicher machen, nicht jedoch hinreichende Ursachen darstellen, da niemand, wenigstens in der nahen Zukunft, alle Faktoren nennen können wird, die zusammen eine hinreichende Bedingung für ein bestimmtes Verhalten ausmachen. Jedoch zeigt diese Denkweise nur, daß wir den Determinismus nicht annehmen müssen – nicht, daß wir ihn nicht annehmen dürfen. Zudem teilt sie die allgemeinen Schwächen des Intuitionismus – erstens, daß meine Intuitionen nicht notwendigerweise auch die Intuitionen anderer Menschen sind (was ihren Wahrheitsanspruch gefährdet, da die Wahrheit notwendig intersubjektiv ist, und sogar den Verdacht erweckt, daß Gewißheiten die Funktion sozialer Faktoren sein könnten, wie z.B. der Macht in ihren verschiedenen Gestalten, einschließlich der Erziehung[25]), zweitens, daß auch in der Menge meiner eigenen Intuitionen einige anderen widersprechen könnten; welche sollte ich in diesem

Fall vorziehen? Der Intuitionismus verfügt gewöhnlich nicht über ein Kriterium, um Konflikte zwischen widersprechenden Intuitionen aufzulösen. Wenn wir ehrlich sind, müssen wir zugeben, daß die meisten von uns sowohl eine Version des Prinzips vom zureichenden Grunde als auch den Glauben an unsere eigene Freiheit akzeptieren (vielleicht auch an die Freiheit anderer Menschen); und daher kann das Beharren auf der zweiten Intuition leicht durch den Hinweis auf die erste erschüttert werden.

In diesem Zusammenhang ist ein Lösungstypus vorgeschlagen worden, den man „perspektivistisch" nennen könnte. Nach dieser Konzeption, die in verschiedenen Varianten existiert, sind sowohl der Determinismus als auch der Indeterminismus notwendige Perspektiven unseres Geistes, aber sie haben ihre Gültigkeit auf verschiedenen Ebenen. Die berühmteste Version verdanken wir Kant, dessen subtiles und sogar schlaues Argument die folgende Form hat. Das Kausalitätsprinzip ist notwendig für die Wissenschaft, sowohl für die Physik als auch für die Psychologie. Aber diese Notwendigkeit kann nicht auf Erfahrung gegründet werden, da diese das Prinzip schon voraussetzt; sie stammt daher aus der Vernunft. Da Kant die Vernunft im wesentlichen als ein subjektives Vermögen faßt, betrifft die Kausaldetermination nur die Phänomene, d. i. die Welt, wie sie uns erscheint, nicht die Noumena, die Welt an sich. Daher ist es möglich, anzunehmen, daß in der realen Welt Entitäten existieren, die nicht durch die Vergangenheit determiniert sind, sondern die Fähigkeit besitzen, neu eine kausale Reihe zu beginnen. Diese Annahme – die innerhalb der Sphäre der theoretischen Vernunft nur eine Möglichkeit ist – wird eine Notwendigkeit in der Sphäre der praktischen Vernunft: Wir müssen aus moralischen Gründen an die transzendentale Freiheit moralischer Akteure glauben. Kants subjektiv-idealistische Beschränkung der Ansprüche der Erfahrung und der Wissenschaft ist sehr einflußreich gewesen, auch in unserem Jahrhundert, und sie ist völlig ausreichend, um uns von der Bedrohung des Determinismus zu befreien. Jene Philosophen der Quantenmechanik, die sie in einer nicht-realistischen und in einer nicht-deterministischen Weise interpretieren, haben vielleicht gute Gründe, dies zu tun; aber sie gehen zu weit, wenn ihr einziges Ziel ist, den Determinismus zu überwinden. Eine nicht-deterministische und realistische Interpretation der Theorie ist für diesen Zweck ebenso hinreichend wie eine deterministische und phänomenalistische Interpretation.

Kants Lösung hat einen großen Vorteil, der in vielen anderen „perspektivistischen" Lösungen fehlt (die nach dem „linguistic turn" und dem späten Wittgenstein lieber von unterschiedlichen „Sprachspielen" reden). Kant bietet eine klare Hierarchie der beiden Positionen: Er setzt – vielleicht mit einer gewissen Naivität – die Überlegenheit des Gesichtspunktes der praktischen Vernunft voraus, weil er das Sittengesetz nicht als etwas rein Subjektives ansieht, während er dies im Falle der Naturwissenschaften tut. Wenn man seine Voraussetzungen nicht teilt, würde man sich in einer Verlegenheit befinden; denn man würde über kein Kriterium verfügen, um zu entscheiden, welche Perspektive in letzter Instanz die richtige ist. In der Tat wird nichts damit gelöst, daß man zugibt, daß es verschiedene legitime Perspektiven gibt; solange sie nicht gleichzeitig wahr sein können, muß man zwischen ihnen wählen. In seiner berühmten Vorlesung „Vom Wesen der Willensfreiheit"[26] schlug Max Planck eine Lösung unseres Dilemmas vor, die auf dem deterministischen Charakter der Gesetze der Physik beharrte (auch der Quantenmechanik) sowie der Naturgesetze im allgemeinen, während gleichzeitig die unaufgebbare Freiheit des subjektiven Willens vom Gesichtspunkt der Introspektion aus zugestanden wurde. „Von außen, objektiv betrachtet, ist der Wille kausal gebunden; von innen, subjektiv betrachtet, ist der Wille frei." (310) Dies soll nicht zu einem Widerspruch führen; Planck bezieht sich sogar auf die Relativitätstheorie, um zu erklären, warum von verschiedenen Bezugssystemen aus verschiedene Aussagen mit genau demselben Recht getroffen werden können. Aber der Vergleich führt gröblich in die Irre – denn Bewegung, nicht aber Determination ist eine relative Kategorie. Planck selbst scheint dies anzuerkennen, wenn er schreibt, daß das handelnde Individuum sich nur frei fühlt (312) – was natürlich mit seiner Determination kompatibel ist. Man kann nicht gleichzeitig determiniert und nicht-determiniert sein – man kann nur sagen, daß es zwei verschiedene Positionen hinsichtlich dieses Problems gibt. Aber dann entsteht unvermeidlicherweise die Frage: Welche Position ist die richtige? Nur Kant versucht, diese Frage zu beantworten, nicht jedoch Planck.

Während der Kompatibilismus zu zeigen versucht, daß der

Determinismus unsere Alltagsintuitionen nicht gefährdet, und während der Perspektivismus beweisen möchte, daß Determinismus und der Glaube an einen freien Willen Positionen sind, die verschiedenen Niveaus unseres Denkens angemessen sind, gibt es auch Versuche, den Determinismus zu widerlegen, zu zeigen, daß er falsch und vielleicht sogar selbstwidersprüchlich ist. Es ist das Verdienst Ulrich Pothasts, die große Zahl derartiger Argumente kategorisiert und d.h. sie auf einige wenige elementare Typen zurückgeführt zu haben; es ist sein zusätzliches Verdienst, gezeigt zu haben, daß keines dieser Argumente wirklich zwingend ist. Sein Buch „Die Unzulänglichkeit der Freiheitsbeweise"[27] verdient ein besonderes Lob wegen der bemerkenswerten Fähigkeit, mit gleicher Kompetenz analytische und „kontinentale" Argumente zu erörtern; ihm gelingt es, eine gemeinsame logische Struktur aufzudecken, die in sehr verschiedene Sprachen gehüllt ist. Was sind diese elementaren Typen?

Eine Gruppe von Autoren beharrt auf der Unmöglichkeit, die Zukunft mit absoluter Sicherheit vorherzusagen. Eine solche Unmöglichkeit ist im übrigen eine unmittelbare Konsequenz einer physikalischen Theorie der letzten Jahrzehnte, nämlich der Chaostheorie: Infinitesimale Abweichungen von einem gegebenen Wert können zu einem sehr unterschiedlichen Verhalten des relevanten physikalischen Systems führen. Da es Grenzen unserer Annäherung an physikalische Werte im Meßprozeß gibt, werden Menschen nie in der Lage sein, vorherzusagen, wie sich das System verhalten wird. Aber es ist sehr leicht, gegen dieses Argument einzuwenden, daß nie eine vernünftige Person einen epistemologischen Determinismus verteidigt hat und daß der epistemologische Indeterminismus den ontologischen Indeterminismus nicht impliziert. Die Quantenmechanik könnte vielleicht zu einer Zerstörung des ontologischen Determinismus führen; die Chaostheorie alleine tut das sicher nicht. Interessanter sind jene Argumente, die nicht auf konkrete physikalische Theorien Bezug nehmen, sondern allgemeiner sind. So erhebt K. R. Popper den Anspruch, über ein Argument zu verfügen, das auch innerhalb der klassischen Mechanik gegen den Determinismus gültig ist, ein Argument, das auf die Unmöglichkeit einer vollständigen Beschreibung der Welt durch ein System abhebt, das sich selbst außen vorlassen muß – wenigstens in einer bestimmten Hinsicht.[28]

Ferner kann man auf das Argument stoßen, daß man heute nicht wissen kann, wie man sich in zehn Tagen entscheiden werde – ansonsten würde die Entscheidung heute gefällt werden und nicht in zehn Tagen, oder der kategoriale Unterschied zwischen Prognose und Entscheidung würde untergraben.[29] Das Argument macht einige fragwürdige Voraussetzungen; aber auch wenn wir sie zugeben, wird es ebensowenig wie Poppers Argument zeigen, daß meine Entscheidung nicht prädeterminiert ist, sondern nur, daß ich sie nicht kennen kann, bevor ich sie fälle. Niemand bestreitet, daß die Ich-Perspektive, die in so vielen Hinsichten ein enormes Privileg ist, auch bestimmte Schranken impliziert: Man kann sich nicht ebenso wie die anderen Personen objektivieren. Aber es bleibt unverständlich, warum dies Freiheit in einem ontologischen Sinne des Wortes beweisen sollte.

Die zweite Gruppe arbeitet mit der Unterscheidung zwischen Gründen und Ursachen.[30] Um eine Handlung zu verstehen, wird argumentiert, müssen wir den intentionalen Charakter psychischer Akte begreifen; aber die Logik der Intentionalität unterscheidet sich völlig von der Logik von Ursachen. Das Verdienst dieser Autoren ist, daß sie klar erkennen, daß der Indeterminismus im besten der Fälle eine notwendige, aber nie eine hinreichende Voraussetzung von Freiheit ist. Auf eine völlig unvorsehbare Weise zu handeln, heißt noch nicht, frei zu handeln; eine Handlung kann als meine Handlung nur dann angesehen werden, wenn sie von mir gewollt und verursacht ist. Einige Philosophen haben versucht, aus dieser Tatsache abzuleiten, daß der freie Wille Determinierung impliziert;[31] aber auch wenn diese Behauptung zu weit geht, ist es klar, daß ein Modell der Selbstbestimmung erforderlich ist, wenn wir mehr haben wollen als ein zufälliges Verhalten. Wenn diese Selbstbestimmung den Determinismus transzendieren soll, muß sie einige weitere Eigenschaften haben, die freilich schwer zu spezifizieren und zu begreifen sind, weil wir dann den kategorialen Faden der Kausalität aufgegeben haben.[32] Man muß sich in der folgenden Weise ausdrücken: Die Handlung ist von der Person verursacht, und die Person ist selbst völlig frei bei der Verursachung ihrer Handlung (eine Eigenschaft, die mehrere Philosophen und Theologen nur Gott zuschreiben würden); eine kausale Erklärung des relevanten Aktes ist daher unvorstellbar. Ich will derartige Versuche nicht diskutieren,[33] sondern zu der klaren Unterscheidung zwischen Ursachen und Gründen zurückkehren. Unsere Autoren analysieren die besondere Natur verantwortlicher Entscheidungen, in denen Argumente für und gegen eine bestimmte Handlung stets eine Rolle spielen. Sie haben vollkommen recht damit, eine naturalistische Ontologie abzulehnen, die nur Ursachen kennt und Gründe ignoriert. Nicht nur könnte eine solche Ontologie nie gerechtfertigt werden, weil Rechtfertigungen Gründe voraussetzen; eine solche Ontologie würde auch den Unterschied zwischen den Menschen und den anderen Lebewesen beseitigen – denn Menschen sind Lebewesen, die fähig sind, Gründe zu verstehen. Aber der Unterschied zwischen Gründen und Ursachen, so wichtig er auch ist, impliziert nicht indeterministische Konsequenzen. Gründe können als solche nichts verursachen; es ist vielmehr das Verstehen von Gründen, d. i. ein geistiger Akt (oder sein physisches Pendant), das zusammen mit einer Reihe anderer Faktoren menschliches Verhalten verursachen mag. Die freie Person ist nach einem tiefen Verständnis von Freiheit nicht die Person, für deren Handlungen keine Rechenschaft abgegeben werden kann; die freie Person ist die Person, die den besten Gründen folgt. Die Fähigkeit, Gründen zu folgen, mag jedoch durch verschiedene Faktoren wie Erziehung, charakterliche Eigenschaften, Intelligenz usw. verursacht sein. In jedem Fall kann die wesentliche Unterscheidung zwischen Ursachen und Gründen leicht in ein deterministisches System integriert werden.[34]

Um eine Position zu widerlegen, kann man zeigen, daß sie bestimmten Annahmen widerspricht, die der Opponent für wahr hält, der freilich willens sein mag, diese Annahmen aufzugeben, wenn das der Preis ist, den er bezahlen muß, um an jener Position festzuhalten. Es ist daher viel besser, wenn der Kritiker zeigen kann, daß eine Position sich selbst widerspricht. Der Widerspruch mag auf der propositionalen Ebene bestehen, oder es mag sich um einen Widerspruch zwischen der Position selbst und den für ihre Performanz notwendigen Präsuppositionen handeln. Argumente, die einen Widerspruch des letzteren Typus aufweisen, hat man „transzendental" genannt, und sie sind in der Tat ein geeignetes Werkzeug, um fundamentale Prinzipien der Erkenntnistheorie und auch der Metaphysik zu begründen. Es darf daher nicht überraschen, daß ein solches transzendentales Argument für die Freiheit in der Diskussion um den Determinismus ausgearbeitet wurde, und zwar – was besonders interessant ist – sowohl von voranalytischen als auch von analytischen Philosophen.[35] Das Argument hat die folgende Struktur: Um die Wahrheit des Determinismus zu behaupten, muß man sich auf eine Rationalitätsnorm beziehen. Daher muß man im Prinzip in der Lage sein, gemäß dieser Norm zu urteilen. Aber das setzt die Freiheit voraus: Wenn unsere geistigen Akte und unser Verhalten nur eine Funktion eines blinden kausalen Prozesses wären, könnten wir uns selbst nicht gemäß der Wahrheit und der Rationalität bestimmen. Das Argument ist in der Tat hinreichend, um einen naturalistischen Determinismus zurückzuweisen, der nie in der Lage wäre, Wahrheitsansprüche zu rechtfertigen. Es ist unmöglich zu sagen: Ich bin von einer blinden Reihe von Ursachen determiniert, und ich behaupte dies als wahr – denn der Satz kann nur dann ernst genommen werden, wenn meine Behauptung mehr ist als die Funktionen eines kausalen Prozesses. Aber schließt irgend etwas aus, daß meine Behauptung sowohl die Funktion eines kausalen Prozesses als auch etwas anderes ist? Könnte es nicht sein, daß ich determiniert bin, gut zu argumentieren und das beste Argument anzunehmen, das ich finden kann? Und würde nicht eine solche Determination ein besserer Grund sein, mir zu vertrauen, als ein liberum arbitrium indifferentiae, das mir noch die Möglichkeit ließe, den Einsichten der Vernunft zu widersprechen? Ich bin sogar willens, noch ein Stück weiterzugehen und zuzugeben, daß die Tatsache, daß ich fähig bin, zu argumentieren, und daß im allgemeinen Menschen existieren, die in der Lage sind, Gründen zu folgen, keine kontingente Wahrheit sein kann. Das hat sehr wichtige Konsequenzen hinsichtlich unseres Verständnisses der Modalitäten zur Folge, die hier nicht analysiert werden können; die Aufgabe, die Lücke zwischen dem formalen und dem transzendentalen Begriff der Notwendigkeit zu überbrücken, muß sogar erst noch richtig begriffen werden. Aber wenn ich die Idee akzeptiere, daß die Welt Personen enthalten muß, die in der Lage sind, Gründen zu folgen und auf rationale Weise Wahrheitsansprüche im Zusammenhang mit Fragen wie der nach dem Determinismus zu diskutieren, dann hindert uns nichts daran, zu glauben, daß die Existenz derartiger Personen durch einen kausalen Prozeß hervorgebracht wird. Der Indeterminismus ist nicht die einzige mögliche Konsequenz aus unserem Argument; eine denkbare Lösung ist auch ein nicht-materialistischer Determinismus, der teleologische Einschränkungen des ganzen Weltsystems akzeptiert, ohne freilich die kausale Ordnung durch die konkrete Interferenz von Zwecken zu stören. Die Zwecke bestimmen die Naturgesetze und die Anfangsbedingungen – aber damit ist ihre Aufgabe erfüllt.

III.

Dies entspricht ziemlich genau der komplexen deterministischen Konzeption Leibnizens, zu der ich zurückkehren will, nachdem meine weitere Diskussion der indeterministischen Strategien gezeigt haben wird, daß ihre Argumente überhaupt nicht zwingend sind. Auch die Kantsche Strategie überzeugt nicht wirklich. Einerseits ist der Preis, den Kant für seinen transzendentalen Idealismus bezahlen muß, hoch; er hat eine eigene Welt unerkennbarer Entitäten anzunehmen, der Dinge an sich, über die er nichtsdestoweniger Aussagen machen muß. Andererseits bleibt es zweifelhaft, ob der Indeterminismus wirklich notwendig ist, um die Grundzüge unserer Sanktionenpraxis zu legitimieren (und es kann nicht als ein gültiges Argument für den Indeterminismus angenommen werden, daß ohne ihn grausamere Strafformen nicht länger gerechtfertigt werden könnten[36]). Es mag zwar wahr sein, daß der Verbrecher nicht anders handeln könnte, da er nun einmal die Person ist, die er ist; aber es bleibt trotzdem wahr, daß er die Person ist, die er ist. Daher kann sich der Verbrecher nicht über seine Strafe beschweren, denn er könnte dies nur tun im Namen einer Metaphysik, die die Substantialität seines eigenen Ichs bestreitet; und es wäre dann nicht länger er, der sich darüber beschwerte, ja, schwerlich könnte er überhaupt irgendwelche Rechte beanspruchen. In einer Aussage wie „Ich glaube, daß meine Handlungen das Produkt von Ursachen sind, die schon lange vor meiner Geburt existierten" liegt eine vollständige Abstraktion von den eigenen Handlungen; aber wie selbst ein Autor wie Pothast schreibt: „Mit ebenso viel oder wenig Recht, wie sich jemand mittels dieser Beschreibung von seinen Entscheidungen distanziert, könnte er sich überhaupt von sich selbst distanzieren." (392)

Ich würde sogar noch weiter gehen: Er könnte sich nicht einmal von sich selbst distanzieren, weil ein solcher Akt der Distanzierung auf dem performativen Niveau einen subjektiven Akt des Ichs voraussetzt. Das Ich ist unumgänglich; in dieser Unumgänglichkeit liegt eine Spur des Absoluten, die die besonderen Rechte des Ichs rechtfertigt und die auf Substantialität Anspruch erheben mag, auch wenn der Begriff in dieser Verwendung eine sehr andere Bedeutung hat als in der Aristotelischen Metaphysik. Eine Gesellschaft würde nicht nur empirisch, sondern in ihrem eigenen Anspruch, unter einer moralischen Perspektive ernst genommen zu werden, kollabieren, wenn sie eine Distanzierung von den eigenen Handlungen wie die eben suggerierte akzeptieren würde. Nichtsdestoweniger hat Strawson recht, wenn er schreibt, daß die Entscheidung für ein objektives Verhalten statt für ein reaktives nichts mit dem Problem des Determinismus zu tun hat. Es gibt etwas im Wesen einer Person, das bestimmt, ob wir ihr ihre Handlungen übelnehmen oder aber beginnen, ihr Verhalten zu objektivieren; und es mag wohl sein, daß dieses Etwas in beiden Fällen determiniert ist. Daher können wir zur selben Zeit, in der wir das Verhalten des Übeltäters übelnehmen, ein gewisses Mitleid mit ihm haben; und dieses Mitleid wird uns davor zurückhalten, Sanktionen anzuwenden, die ihn zerstören. In der Tat glaube ich, daß der letzte Zweck der Strafe die zukünftige Verhinderung von Übeln ist, auch wenn dieser Zweck nur erreicht werden kann, wenn wir so tun, als ob der Verbrecher in der Vergangenheit frei gewesen wäre. Wahre Freiheit ist moralische Vernunft, aber wir haben nur eine Chance, den Übeltäter zu ihr zu erheben, wenn wir annehmen, daß er auch in der bösen Handlung frei ist.[37] So wie Mitleid gegenüber dem Übeltäter, so kann auch eine gewisse Bescheidenheit hinsichtlich ihrer selbst und sogar ein Gefühl der Dankbarkeit gegenüber dem Schöpfer der moralischen Person eigentümlich sein, die vom Determinismus überzeugt ist – Eigenschaften, die, wie mir scheint, intelligentere Formen des Determinismus eher empfehlen sollen.

Es ist zudem klar, daß der epistemologische Indeterminismus in der Tat eine Voraussetzung unserer Handlungen ist – aber das beweist noch nicht den ontologischen Indeterminismus. Nur weil wir nicht wissen, was geschehen wird, haben wir eine Pflicht, unser Äußerstes zu tun, um das Gute zu verwirklichen. Der Fatalismus wird keineswegs vom ontologischen Determinismus impliziert, sondern nur vom epistemologischen Determinismus. Leibniz hat einen großen Teil der Energie seines subtilen und edlen Geistes der Widerlegung der „raison paresseuse" gewidmet, die im Determinismus eine Einladung zur Trägheit sieht. Doch der Determinismus lehrt nicht, daß etwas geschehen wird, sondern nur, daß etwas geschehen wird, wenn etwas anderes geschehen wird, z. B. wenn unsere Handlungen erfolgen; und der ontologische Determinismus erhebt nicht den Anspruch, unsere Handlungen zu antizipieren. Leibniz behauptet zu Recht, daß das Argument – oder, besser, das Sophisma – zuviel beweist: Denn nicht einmal die Verteidiger des Fatalismus werden Gift trinken, indem sie sagen: „Wenn ich sterben muß, werde ich sterben, wenn nicht, nicht". „C'est qu'il est faux que l'évenement arrive quoyqu'on fasse; il arrivera, parce qu'on fait ce qui y mene; et si l'évement est écrit, la cause qui le fera arriver, est écrite aussi. Ainsi la liaison des effects et des causes, bien loin d'établir la doctrine d'une nécessité prejudiciable à la practique, sert à la détruire."[38] Ich bin willens, zuzugeben, daß der Glaube, in den eigenen Handlungen und Entscheidungen nicht determiniert zu sein, eine notwendige und sogar eine heilsame Illusion ist: Wenn ich eine Entscheidung fällen muß, ist eine Reflexion auf die Ursachen, die mich determinieren, völlig nutzlos, weil ich mich auf die relevanten Gründe konzentrieren muß. Aber das bedeutet nicht, daß diese Ursachen nicht länger existieren; wie die Psychoanalyse uns lehrt, können auch unbewußte Ursachen weiter wirken. Daher sollte ich versuchen, die unbewußten Motive meines Verhaltens ins Bewußtsein zu heben; dies mag sogar zu einer Veränderung meiner motivationalen Struktur führen. In der Tat irren jene Deterministen, die lehren, daß wir nur so handeln können, wie wir wollen, daß wir aber nicht wollen können, was wir wollen – man kann sehr wohl versuchen, die eigenen Bedürfnisse zu verändern, auch wenn dies ein langer und schwieriger Prozeß ist. Doch selbst wenn eine solche Fähigkeit existiert und eine Freiheit zweiten Grades genannt werden kann, will ich nicht jenen Deterministen widersprechen, die auf der Tatsache beharren, daß es Ursachen für die Existenz dieser Fähigkeit bei einigen Menschen und ihre Nicht-Existenz bei anderen gibt.

Die Argumente gegen den Determinismus mögen alle schwach

sein; aber wenn es nicht positive Argumente für ihn gibt, warum sollten wir ihn so ernst nehmen? In der Tat kann man Schopenhauer nicht zustimmen, daß das Prinzip des zureichenden Grundes nicht bewiesen werden muß – es wäre merkwürdig, wenn das Prinzip etwas verlangte, das es selbst nicht erfüllen würde. Schopenhauer sieht etwas Wichtiges, wenn er behauptet, daß ein Beweis für das Prinzip zirkulär wäre; aber er begreift nicht, daß die Unmöglichkeit, ein Prinzip anders als zirkulär zu begründen, ein Zeichen dafür sein mag, daß es sich dabei um ein erstes Prinzip handelt. Doch muß dieser Zirkel von dem circulus vitiosus unterschieden werden, auch weil diese Eigenschaft von der weiteren begleitet sein muß, daß das Prinzip nicht bestritten werden kann, ohne gleichzeitig vorausgesetzt zu werden.[39] Das ist z.B. beim Widerspruchsprinzip der Fall. Man muß jedoch zugeben, daß das Prinzip des zureichenden Grundes nicht denselben logischen Status hat, denn es ist nicht widersprüchlich, es zu bestreiten, auch wenn jeder Versuch, es mit Hilfe eines Argumentes zu bestreiten, eine Form des Prinzips voraussetzen wird.[40] Leibniz verfügt jedenfalls nicht über hinreichende Reflexionen zur Begründung von Prinzipien, und sicher ist einer der größten Mängel in seiner Metaphysik seine völlige Unfähigkeit, die moralischen Kriterien, die Gott die Wahl zwischen den möglichen Welten erlauben, zu begründen (ja auch nur in einer befriedigenden Weise anzuführen). Die Idee einer transzendentalen Begründung der Ethik ist Leibniz völlig fremd, auch wenn die Ethik oder, besser, Axiologie im Rahmen seiner Metaphysik den Status einer Ersten Philosophie gewinnt.

Dennoch hat Leibniz einige wichtige Argumente, die erklären, warum er so starrsinnig an diesem Prinzip festhält, auch und gerade im Kontext seiner philosophischen Theologie. Vielleicht noch größer als im *ordo cognoscendi*, ist die Funktion dieses Prinzips im *ordo essendi* von Leibniz' rationaler Theologie: Gott selbst hat es bei der Schöpfung der Welt zu berücksichtigen. Leibniz verwirft nämlich die Idee, daß Gott eine andere Welt ebensogut wie die wirkliche hätte schaffen können, daß es keinen zureichenden Grund gab, die existierende Welt möglichen Alternativen vorzuziehen. Er räumt zwar ein, wie ich schon gesagt habe, daß es keine logischen Gründe für die Notwendigkeit der gegenwärtigen Welt gibt, aber er beharrt auf der Existenz moralischer Gründe, die die Wahl der realen Welt bestimmen. Gott muß die bestmögliche Welt schaffen,[41] wobei diese Notwendigkeit natürlich nicht etwas ihm Externes ist, sondern nur seine eigene Selbstbestimmung. Als besonders abstoßend betrachtet er die voluntaristische Auffassung, nach der nicht nur die Struktur der Welt, sondern auch die moralischen Pflichten von einem willkürlichen Akt des göttlichen Willens abhängen. Eine solche Position – wie sie von Descartes und Hobbes verteidigt wurde – würde Gott von einem allmächtigen Tyrannen ununterscheidbar machen; denn es gäbe kein moralisches Kriterium jenseits der göttlichen Macht, um sie zu bewerten.[42] Leibniz hält für noch widerwärtiger die Auffassung, daß es zwar objektive Kriterien für Gut und Böse gibt, daß aber die Fähigkeit, die moralischen Normen zu verletzen, der wahre Ausdruck der Freiheit und etwas Höheres ist als der Gehorsam ihnen gegenüber – sei es Gott oder sei es der Mensch, der diese „Freiheit" hat. Diese Vorstellung ist den Freunden der deutschen Literatur aus Eberward Schleppfuß' Vorlesungen vertraut, die im 13. (!) Kapitel von Thomas Manns „Doktor Faustus" beschrieben werden. Schleppfuß ist Privatdozent der Theologie in Halle, aber seine Vorlesungen noch mehr als sein Name und sein Erscheinungsbild suggerieren, daß er eine der Manifestationen des Teufels in Manns sublimem Roman ist.

Nicht nur in Gott, auch im moralischen Menschen koinzidieren nach Leibniz Freiheit und moralische Notwendigkeit. Leibniz verwirft geradezu leidenschaftlich die Idee, daß die irrationale und unmoralische Person beanspruchen könnte, mehr Freiheit zu haben als die Person, die der Vernunft verpflichtet ist: In den „Nouveaux essais" behauptet Philalèthe „que Dieu luy même ne sauroit choisir ce qui n'est pas bon et que la liberté de cet Estre tout puissant ne l'empeche pas d'estre determiné par ce qui est le meilleur". Und er fügt hinzu: „Estre determiné par la raison au meilleur, c'est estre le plus libre. Quelqu'un voudroit-il estre imbecille, par cette raison, qu'un imbecille est moins determiné par de sages reflexions, qu'un homme de bon sens? Si la liberté consiste à secouer le joug de la raison, les foux et les insensés seront les seuls libres, mais je ne crois pourtant pas que pour l'amour d'une telle liberté personne voulût estre fou, hormis celuy qui l'est déja".[43] Wie Spinoza kann Leibniz die Idee des liberum arbitrium indifferentiae nicht ernst nehmen: Die determinierenden Faktoren sind uns unbekannt, aber dies bedeutet nicht, daß sie nicht existieren. Auch wenn jemand einen Akt begeht, der seinem eigenen Interesse widerspricht, um seine eigene Freiheit zu beweisen, ist er in Wahrheit vom Willen, die eigene Freiheit zu beweisen, determiniert.[44] Die gute Person kann nicht anders, als moralisch zu handeln, wie sogar Schelling in „Über das Wesen der menschlichen Freiheit" anerkennen wird, einer Schrift, die in mancherlei Hinsicht mit der früheren Tradition der rationalen Theologie bricht. Aber Schelling stimmt hinsichtlich des Individuums überein: „Schon der Wortbedeutung nach läßt Religiosität keine Wahl zwischen Entgegengesetzten zu, kein *aequilibrium arbitrii* (die Pest aller Moral), sondern nur die höchste Entschiedenheit für das Rechte, ohne alle Wahl".[45] Gleichzeitig bedeutet Schellings Werk einen bedeutenden Fortschritt in der Phänomenologie des Bösen – einen Fortschritt, der im Prinzip in ein deterministisches System integriert werden kann.

Die Herausforderung von Leibniz' Determinismus ist noch größer, da er – wiederum wie Spinoza – jede Form von Interaktionismus verwirft. Seit Descartes' großer Entdeckung, daß mentale und physische Zustände nicht aufeinander reduziert werden können, sondern durch zwei verschiedene, einander wechselseitig ausschließende Klassen von Prädikaten charakterisiert werden müssen, quält das Leib-Seele-Problem die Philosophen. Wenn wir einen solchen Dualismus akzeptieren, den ich für unvermeidlich halte, auch wenn ich gerne zugestehe, daß er – leider – eine Menge von Problemen schafft, die glücklicherweise der antiken und mittelalterlichen Philosophie fremd waren, gibt es vier kombinatorische Möglichkeiten, um das Verhältnis von mentalen und physischen Zuständen zu bestimmen: Entweder gibt es kausale Interaktionen zwischen den beiden Sphären (diese Position soll hier „Interaktionismus" heißen; manchmal ist an diese spezifische Möglichkeit gedacht, wenn man von „Dualismus" im engeren Sinne des Wortes spricht), oder die mentalen Zustände sind Funktionen der physischen Zustände (Epiphänomenalismus), oder die physischen Zustände sind Projektionen der mentalen Akte (subjektiver Idealismus), oder es gibt kausale Zusammenhänge nur innerhalb der beiden Sphären, aber nicht von der einen Sphäre in die andere. Obgleich der Interaktionismus die natürlichste Position zu sein scheint und in den letzten Jahrzehnten von mehreren Philosophen erneut ausgearbeitet wurde,[46] sind die Einwände gegen ihn, wie sie schon im 17. Jahrhundert erfaßt wurden, sehr stark. Erstens ist es nicht klar, wie eine kausale Beziehung zwischen zwei so unterschiedlichen Sphären gedacht werden kann, ohne die ontologische Differenz zwischen den beiden aufzugeben.[47] Und zweitens gefährdet die Annahme, daß eine physische Bewegung durch etwas Immaterielles verursacht sein könnte, die Erhaltungssätze der Physik (ja, sie öffnet sogar die Tür für magische Vorstellungen[48]). Auch wenn Descartes einer der frühesten Philosophen ist, der in den Erhaltungssätzen der Physik einen Ausdruck von Gottes Unwandelbarkeit erkennt, und auch wenn er als ein Beispiel die Erhaltung des Impulses anführt,[49] betrachtet er den Impuls noch als skalare Größe und nicht als Vektor; daher kann er glauben, daß die res cogitans die bloße Richtung der spitirus animales beeinflussen kann, ohne die Quantität des Impulses zu verändern. Aber schon im 17. Jahrhundert wurde die vektorielle Natur des Impulses entdeckt, und daher mußte der cartesische Glaube an eine mögliche Veränderung der Richtung ohne eine Verletzung des entsprechenden Erhaltungssatzes aufgegeben werden.[50] Der Okkasionalismus war eine der Möglichkeiten, mit dieser neuen Situation umzugehen, und es kann kaum bezweifelt werden, daß, verglichen mit ihm, Leibniz' Lehre von der prästabilierten Harmonie einen bedeutenden Fortschritt darstellt.[51]

Nach Leibniz ist kein physisches Ereignis – auch keine Handlung – von etwas Mentalem verursacht, sondern nur von vorangehenden physischen Zuständen. Allerdings ist die Welt in einer solchen Weise strukturiert, daß gleichzeitig mit bestimmten mentalen Ereignissen die entsprechenden physischen Ereignisse stattfinden, und umgekehrt. Wenn ich meinen Arm zu heben wünsche, ist es nicht mein Wille, der den Arm hebt, weil mein Wille nichts Physisches verursachen kann, sondern nur andere mentale Zustände, wie z.B. Befriedigung oder Frustration; die Ursache des Hebens ist ein physischer Zustand (etwa der Zustand meines Gehirns). Aber es ist kein Zufall, daß ich gewöhnlich meinen Arm hebe, wenn ich ihn zu heben wünsche – Gott garantiert eine solche Entsprechung zwischen den mentalen und den physischen Zuständen. Die Entwicklung der mentalen Zustände folgt einer eigenen Logik, die in der eigentümlichen Natur der einzelnen Monade gründet: Das unterscheidet Leibniz' Position streng von der epi-phänomenalistischen. Während der Epiphänomenalismus sogar die ontologische Kontinuität des geistigen Lebens bestreiten muß (da jeder mentale Zustand von einem physischen verursacht ist und unfähig ist, einen anderen mentalen Zustand hervorzubringen) und mehr noch dessen Fähigkeit, in der physischen Welt zu handeln, verteidigt Leibniz energisch die erste Qualität – bis hin zu dem Punkt, daß alle Propositionen über mentale Akte einer Monade letztlich analytische Propositionen sind. Und auch wenn Leibniz bezüglich der Frage nach der Macht der Monade, zu han-deln, einen direkten Einfluß auf physische Zustände bestreitet, erkennt er an, daß die Schöpfung der physischen Welt durch Gott mit der Absicht erfolgte, eine Entsprechung mit den mentalen Zuständen der verschiedenen Monaden zu garantieren. Das be-deutet, daß das Wesen der geschaffenen Monaden – nicht jedoch die Akte der existierenden Monaden – die physischen Ereignisse durchaus determiniert, und zwar über den Weg der Wahl der bestmöglichen Welt durch Gott. Es würde die Aufgabe dieses Aufsatzes überschreiten, Leibniz' Konzeption mehr im Detail zu analysieren – ihre Hauptprobleme sind, daß es nicht leicht ist, auf ihrer Grundlage die Annahme einer Außenwelt zu rechtfertigen, und daß es noch schwieriger ist, sich zureichende Gründe für die Entsprechung zwischen physischen und mentalen Zuständen aus-zudenken; aber ich denke, daß der Parallelismus eine Wiederbele-bung in unserer Zeit verdient, für die das Leib-Seele-Problem eine Bedeutung wiedergewonnen hat, die der Tragweite vergleichbar ist, die es schon im 17. Jahrhundert hatte.

Ich betone, daß es nicht der Zweck meines Essays ist, für eine Wahrheit des Determinismus zu argumentieren. Ich betrachte ei-ne Theorie, die eine Pluralität von Entitäten annimmt, die fähig sind, eine kausale Reihe von selbst zu beginnen, als eine sehr ernsthafte philosophische Alternative, und ich selbst bin oft von ihr versucht (auch wenn ich nicht glaube, daß sich in ihrem Rah-men das Theodizeeproblem wirklich wesentlich anders darstellt: Das Leiden, das die Natur empfindungsfähigen Organismen zu-fügt, bleibt auch so sehr groß). Freilich denke ich, daß es dann unvermeidlich wird, Gottes Allmacht und vielleicht auch seine Allwissenheit zu bestreiten, wie Jonas, einer der großen philoso-phischen Theologen unserer Zeit, den Mut hatte zu tun.[52] Der

Preis für diesen Schritt ist hoch, z.B. was die Geschichtsphilosophie betrifft. Aber es ist sicherlich sinnvoll, zu versuchen, eine solche Theorie so stark wie möglich zu machen. Was ich hier versucht habe, zu zeigen, ist, daß es verschiedene Typen von Determinismus gibt und daß ein Determinismus der Leibnizschen Art erstaunlich gut mit einigen der Probleme umzugehen vermag, die andere Determinismen zu lösen unfähig sind. Es wird nicht überraschen, wenn ich mit dem Wunsche ende, daß auch dieser Typ von Philosophie so stark gemacht werden möge, wie es in unserer Zeit möglich, und sogar notwendig, ist, so daß der Wettbewerb zwischen den beiden Systemen sowohl gerecht als auch interessant sein möge.

Der Darwinismus als Metaphysik*

Von Vittorio Hösle und Christian Illies

I. Die Biologie als Leitwissenschaft der Gegenwart

Die Wissenschaft, die am Anfang dieses Jahrhunderts das größte Prestige genoß, war zweifelsohne die Physik. Nicht nur die Erfolge der speziellen und der allgemeinen Relativitätstheorie sowie der Quantentheorie erklären jenes Prestige; die Physik war auch diejenige Wissenschaft, deren Methodologie seit dem 17. Jahrhundert am klarsten begründet war und die am ehesten den Anspruch erheben konnte, allgemein zu sein – damit aber stand sie in Konkurrenz zur Metaphysik als der universalen Metawissenschaft. Man erfaßt etwas Wesentliches am Geist unserer Zeit und an der geschichtlichen Entwicklung des Verhältnisses der Philosophie zu den Einzelwissenschaften, wenn man erkennt, daß und warum jenes Prestige heutzutage weitgehend auf die Biologie übergegangen ist. Zwei Faktoren liegen diesem Wechsel zugrunde. Der erste besteht in den bahnbrechenden Fortschritten, die die Biologie seit dem letzten Jahrhundert gemacht hat. Bis zu A. R. Wallace und besonders Charles Darwins „On the origin of species by means of natural selection" (London 1859) war die Biologie im wesentlichen eine rein deskriptive Wissenschaft, die etwa als Morphologie die Fülle der von den Organismen verwirklichten Baupläne beschrieb. Zwar beansprucht schon Aristoteles in „De partibus animalium" und „De generatione animalium", nach der Darlegung der biologischen Phänomene in der „Historia animalium" deren Ursachen aufzudecken[1], aber Aristoteles irrt nicht nur immer wieder im einzelnen seiner Erklärungen; die Struktur seiner Ursachenlehre erklärt zur Genüge, warum seine Erklärungen grundsätzlich nicht mit dem Typ kausaler Erklärung konkurrenzfähig sind, der sich im 17. Jahrhundert als Methode der modernen Naturwissenschaft durchsetzte. Nicht in der Leugnung der Konstanz der Arten liegt Darwins Leistung – Deszendenztheorien waren schon im 18. Jahrhundert vertreten worden, etwa von seinem

Großvater Erasmus Darwin[2] und im frühen 19. Jahrhundert besonders von Lamarck[3] –, sondern in der Ausarbeitung einer rein kausalen Erklärung für die Entstehung der Arten.

Angeregt durch die Thesen des Nationalökonomen und Bevölkerungswissenschaftlers T. R. Malthus, der beim Menschen wegen der Begrenztheit der Ressourcen eine gnadenlose Auslese aufgrund der gewaltigen Überproduktion der Nachkommen sieht, vermutet Darwin einen Kampf ums Dasein als Selektionsprinzip der organischen Welt schlechthin. Wie der Mensch als Züchter unter den natürlichen Varietäten die jeweils für seine Zwecke geeignetsten Pflanzen und Tiere zum Überleben und Fortpflanzen auswählt und so durch Fortzüchtung neue Arten hervorbringt, so sieht er in der ganzen Natur einen Mechanismus der Auslese durch die höheren Reproduktions- und Überlebensaussichten der besser angepaßten Individuen. Da zugleich ein Teil der individuellen Variationen vererbt wird, kommt es über viele Generationen hinweg zum Evolutionsgeschehen, das heißt der Entstehung neuer Arten.[4]

Es gibt verschiedenen Gründe, warum sich Darwins Erklärungen gegen alle konkurrierenden Theorien innerhalb der Biologie durchsetzten. Zunächst gelang es ihm, die Fälle der neuen empirischen Befunde (vor allem die paläontologischen Nachweise ausgestorbener und neu aufgekommener Arten) mit einem wesentlich einfacheren Modell zu erklären, als der konkurrierende Spezialkreationismus (mit seinem damaligen Hauptvertreter, dem Zoologen L. Agassiz) es tat, der von unzähligen sukzessiven Schöpfungstaten Gottes ausgehen mußte. Die Evolutionsbiologie, d. h. die Annahme der Entstehung der Arten auseinander und der resultierenden natürlichen, abgestuften Verwandtschaftsbeziehungen zwischen ihnen, erweist sich dagegen als ebenso einfache wie einleuchtende Hypothese. Es muß deswegen geradezu erstaunen, wie spät diese Einsicht in der Geschichte der Naturforschung auftritt.[5] Gegenüber Lamarck, der im Bereich der Deszendenzlehren die ausgearbeitetste Konkurrenztheorie vorgelegt hatte, konnte Darwin nicht nur mehr Erfahrungstatsachen erklären,[6] sondern besaß vor allem mit der Selektion einen kausalwissenschaftlichen Erklärungsfaktor. Ihm gelang so ein Verzicht auf jede teleologische Erklärung und darum eine um so überzeugendere Anknüpfung der Biologie an die Physik. Auch die Dimension des

Geschichtlichen, für das neue historische Bewußtsein seiner Zeit von großer Bedeutung, fand eine Verbindung zur neuen Biologie, da ja nach der Theorie des Evolutionismus die vielfältigen Lebensformen nur als geschichtlich entstandene adäquat zu verstehen sind. Nicht minder wichtig sind die Zusammenhänge zwischen der Darwinschen Theorie und der Nationalökonomie, die im 19. Jahrhundert einen unerhörten Aufschwung nahm. Es ist kein Zufall, daß Darwin – ausgebildet als Mediziner und Theologe – von Malthus, also einem Wirtschaftswissenschaftler, beeinflußt wurde und daß seine eigene Theorie wiederum in Gestalt des (allerdings von Darwin abgelehnten) Sozialdarwinismus die spätere wirtschaftswissenschaftliche Theoriebildung – nicht unbedingt glücklich – prägte. Denn beide Theorien gehen von den Grundtatsachen der *Knappheit* von Gütern und der *Konkurrenz* um sie aus. Ja, selbst die Hauptalternative innerhalb der ökonomischen Theorie des 19. Jahrhunderts, der Marxismus, war von Darwin beeindruckt. Marx wollte bekanntlich „Das Kapital" Darwin widmen, was dieser aber ablehnte.[7] Überhaupt war eine der Hauptstärken der Darwinschen Theorie ihre Offenheit, mit anderen Wissenschaften verbunden werden zu können, und ihre Möglichkeit, viele Einsichten – selbst solche, die Darwin noch gar nicht kannte – in einer einheitlichen Weltsicht zu integrieren. So schreibt Alfred Dove 1871: „Wir waren längst Darwinisten auf so manchem anderen Gebiet, es war eine notwendige Ergänzung unserer Weltanschauung", und er schwärmt von der „Harmonie" ob der „Analogie mit Erkenntnissen anderer, scheinbar abliegender Gebiete".[8] Darwins Erklärungen waren in vielem noch programmatisch, aber seit der Entwicklung der Genetik, die – ebenfalls im 19. Jahrhundert – von G. Mendel und Ch. Naudin (gleichzeitig und unabhängig voneinander) begründet und in unserem Jahrhundert auf eine experimentelle molekularbiologische Basis gestellt wurde, ist Darwins Forschungsprogramm, jedenfalls im Bereich der intraspezifischen Evolution, zu einer weitgehend validierten Theorie geworden. (Insofern die neuzeitliche Wissenschaft spätestens seit Hobbes und Vico sich nach dem Prinzip des „verumfactum" gedeutet hat, also nach der Auffassung, daß nur das vom Menschen (Nach-)Gemachte wirklich begriffen werden könne, hat erst die Gentechnologie die Biologie zu einer Wissenschaft im modernen Sinne gemacht. Analoges gilt für die Anwendung mathematischer Modelle in der Biologie, die auch und gerade in der modernen Evolutionsbiologie fruchtbar geworden sind – man denke an die Soziobiologie.) Hinsichtlich der transspezifischen Evolution fehlt bis heute eine direkte experimentelle Evidenz; aber es gibt starke empirische und theoretische Argumente, auch bei ihr denselben Prinzipien eine entscheidende Rolle zuzusprechen wie bei der intraspezifischen Evolution. In Gestalt der Synthetischen Theorie[9] ist die Evolutionsbiologie eine der überzeugendsten wissenschaftlichen Theorien der Gegenwart, gerade wenn man komplexere wissenschaftstheoretische Kriterien zugrunde legt – so stützen die meisten Teildisziplinen der Biologie die *in dieser Weise erweiterte* Evolutionstheorie Darwins. Gewiß sind gegenüber jeder einzelwissenschaftlichen Theorie fallibilistische Vorbehalte angebracht, aber das gilt auch für die großen physikalischen Theorien, mit denen die moderne Evolutionstheorie formal durchaus konkurrieren kann.

Aber der formale und methodische Aspekt ist nicht die entscheidende Ursache für den gegenwärtigen Erfolg der Evolutionsbiologie innerhalb des Spektrums der Wissenschaften. Denn er könnte sie der Physik immer nur gleichstellen, ihr aber nie überordnen. In der Tat kann nicht bezweifelt werden, daß die Physik allgemeiner und grundlegender ist als die Biologie – man kann Physik ohne Biologie, aber eben nicht Biologie ohne Physik betreiben; und auch vom Mathematisierungsgrad der Physik ist die Biologie noch weit entfernt. Und doch hat die Biologie einen wissenschaftstheoretischen Vorteil gegenüber der Physik. Diese behandelt nämlich nie sich selbst – ihr Gegenstand sind die Materie und die Kräfte und Wechselwirkungen zwischen den Bausteinen der Materie, aber nicht die geistige Tätigkeit des Physikers selbst. Die Biologie dagegen ist die Wissenschaft des Lebendigen – im Sinne eines *genitivus subjectivus* und eines *genitivus objectivus*. Denn zum einen wird die Biologie von Menschen gemacht, und die Menschen sind Organismen, zum anderen aber kann deren wissenschaftliche Tätigkeit sogar selbst nach Auffassung mancher Evolutionsbiologen biologisch erklärt werden. Da der Mensch zu den Lebewesen gehört, ist die Biologie ganz offenbar aufgrund des ontologischen Zwischencharakters des Lebendigen zwischen Anorganischem und Geistigem eine Brückendisziplin zwischen Natur- und Sozialwissenschaften. Einerseits ist sie in ihrer Methode Physik und Chemie verwandt, auf deren Ergebnisse sie immer wieder zurückgreift. Andererseits wirft sie ein Licht auf das menschliche Verhalten, das auch Psychologie und Sozialwissenschaften erhellt. Dies gilt trivialerweise für menschliches Verhalten im Umgang mit der außermenschlichen Natur. Sofern derartiges Verhalten eine Voraussetzung für das Überleben der menschlichen Gattung darstellt, kann die Biologie qua Ökologie eine sofort einleuchtende politische Bedeutung beanspruchen; Ähnliches gilt für ihre technologische Anwendung etwa in der Gentechnologie. Aber auch intraspezifisches menschliches Verhalten hat offenbar u. a. biologische Wurzeln, und insofern kann sich die Evolutionsbiologie als Grundlage der Sozialwissenschaften ausgeben. Da, lehnt man die Extrempositionen Descartes' und Leibniz' ab, Bewußtsein innerhalb der erfahrbaren Welt erstmals in vormenschlichen Organismen aufgetaucht ist, scheint der Biologie auch eine Schlüsselrolle bei der Lösung des Leib-Seele-Problems zuzukommen, das sicher nicht nur ein regionalontologisches, sondern ein allgemein-metaphysisches Problem ist. Damit kommen wir zu dem zweiten genannten Sinne, in dem vor allem die neue Biologie Anspruch auf Reflexivität erheben kann: Im Rahmen der Evolutionären Erkenntnistheorie wird das Erkenntnisgeschehen selbst als evolutionärer Adaptationsprozeß biologisch erklärt. Neben der Universalität ist die Reflexivität ein weiteres Merkmal, das traditionellerweise mit der Philosophie in Verbindung gebracht wurde. Mithin erweist sich der Evolutionismus als eine Theorie der Gesamtwirklichkeit, welche auch beansprucht, selbst Ethik und Erkenntnistheorie zu begründen. Damit aber versucht sie, in die normativen Kerndisziplinen der Philosophie vorzudringen und letztere endgültig vom Throne zu stoßen.[10] Kurz: Die Biologie ist heute eine der ernstesten Herausforderungen der Philosophie, die es sich noch viel weniger als in früheren Zeiten leisten kann, auf eine explizite Philosophie der Biologie zu verzichten.

II. Zur Metaphysik des Darwinismus[11]

Wie bereits erwähnt, erhebt der heutige Darwinismus einen Universalitätsanspruch und impliziert damit ein Uniformitätsprinzip hinsichtlich der Struktur der Wirklichkeit – und solche Strukturen, die allem Seienden zukommen, zu entdecken, ist ein traditioneller Anspruch der Philosophie.[12] Die Metaphysik des Darwinismus charakterisiert dabei diese uniforme Struktur naturalistisch und verzichtet auf jede Transzendenz und auf eine unabhängige Welt des Geistigen. Ernst Haeckel (1834–1919), der als einer der ersten diesen metaphysischen Anspruch der Evolutionstheorie artikulierte (obgleich er dafür nicht den Ausdruck „Metaphysik" verwendet), bezieht sich so auch ausdrücklich auf die „großen monistischen Naturphilosophen" – allen voran Spinoza[13] –, in deren Folge und als deren Vollendung er die Evolutionstheorie sieht. Pointiert schreibt er, daß „Gott im Naturgesetz" allein zu finden sei,[14] und sieht in der „Natürliche(n) Schöpfungsgeschichte" (so einer seiner Buchtitel) die vernünftige Alternative zur Religion.[15] Der Darwinismus folgt bei der Charakterisierung dieser Grundstruktur der Physik, erhebt aber den Anspruch, mit Variation und Selektion die erklärenden Grundfaktoren bestimmt zu haben, welche allen Bereichen, von der Entwicklung der Organismen bis hin zu den höchsten Kulturformen, zugrunde liegen. Alles soll aus dem einen universalen, ateleologischen Kausalnexus erklärt werden.[16] Weder gibt es Grenzen noch Ursprung oder Ziel dieser Struktur (man denke an das unendlich pulsierende Universum, wie es schon Haeckel antizipierte). Die monistisch zu deutende Welt hat nach dem Darwinismus keine statische, sondern eine prozeßhafte Struktur. Die Vielfalt des Seins ist in steter Veränderung; das eigentlich Bleibende und immer Existierende sind die Naturgesetze und der Selektionsmechanismus, der zusammen mit der Variation zur Evolution des Lebendigen führt. Alle einzelnen Organismen dagegen, vor allem aber auch die Arten, sind nur temporäre Manifestationen des evolutionären Prozesses. Jedes singuläre Ereignis ist von anderen singulären Ereignissen (seiner genetischen Ahnenreihe) unter Zugrundelegung des Selektionsprinzips abgeleitet (gemäß dem Hempel-Oppenheim-Schema kausaler Erklärung, nach dem Kausalerklärungen allgemeine Gesetze und Antezedensbedingungen voraussetzen). Statt eigenständige Substanzen sind die einzelnen Glieder damit kontingente Funktionen der Grundparameter – auch der Mensch hat deswegen keinen anderen, herausgehobenen Status. Selektion und Variation sind dabei in gewissem Sinne antagonistisch: Während vor allem durch geschlechtliche Fortpflanzung und Mutabilität stets neue Varianten entstehen,[17] reduziert sich durch die Selektion, d.h. durch Elimination der relativ weniger gut angepaßten Organismen ihre Anzahl fortwährend. Es besteht jedoch keine Symmetrie; die Variation stellt das Substrat zur Verfügung, an dem Selektionsmechanismen ansetzen – sie ist also, neben etwa den beschränkten Ressourcen, die Voraussetzung für Selektion. Die Ursachen für die Variation sind unterschiedlicher Art, und sie selbst ist als eine empirisch verifizierbare Tatsache der kausal geordneten Welt zu verstehen.[18] Im Unterschied dazu hat der Faktor Selektion, d.h. „surviving of the fittest" sicher einen tautologischen Bestandteil, insofern Überleben ja das entscheidende Kriterium für Angepaßtheit ist.[19] Gerade dieser Aspekt, der die Theorie der Selektion einer analytischen Wahrheit nahekommen läßt, erlaubt letzterer in besonderem Maße, als universales Wirkprinzip in der darwinistischen Metaphysik zu fungieren.

Auf Grund dieser Faktoren bietet die Evolutionstheorie – ganz wie andere metaphysische Systeme – eine Erklärung an, die es erlaubt, letztlich jedes Besondere als geschichtlich gewordene Wirkung allgemeiner Prinzipen zu sehen. Zweierlei ist bei dieser Einordnung jedoch herauszuheben: Einerseits manifestiert sich nicht mehr das Allgemeine im Besonderen, sondern dieses steht nur in einer funktionalen Abhängigkeit; andererseits liefert der Darwinismus nicht eine Erklärung für einen *Sinn* des Ganzen, sondern erhebt gerade den Anspruch, die nichtteleologische Grundstruktur der Wirklichkeit aufzuweisen. Daß die großen Fragen nach einem letzten Ursprung und der Richtung der geschichtlichen Entwicklung keine Antwort finden können, wird dabei nicht als Nachteil bewertet, da erstens solche Fragen unter dem streng kausalwissenschaftlichen Paradigma des Darwinismus als sinnlos erscheinen (und jede Metaphysik unterscheidet sinnvolle von sinnlosen Fragen) und zweitens die Evolutionäre Erkenntnistheorie auch zu erklären beansprucht, warum der Mensch sie dennoch stellt (wodurch ihr auch eine Möglichkeit gegeben zu sein scheint, grundsätzlich jede alternative Metaphysik in ihrem Erklärungsanspruch zurückzuweisen *und* einzuverleiben). Dies gilt, obgleich das eigentliche, durch Variation und Selektion beschriebene Geschehen der Entstehung und Entfaltung des Lebens eigentlich nur einen Bruchteil der (meist abiotischen) Gesamtwirklichkeit betrifft. Der Darwinismus ist trotzdem insofern eine umfassende Weltdeutung, als er erstens beansprucht, überall dort gültig zu sein, wo reproduzierende Systeme und begrenzte Ressourcen zusammen auftreten; zweitens gibt er nicht eine im Vergleich zu Physik und Chemie alternative, sondern ergänzende Erklärung – und diese betrifft drittens gerade die für den Menschen zentralen Bereiche, vor allem weil er das Erkennen selbst miteinschließt. Er entspricht darin auch der Kantschen Forderung, daß jede Metaphysik vor allem kritisch sein muß, indem sie sich über die Möglichkeit und die Grenzen des Erkennens Rechenschaft ablegt.[20]

Die Evolutionstheorie erfüllt diese Forderung, indem sie in dem engeren, bereits oben erwähnten Sinne reflexiv ist, als sich mit ihr das erkennende Subjekt selbst in seinem Erkennen erklären will, daneben aber weist sie noch eine eher formale Weise der kritischen Selbstbezüglichkeit auf: Als Folge des Universalitätsanspruches postuliert der Darwinismus, Strukturen aller Phänomene der Wirklichkeit mit seinen Mitteln erklären zu können. Dieser Anspruch wird insofern *konsequent* erhoben, als zum Teil versucht wird, auch die Entwicklung wissenschaftlicher Theorien selbst, und damit auch der Evolutionstheorie, grundsätzlich mit denselben Kategorien zu rekonstruieren.[21] Die Erkenntnis der Evolution ist so selbst eine Folge der Evolution der Erkenntnis. Dieses Vorgehen ist aus dem Grunde interessant, als es eine Begründung der Evolutionstheorie in gewisser Analogie zu dem verum-factum-Prinzip der Moderne versucht, nach dem nur das als wahr gilt, was im Experiment nachgeschaffen werden kann. Gleichsam in Übertragung dieses verum-factum-Prinzips auf die *Natur als ganze* ließe sich sagen, daß auch die Natur in Form der Vielfalt der Variationen „experimentiert"[22] und die „Wahrheit" dann letztlich das Faktum des Sich-Durchsetzens im Kampf ums Dasein darstellt. Eng verknüpft mit dieser Umwandlung der Geltungsfrage hinsichtlich der Wahrheit in eine der Genese ist ferner, daß die Metaphysik des Darwinismus auch keine eigentliche Normativität kennt – eines der entscheidenden Merkmale des Darwinismus als Metaphysik. Denn der Begriff eines Fortschritts in der Entwicklung darf nicht in einem wertenden Sinne verstanden werden; man denke nur an die berühmte Eintragung Darwins in sein Exemplar der „Vestiges of Creation" von Robert Chambers „never use the words higher or lower".[23] Alle vermeintlichen

Werturteile sind so letztlich auf ihr funktionelles Äquivalent, nämlich auf Aussagen über Angepaßtheit bzw. Reproduktionserfolg, zurückzuführen – also auf deskriptive Parameter. Dies ist die Konsequenz des Verzichtes auf jedes transzendente Ideal bzw. auf jedes Telos, das als normativer Maßstab dienen könnte.[24]

III. Der historische Ort der darwinistischen Metaphysik

Um die metaphysischen Implikationen der Evolutionstheorie deutlicher werden zu lassen, empfiehlt sich ein vergleichender Blick auf zwei bedeutende Denker, die in ihren jeweiligen Philosophien vor allem das zentrale antiteleologische Moment der darwinistischen Metaphysik radikalisieren bzw. vorwegnehmen – Nietzsche und Spinoza. Bei ersterem finden wir besonders die ethischen Konsequenzen in aller Klarheit ausgesprochen, bei letzterem darüber hinaus weitreichende Gemeinsamkeiten auch hinsichtlich der monistischen Sicht der Wirklichkeit.

Wenden wir uns zunächst Nietzsche zu, der von Darwin nicht weniger stark angezogen war als Marx, auch wenn er ein dem Marxschen entgegengesetztes, sich teilweise mit dem sozialdarwinistischen berührendes politisches Programm verfolgt. Wie Marx, ja mehr noch als dieser, gehört er jedoch zu den Zermalmern der traditonellen Metaphysik. Die geistigen Voraussetzungen der Philosophie Nietzsches können hier nur kurz genannt werden; sie bestehen erstens in den Metaphysiken Schopenhausers und später Spinozas, zweitens in der kritischen Anthropologie der französischen Moralisten und drittens in den historistischen Überzeugungen des 19. Jahrhunderts, die gerade für einen so vorzüglichen Philologen wie Nietzsche eine gewisse Evidenz besaßen. Mathematisch und naturwissenschaftlich war Nietzsche schlecht ausgebildet und nicht begabt (anders als die meisten großen Philosophen des 17. und 18. Jahrhunderts), weswegen er nicht primär an Darwins naturwissenschaftlicher Leistung interessiert war. Was den Historisten Nietzsche faszinierte, war jedoch die Übertragung des Entwicklungsgedankens auf die Naturgeschichte – die Leugnung der Konstanz der Arten im Darwinismus, der „letzten grossen wissenschaftlichen Bewegung", schien ihm ein Angriff auf die Metaphysik des Platonismus (den er mit fraglichem Recht schon in der Dialektik Hegels angelegt sah).[25] Allgemein erkannte Nietzsche, daß das Interesse an der Geschichte (der Gesellschaft wie der Natur), das ursprünglich einer konservativen, das Bestehende legitimierenden Absicht gedient hatte, sich im Laufe des 19. Jahrhunderts in sein Gegenteil verkehrt hatte: „Die Historie bewies zuletzt etwas anderes als was man wollte: sie erwies sich als das sicherste Vernichtungsmittel jener Principien. Darwin".[26] Interessant an der Stelle ist, daß der Name Darwins im Zusammenhang einer Auseinandersetzung mit dem Historismus genannt wird. Die Einordnung in diese Strömung geschieht nicht zu Unrecht und zeigt, daß Nietzsche deren Potential, jede Vorstellung zeitlos gültiger Instanzen zu zersetzen, als einer der ersten erkennt. Aber nicht nur der Historist, auch der Psychologe Nietzsche war von Darwin angezogen: Er scheint empfunden zu haben, daß „der schreckliche Grundtext homo natura",[27] als dessen Ausführung Nietzsches Moralpsychologie erscheint, durch Darwins Ansatz erstmals eine wissenschaftliche Legitimation erhalten hatte. So ist Nietzsche besonders an Darwins „The Expression of the Emotions in Man and Animals" (1872) interessiert, das er jedoch nie ausdrücklich zitiert.[28] Hier kann Nietzsches Programm der schonungslosen (und oft meisterhaften) Aufdeckung der Motive, die normativen Aussagen in der Wirklichkeit oft zugrunde liegen, eine Anknüpfung finden; es ist so kein Wunder, daß in unserem Jahrhundert als Fortsetzung des Programms Darwins vor allem die Soziobiologie diese Analyse weitergeführt hat.[29] Historisierung der Natur und Naturalisierung des Menschen – diese beiden komplementären Unternehmungen erklären Darwins Bedeutung für Nietzsche zur Genüge.

Darwins Einfluß kann auch durch Nietzsches Polemik gegen ihn nicht verdeckt werden. So wendet er sich mehrfach gegen die angebliche Flachheit Darwins, die typisch englisch sei.[30] Ja, in der „Götzen-Dämmerung" findet sich sogar ein „Anti-Darwin" betiteltes Stück, dem drei Abschnitte aus dem Nachlaß entsprechen.[31] Was sind Nietzsches Einwände gegen Darwin, die sicher z. T. auch im Wunsche gründen, die eigene Originalität und Selbständigkeit herauszustreichen?[32] Mehr wissenschaftstheoretischer Natur ist der Vorwurf, die empirische Basis der Darwinschen Theorie sei, zumal was die transspezifische Evolution betrifft, zu schmal und müsse durch Experimente gestärkt werden.[33] Von grundsätzlicherer Bedeutung und durchaus zukunftsweisend ist der Einwand, Darwin unterschätze die Aktivität des Organismus bei der Gestaltung der Umwelt, an die er sich keineswegs bloß anpasse: „Das Wesentliche am Lebensprozeß ist gerade die ungeheure gestaltende, von Innen her formschaffende Gewalt, welche die ‚äußeren Umstände‘ ausnützt, ausbeutet …"[34] – ein Kritikpunkt, der auf die viel spätere Theorie der Autopoiese verweist. Nietzsche greift ebenfalls die punktualistische Kritik an den Gradualisten auf,[35] wenn er kurz vorher bemerkt: „Die längste Zeit, während deren eine Eigenschaft sich bildet, erhält sie das Individuum nicht und nützt ihm nicht, am wenigsten im Kampf mit äußeren Umständen und Feinden." Ferner erkennt Nietzsche zu Recht, daß der Nutzen einer Eigenschaft sich nicht absolut bemißt, sondern daß etwa kurzfristige Nachteile langfristig von Vorteil sein können; zwischen Dauer und Stärke könne ein Spannungsverhältnis bestehen. Allerdings begreift Nietzsche an dieser Stelle nicht, daß das letzte Kriterium im Rahmen des Darwinismus weder die Langlebigkeit noch die Stärke des einzelnen Organismus, sondern dessen Reproduktionserfolg ist. Doch wird dieses Kriterium[36] von seinem Haupteinwand vorausgesetzt, der nicht mehr wissenschaftstheoretischer, sondern ethischer Natur ist. Nietzsche wendet sich gegen die Auffassung, welche H. Spencer (nicht aber Darwin, s.o.) vertrat, die Entwicklungsrichtung der Evolution führe zum Besseren, weil Stärkeren. Ganz im Gegenteil finde in der Natur- (einschließlich der Menschheits-) geschichte nicht ein Kampf um das nackte physische Überleben statt, sondern um die Macht, und bei diesem Kampf seien teils die Klügeren, teils die sich zu einer Mehrheit zusammenschließenden Schwächeren privilegiert. Das gelte besonders für den Domestikationsprozeß des Menschen[37] – weswegen Nietzsche sogar gelegentlich für unterschiedliche Mechanismen bei der Entwicklung des Menschen und der Tiere argumentiert. Es sei, so notierte er etwa 1875, nicht möglich, wie Haeckel es tue, „aus der Bestialität und ihren Gesetzen nun auch den Menschen bestialisch zu systematisieren".[38] Entscheidend ist jedoch, daß Nietzsche die Entwicklungsrichtung, die der Mensch eingeschlagen habe, bedauert, sie negativ bewertet. Der Kampf ums Leben laufe „leider umgekehrt aus als die Schule Darwin's wünscht, als man vielleicht mit ihr wünschen dürfte: nämlich zu Ungunsten der Starken, der Bevorrechtigten, der glücklichen Ausnahmen."[39] Nicht nur stelle der Mensch als Gattung keinen Fortschritt im Vergleich zu den Tieren dar;[40] innerhalb der Menschheit setze sich das Mittelmäßige, d. h. das weniger Komplexe und damit weniger Verletzliche durch.[41] Diese These Nietzsches hat einen deskriptiven und einen normativen Teil. Einerseits bestreitet Nietzsche zu Recht die Auffassung eines plumpen Evolutionismus, daß das Leben immer und notwendig komplexer werde;[42] andererseits wendet er sich gegen jene naturalistische Position, die im späteren Auftreten innerhalb der natürlichen Evolution das letzte normative Kriterium sieht. In dieser Aufdeckung des Grundirrtums eines ethischen Naturalismus, wie er im Rahmen der Evolutionstheorie entwickelt wird, liegt tatsächlich eine geistige Leistung, die beachtlich ist und Nietzsches Überlegenheitsgefühle etwa Spencer gegenüber wenigstens zum Teil erklärt. Aber sie führt zu einem grundsätzlichen Problem in Nietzsches *eigenem* Denkgebäude, mit dem er nicht fertig zu werden vermag.

Nietzsche hatte sich früh von jeder Metaphysik gelöst, die eine eigene transzendente Welt anerkannte, und, radikaler als sein erster Lehrer Schopenhauer, auch begriffen, daß es damit auch um die universalistische Ethik schlecht bestellt war, an der jener, wenn auch nur in mitleidsethischer Form, noch festgehalten hatte. In seinem zweiten Buche, der ersten „Unzeitgemässe(n) Betrachtung. David Strauss der Bekenner und der Schriftsteller", hatte sich Nietzsche, denkerisch wie sprachlich noch in tastender Form, gegen jene Kompromißphilosophie gewandt, die David Strauss nach seinem Bruch mit dem Christentum ausgearbeitet und in „Der alte und der neue Glaube" vorgelegt hatte – eine Kompromißphilosophie, die so typisch für das späte 19. Jahrhundert ist und gegen die schon der junge Nietzsche sehr emotional reagierte, weil er in ihr einen Ausdruck von Bildungsphilistertum erkannte. Seine ganze Philosophie sei, wie Nietzsche einmal resümiert, „den Menschen aus dem Schein herauszuziehen auf jede Gefahr hin!"[43] So findet sich von den frühen bis zu den letzten Schriften Nietzsches immer wieder die Einsicht, daß es nicht so leicht sei, die Metaphysik des Christentums aufzugeben und an seiner Ethik festzuhalten. In diesem Sinne wendet sich Nietzsche gegen Strauss, der sich auf Darwin berief und auf dessen Grundlage eine immanentistische und zugleich universalistische imperative Ethik ausarbeiten wollte, mit folgender Frage: „Aber woher erschallt dieser Imperativ?" Nietzsche fährt fort: „Wie kann ihn der Mensch in sich selbst haben, da er doch, nach Darwin, eben durchaus ein Naturwesen ist und nach ganz anderen Gesetzen sich bis zur Höhe des Menschen entwickelt hat, gerade dadurch, dass er in jedem Augenblick vergass, dass die anderen gleichartigen Wesen ebenso berechtigt seien, gerade dadurch, dass er sich dabei als den Kräftigeren fühlte und den Untergang der anderen schwächer gearteten Exemplare allmählich herbeiführte. ... Wo ist da die Morallehre Strauss-Darwin, wo überhaupt der Muth geblieben!"[44] Man wird Nietzsche zugeben, daß es nicht einfach ist, auf Grundlage der darwinistischen Metaphysik zu einer universalistischen Ethik zu gelangen (so wie es auch nicht einfach ist, wie Nietzsche ebenfalls erkannte, sich auf der Basis einer die klassische Antike verherrlichenden Konzeption zu jener Ethik zu bekennen). Gegen den Universalismus stellt Nietzsche nun die Idealvorstellung des „Übermenschen", zu dem der jetzige Mensch nur eine Brücke darstelle (eine Konzeption, die natürlich auch durch die Deszendenztheorie beeinflußt ist) – dieser ist aber nicht als Telos der Weltentwicklung zu verstehen, sondern als ein Wesen, welches gerade die ateleologische Struktur der Wirklichkeit durchschaut hat, die falsche Moral abwirft und selbst seine „Werte" aus Eigeninteresse, das heißt gemäß dem Willen zur Macht und ohne Rücksicht auf andere, setzt. Aber das Problem ist, daß auch dieser besondere Typus antiuniversalistischer Ethik, den Nietzsche in einer gewissen Übereinstimmung mit den Sozialdarwinisten immer deutlicher vertritt, mit dem Darwinismus, ja mit einer naturalistischen Metaphysik überhaupt nicht ohne weiteres vereinbar ist: Denn langfristig hat der brutale Ausnahmemensch – Gott sei Dank, wie der Universalist sagen würde, leider, wie Nietzsche meint – eben nicht die besten Durchsetzungschancen.

Was aber ist der Status des Nietzscheschen „leider" und der es legitimierenden axiologischen Überzeugungen? Woher erschallt *dieser* Imperativ? Zwar würde Nietzsche weit von sich weisen, daß er eine imperative Ethik anstrebe; aber auch im Rahmen einer Wertethik stellt sich die Frage, inwiefern Wertaussagen – und zumal Wertaussagen, die in einem Spannungsverhältnis zur Entwicklungstendenz des ganzen Seienden stehen – mehr sind als subjektive Launen. Dies um so mehr, als Nietzsche nicht nur im Rahmen der praktischen, sondern auch in demjenigen der theoretischen Philosophie einen Objektivitätsanspruch im strengen Sinne des Wortes leugnen muß – und zwar gerade aufgrund seines Versuchs, auch die Erkenntnistheorie auf die Naturgeschichte des Lebendigen zu gründen, wie er ihn erstmals in „Ueber Wahrheit und Lüge im aussermoralischen Sinne" unternommen hat. Bezeichnend an der Überschrift ist das einschränkende „im aussermoralischen Sinne"; denn Nietzsche hält stets daran fest, daß Heuchelei ein Laster, Wahrhaftigkeit eine Tugend sei – in der Tat bezieht seine Kritik an der Kultur seiner Zeit aus dem Nachweis ihrer Verlogenheit ihr relatives Recht. Aber wieso Verlogenheit ein Laster sein kann, wenn es erstens keine objektive Wahrheit und zweitens keinen objektiven Unterschied zwischen Gut und Böse geben kann, muß im Rahmen einer naturalistischen Metaphysik rätselhaft, ja unbegründbar bleiben. Wie Nietzsche mit diesem Problem umgeht, ist bekannt: Da er die diversen Formen einer naturalistischen, sei es evolutionistischen, sei es nicht-evolutionistischen Ethikbegründung zu Recht als inakzeptabel durchschaut und ihm noch viel mehr auch die transzendenten oder transzendentalen Ethikbegründungen als indiskutabel gelten, ja da er sogar die Unmöglichkeit, in seiner Philosophie an einem Wahrheitsanspruch festhalten zu können, anerkennt,[45] bleibt ihm nichts anderes übrig, als abwechselnd in den Gewändern des Propheten, des Artisten, der Gegenfigur zu Christus, des mit keinem Maßstab zu erfassenden Genies und Ausnahmemenschen aufzutreten. Kant (nach Nietzsche der „grosse Chinese von Königsberg"[46]) mag verglichen mit diesen virtuosen Darstellungen der „neuen" Werte bieder, ja langweilig erscheinen, aber an argumentativer Kraft und intellektueller Redlichkeit ist sein Ansatz einer solchen Scheinbegründung auf der Grundlage einer willkürlichen Verherrlichung subjektiver Werturteile unendlich überlegen.

Es wurde erst gesagt, daß eine der Voraussetzungen Nietzsches die Metaphysik Spinozas ist.[47] Doch Nietzsches höchst ambivalente Stellung zu Spinoza ist hier nicht thematisch – das hohe Abstraktions- und Begründungsniveau der „Ethica" wie seine Ethik der Bescheidung haben Nietzsche ebenso überfordert bzw. seine Ablehnung hervorgerufen, wie ihn Spinozas Entwurf einer naturalistischen Metaphysik und Ethik (die auf eine Moral-psychologie hinausläuft) gefesselt haben. In der Tat kann Spinoza beanspruchen, als erster abendländischer Philosoph ein natura-listisches System der Philosophie entworfen zu haben, und man übertreibt nicht, wenn man im Darwinismus eine partielle Ver-wirklichung des Spinozaschen Programms erkennt. Inwiefern? Evidenterweise kann es hier nicht um eine erschöpfende Analyse der recht komplexen Struktur der Metaphysik Spinozas gehen; von Interesse für unsere Analyse der Metaphysik des Darwinis-mus sind besonders die wissenschaftstheoretischen und ethischen Konsequenzen, die Spinoza aus seinen ontologischen Annahmen zieht.[48] Für Spinoza ist die Wirklichkeit derart konstituiert, daß aus einem sich selbst begründenden Prinzip die einzelnen Natur-gesetze folgen; ein einzelnes Ereignis kann jedoch nie alleine aus den Naturgesetzen, sondern immer nur aus den Naturgesetzen zusammen mit einem weiteren vorausgehenden Ereignis erklärt werden. Nicht völlig klar ist, wie sich Spinoza die Prinzipiierung der Naturgesetze vorgestellt hat, denen er Notwendigkeit zu-spricht; will man die Annahme vermeiden, Spinoza habe sich mit der hypothetischen Notwendigkeit der Naturgesetze begnügt, muß man vermuten, Spinoza habe die sicher unhaltbare These vertreten, die Sätze über die Naturgesetze seien logisch wahr. Die vertikale Begründungs- und die horizontale Kausierungsrelation schließen teleologische Erklärungsmodelle in jedem Falle aus. Nicht nur meint Spinoza, daß teleologische Argumente kausale nicht ersetzen können (diese Überzeugung teilt er durchaus auch mit Leibniz); teleologische Fragestellungen sind nach ihm auch als zusätzliche nicht statthaft, weil alle Zwecksetzungen subjektiv sind. Das gilt auch für moralische Zwecke, und daher reduziert sich die Ethik auf eine Beschreibung der faktischen Zwecksetzun-gen der einzelnen Wesen und eine aufklärerische Befreiung von falschen Vorstellungen über ihren Status. Zwar kennt Spinoza Imperative der Klugheit; aber ein kategorischer moralischer Im-perativ ist im Rahmen seiner Ethik (die in ihrem materialen Teil durchaus viele Bestimmungen der traditionellen, klassischen Ethik aufzunehmen versucht) letztlich nicht denkbar, auch wenn der *amor Dei intellectualis* sich aufgrund seiner Annäherung an das absolute, sich selbst reflexiv letztbegründende Prinzip diesem Status nähert – Hobbesianismus und Neuplatonismus, zwei der drei Hauptquellen Spinozas, stehen in einem deutlichen Spannungsverhältnis zueinander. Da Spinoza die Substantialität der *Einzeldinge* ablehnt und sie als Modi in ein allumfassendes „Feld" einbettet, hat er gewisse Schwierigkeiten, die einzelnen Individuen anzuerkennen, deren er jedoch bedarf, um von unterschiedlichen Zwecksetzungen sprechen zu können, doch unbestreitbar sieht er das Problem und versucht eine Lösung. Allerdings sind diese Individuen, die, wie gesagt, keine Substanzen, sondern nur Modi der einen Substanz sind, in ihrem Verhalten durchgängig determiniert – das gilt auch und gerade für die Menschen, auch wenn von ihnen einige dazu determiniert sind, vernünftig zu handeln. Die praktische Vernunft besteht zu einem guten Teil in einer Anpassung an die faktische Situation; der Begriff des Naturrechts wird auf denjenigen der Macht zurückgeführt, der zu dem Grundbegriff dieser ateleologischen, ausschließlich durch den Satz vom Grunde bestimmten Metaphysik avanciert. Zwar entwirft Spinoza eine Erkenntnistheorie, aber sie ist keine Erste Philosophie, sondern ein Teil der Ontologie: Zum menschlichen Verhalten gehört auch das erkennende Verhalten. Pointiert und vereinfachend läßt sich sagen, daß es zwei Typen von Philosophie gibt – eine geht von der Einheit des Seins aus, eine andere von der unvermeidbaren Dualität der unseren Geltungsansprüchen zugrunde liegenden Begriffe, wie „wahr-falsch", „gut-böse". Spinozas Philosophie steht – wie auch die ganz andersgeartete Heideggers – paradigmatisch für den ersten, die Kantische für den zweiten Typ. (Die Philosophien Leibniz' und Hegels stellen dagegen Versuche der Synthese dar.)

In welcher Weise kann uns Spinoza zu einem besseren Verständnis des Darwinismus führen? Der Darwinismus teilt, anders als Nietzsche, Spinozas Glauben an die Erkennbarkeit der Wirklichkeit. Gleichzeitig verwirft er, wie Spinoza, jede Teleologie und versucht, zumindest in seinen radikaleren Formen, die Geltungsreflexion einer monistischen Metaphysik einzuschreiben. Erkenntnistheorie wie Ethik sollen auf eine Analyse des Seins gegründet werden, und der faktische Erfolg – eine Kategorie der deskriptiven Sprache – wird zum Kriterium des Normativen. Der darwinistische Grundgedanke vom Überleben der Fähigsten hat, wie oben ausgeführt, den Status einer Quasitautologie, was zu Spinozas Wissenschaftstheorie – wenigstens in einer der möglichen Deutungen – glänzend paßt. Ja, man könnte sagen, daß erst der Darwinismus, anders als etwa die Newtonische Mechanik, eine Exemplifizierung der Spinozaschen Wissenschaftstheorie darstellt. Mit einem vollständigen Determinismus wie bei Spinoza ist der Darwinismus ebenfalls durchaus kompatibel,[49] auch wenn er ihn nicht notwendig voraussetzt.

Allerdings sind die Unterschiede beider Ansätze ebenfalls offenkundig. So verfügt Spinoza noch über einen Begriff des Absoluten, und man kann schwerlich bestreiten, daß er zu seiner Konzeption der Wirklichkeit auch und gerade durch immanent theologische Erwägungen geführt wurde (etwa über die Allmacht und Zeitlosigkeit eines Gottes, außerhalb dessen keine moralischen Kriterien angenommen werden dürften). Derartige Argumente sind dem Darwinismus freilich völlig fremd. Auf ihrer Grundlage will Spinoza die Naturgesetze begründen, während der moderne Darwinismus sich meist mit ihrer Faktizität begnügt.[50] Der Darwinismus weist ferner dem Organischen eine besondere Stellung zu, während Spinoza über keine ausgearbeitete Philosophie der Biologie verfügt, ja durch seinen vollständigen Parallelismus ein beliebtes Kriterium aus der Hand gibt, um Organisches von Anorganischem streng zu unterscheiden. Nicht minder wichtig ist die unterschiedliche Stellung zur Zeit. Zwar ist der Evolutionsgedanke mit der Spinozistischen Metaphysik kompatibel, weil aufgrund des deterministischen Charakters des Universums die Allgegenwart des Ganzen in jedem Augenblick garantiert bleibt; aber Spinoza ist an einer möglichen zeitlichen Entwicklung des Universums nicht interessiert, während sie für den Darwinismus die eigentliche Pointe ist. Schließlich ist, was schon Haeckel falsch verstand, unbestreitbar, daß Spinoza Attributendualist ist, also die *res extensa* (zu der natürlich auch die Energie zählt) und die *res cogitans* für aufeinander irreduzibel hält – hier zeigt sich der Einfluß seiner dritten, oben noch nicht genannten Quelle, nämlich von Descartes. Die meisten Darwinisten sind heute hingegen entweder Epiphänomenalisten oder, um eine darwinistische Erklärung der Entwicklung des Bewußtseins zu geben, Interaktionisten; der Parallelismus und Panpsychismus ist nur von wenigen Evolutionsbiologen vertreten worden (etwa C. H. Waddington oder B. Rensch). Doch können diese Unterschiede nichts daran ändern, daß der Darwinismus insgesamt als

Nachfahre der – zugegebenermaßen simplifizierten – Metaphysik Spinozas angesehen werden kann und muß.

IV. Größe, Grenzen und Aufhebung des Darwinismus – die Herausforderung an die Philosophie

Nicht nur, weil die Naturwissenschaft durch ihre großartigen Erklärungsleistungen heute zum Paradigma verläßlichen Wissens überhaupt avanciert ist, sondern auch, weil ihre Erkenntnisse traditionelle Probleme der Philosophie betreffen und auf sie Antworten anbieten, ist ein sorgfältiges Ausloten der Leistungen, aber auch der Grenzen des Darwinismus unerläßlich. Es steht außer Frage, daß die moderne Evolutionsbiologie (mit ihren verschiedenen Spezialbereichen) zu fundamentalen Einsichten geführt hat, die die Philosophie ernst nehmen muß.

So ist zunächst grundsätzlich festzuhalten, daß mit dem Entwicklungsgedanken eine umfassende und überzeugende Theorie über die verwandtschaftliche Zusammengehörigkeit alles Lebendigen – und damit über eine Grundstruktur der Wirklichkeit – vorliegt. Es läßt sich von der Evolutionsbiologie für eine Philosophie des Organischen auch lernen, daß replizierende und konkurrierende Substanzen die zentralen Gebilde der Lebenswirklichkeit sind. Mit dem Selektionsmechanismus „surviving of the fittest" hat sie zudem eine weitreichende einheitliche Begründung für die Angepaßtheit der einzelnen Lebensformen an ihre Umwelt sowie für die hohe Zweckmäßigkeit ihrer Strukturen zu bieten, die ohne teleologische Annahmen auskommt. Es folgt auch, daß alles Leben in einem empfindlichen Beziehungszusammenhang wechselseitiger und abgestufter Abhängigkeiten steht. Dem entsprechend ist die Entwicklung der Ökologie, wie sie Haeckel schon 1866 entworfen hatte, also eine Wissenschaft des Zusammenspiels der Lebewesen und ihrer Umwelt auf den verschiedenen Ebenen (Aut-, Dem- und Synökologie), eine der wichtigsten Folgen der Evolutionsbiologie. Hinsichtlich einer angemessenen Sicht des Menschen muß so mit der Evolutionsbiologie zunächst jede scharfe Entgegensetzung von Mensch und Natur in der Folge Descartes' überwunden werden – auch der Mensch ist als biologisches Wesen den Strukturgesetzen unterworfen, die allem lebendigen Seienden zukommen. Die sich über große Zeiträume erstreckende Hominisation läßt eine evolutionstheoretische kausale Erklärung auch spezifisch menschlicher Vermögen durch Entwicklung und Verknüpfung tierischer Fähigkeiten zunächst als ein durchaus sinnvolles Forschungsprogramm erscheinen. Daß hierin eine „Demütigung" des menschlichen Selbstverständnisses liegen mag, wie es Freud ausdrückte,[51] ist allein noch kein Gegenargument. Schließlich ist darauf zu verweisen, daß die Grundkategorien des Darwinismus – Variation und Selektion – auch auf nichtlebendige Entitäten zutreffen, die sich replizieren, etwa Institutionen oder Theorien. Man kann zugeben, daß die menschliche Kulturentwicklung sich schon bald von der biologischen Evolution gelöst hat – das bedeutet aber noch nicht, daß nicht bei ihrer Erklärung darwinistische Prinzipien zutreffend wären.

In einer philosophischen Antropologie sind vor allem auch die Ergebnisse der Soziobiologie, eines der jüngsten Zweige der Evolutionsforschung, zu berücksichtigen.[52] In Abgrenzung vom Behaviorismus, aber auch von der klassischen Ethologie (für die in der Evolution ein Verhalten deswegen selektioniert wird, weil es arterhaltend ist) geht sie davon aus, daß das Sozialverhalten aus der Selektion konkurrierender „egoistischer" Erbanlagen zu erklären sei. So versucht sie, auch das menschliche Verhalten (bis hin zur höchsten Ebene der Kultur) als Ergebnis eines evolutionären Prozesses zu deuten, bei dem das Gen die grundlegende Einheit ist.[53] Die Resultate der Soziobiologie sind von nicht zu bestreitender Eindrücklichkeit, da sie biologische Wurzeln der verschiedensten sozialen Phänomene aufzeigen und diese kausal erklären können (man denke zum Beispiel an die Verknüpfung von Liebesverhalten und Reproduktionsinteressen). Vor allem im Bereich der Ethik ist die Soziobiologie in mancher Hinsicht von Bedeutung.[54] Einerseits vermittelt sie Kenntnisse über menschliches Verhalten, welches zum Teil sicher durch genetische Programme festgelegt ist. Dies ist auch dann entscheidend, wenn man davon ausgeht, daß dem Menschen in seinem Handeln Freiheitsräume zur Verfügung stehen, da wir hier lernen können, wie weit eine geforderte Handlung die Überwindung genetisch angelegter Verhaltensmuster voraussetzt. Es bleibt für die Ethik in jedem Falle wichtig zu wissen, welche genetischen Mechanismen uns – ceteris paribus – zu welchem Verhalten prädisponieren. Noch wichtiger scheint aber eine Berücksichtigung der im Rahmen der Soziobiologie vorgelegten biologischen (kausalen) Erklärung für „altruistisches" Verhalten bei Lebewesen, welches auf einen Reproduktionsegoismus zurückgeführt wird.[55] Danach können altruistische Gene sich deswegen unter den Bedingungen der Selektion durchsetzen, weil nahe Verwandte viele gleiche Gene haben. Ein Altruismus programmierendes Gen verzichtet insofern nicht wirklich auf Reproduktionsaussichten, sondern stärkt sie, indem es – unter „Opferung" eines Trägers des Gens – die Überlebenschancen naher Verwandter (mit demselben Gen) erhöht. Die andere Möglichkeit ist der Selektionsvorteil eines reziproken Altruismus zwischen Individuen derselben oder unterschiedlicher Arten (Symbiose), welcher sich ebenso erklären läßt. So steht nach der Soziobiologie hinter dem Altruismus auf phänotypischer Ebene in jedem Fall ein Egoismus der Gene. Dieser Anspruch einer Erklärung der Motive moralischen Handelns bedarf einer angemessenen philosophischen Berücksichtigung.[56] Entscheidend für komplexere Verhaltensweisen ist aber vor allem auch die von J. Maynard Smith im Rahmen der Soziobiologie ausgearbeitete Konzeption evolutionär stabiler Strategien. Er zeigt durch spieltheoretische Überlegungen, daß eine Verhaltensstrategie sich langfristig gegenüber allen alternativen, konkurrierenden Strategien durchsetzen kann (wie etwa im Falle des reziproken Altruismus), und nennt sie „evolutionär stabil". Wenn dies für alle Evolutionsprozesse gilt – nicht nur für die biologischen, sondern auch für die kulturellen Bereiche[57] –, dann muß dies nun auch für eine Ethik von Relevanz sein. Auch hier geht es um Verhaltensstrategien, die moralisch geboten sind, und von denen zugleich gefordert wird, daß sie universal befolgt werden. Um sich aber in der Realität durchsetzen zu können, dürfen sie nicht evolutionär unstabil sein, da sonst die geforderte Universalität langfristig eine faktische Unmöglichkeit (und damit eine unsinnige Forderung) wäre. Evolutionäre Stabilität ist somit eine notwendige, wenn auch nicht hinreichende, Voraussetzung für moralische Strategien.[58]

In verschiedener Hinsicht wird man jedoch eine Grenze hinsichtlich des Anspruches der Soziobiologie ziehen müssen. Biologisch wird gegen sie eingewandt, daß sie die Rolle individueller Gene zu stark betone und nicht holistisch genug deute, z.B. nicht das epigenetische System hinreichend berücksichtige, also Gene, die nicht einzelne Eigenschaften strukturieren, sondern die Aktivierung anderer Gene steuern.[59] Vor allem aber ist ihr Erklärungsanspruch im Bereich der Kultur zu weitgehend; zwar kann sie plausibel die Natur als Vorgeschichte der Kultur deuten, aber ob einst, wie R. Trivers schreibt, „die Politologie, Jura, Wirtschaftswissenschaft, Psychologie, Psychiatrie und Anthropologie alle Zweige der Soziobiologie werden",[60] wird man füglich bezweifeln müssen. Die Eigenständigkeit mancher Prinzipien der kulturellen Evolution scheint trotz großer Analogien zur biologischen unbestreitbar: Zum einen werden erworbene Einsichten weitergegeben, nicht ererbte (weswegen der Evolutionsprozeß schneller verläuft); daneben können nicht verwandte Entwicklungslinien zusammengeführt werden; zum anderen, und das vor allem, sind kulturelle Phänomene auf bewußte Einsichten ihrer Träger angewiesen und daher auch von den Eigentümlichkeiten eines Wesens mit Innenseite mitbestimmt. Doch schließt, das muß betont werden, die Besonderheit der kulturellen Evolution einen *nichtbiologistischen* Darwinismus nicht aus (zumal wenn man den Variationsbegriff so weit faßt, daß er u. a. auch gewollte Veränderungen einschließt). Vehement müssen allerdings die Ansprüche der Soziobiologie dann zurückgewiesen werden, wenn sie sich zum Sozialdarwinismus entwickelt – das heißt aus ihren deskriptiven Erklärungen normative Konsequenzen ziehen will. Die Unbegründetheit solcher Geltungsansprüche fanden wir schon bei Nietzsche entlarvt; vor allem G. E. Moore hat dann in seinen „Principia Ethica" (1903, Abs. 29 ff.) in Auseinandersetzung mit H. Spencer in einer vernichtenden Kritik gezeigt, daß hier ein naturalistischer Fehlschluß vorliegt.[61]

Abgesehen von der Ethik muß eine philosophische Anthropologie ferner berücksichtigen, daß die Evolutionstheorie auch für die Psyche des Menschen und seine vielfältigen intellektuellen Fähigkeiten kausalwissenschaftliche Erklärungen anbietet – der Aufgabenbereich der Evolutionären Erkenntnistheorie. Diese, welche in ihrer gegenwärtigen Form vor allem auf Lorenz[62] zurückgeht, will die Evolutionsprinzipien auf die Erkenntnisprozesse anwenden und so ihr Auftreten erklären. Nach E. Mach gilt auch hier: „Die Vorstellungen passen sich den Tatsachen allmählich so an, daß sie ein den biologischen Bedürfnissen entsprechendes, hinreichend genaues Abbild der ersteren darstellen."[63] Das menschliche Erkennen wird damit nur die letzte, komplexeste Stufe eines kontinuierlichen Erkenntnisprozesses, welcher schon mit dem ersten Lebewesen beginnt, da jeder Organismus auf gewisse Informationen seiner Umwelt angewiesen ist, ohne die er nicht überleben könnte. Man könnte so sagen, daß die Variationen des Genoms die erste Weise der Hypothesenbildung sind, über deren „Wahrheit" der Prozeß der Selektion entscheidet. In verschiedenen Schritten werden so schließlich evolutionär der menschliche Geist und seine Erklärungsleistungen durch dieselben Mechanismen hervorgebracht. Selbst die unhintergehbaren Kategorien unseres Denkens werden als Resultate des Evolutionsprozesses erklärt: Das erkenntnistheoretische Apriori soll als ein phylogenetisches Aposteriori seine angemessene Interpretation finden. Analog will die schon erwähnte Evolutionäre Wissenschaftstheorie – die nicht biologistisch, aber darwinistisch argumentiert – auch den Prozeß der Wissenschaft als Selektion von Hypothesen und Ideen deuten. Gerade die Hypothese, welche sich als die tüchtigste beim Erklären der Phänomene (und gemäß dem verumfactum-Prinzip beim Erschaffen) erweist, setzt sich gegen andere Hypothesen durch und soll damit unter Beweis stellen, daß sie am ehesten der Wirklichkeit entspricht.[64]

Zweifellos hilft die Evolutionäre Erkenntnistheorie (in Verbindung mit der Neurophysiologie), einige traditionelle epistemologische Fragen zu lösen. So dürften diverse klassische Vorstellungen über das Verhältnis von Vernunft und Bewußtsein revidiert werden. Offensichtlich ist unser ratiomorpher Apparat in der Lage, komplizierteste Operationen „selbständig" durchzuführen. Dazu können wir lernen, daß es offensichtlich angeborene Erkenntnisschemata wie wohl auch Überzeugungen gibt, die allen Menschen zukommen. Auch die Versuche, Gemeinsames in menschlichem Erkennen und den informationsverarbeitenden Leistungen anderer Organismen zu finden, sind ein vielversprechender Weg – der so ausgeweitete Erkenntnisbegriff erlaubt die Aufdeckung einer Grundstruktur der Lebewesen, wie sie für eine Philosophie des Organischen sehr wichtig sein sollte. Vor allem zeigt sich auch hier in weiten Bereichen ein Übereinstimmen verschiedener Forschungsergebnisse; so sind die von C. Lévi-Strauss aufgedeckten angeborenen Strukturen beim Menschen ebenso bestätigend wie die Ergebnisse N. Chomskys in der

Linguistik oder die von J. Piagets (onto-)genetischer Erkenntnistheorie.

Doch trotz des Lichtes, das so auf manche Bewußtseinsphänomene geworfen wird, bleibt eine entscheidende Kluft. Der Anspruch der Evolutionsbiologie, auch die Entstehung des Bewußtseins erklärt zu haben, ist zurückzuweisen. Die Introspektion, zu deren Wesen es gehört, jeweils nur vom eigenen Ich erfahrbar zu sein, ist eine kategorial andere Perspektive als die Außenperspektive einer erklärenden Wissenschaft. Zwar mag die Innenseite anderer Wesen erschließbar sein aus ihren Äußerungen, aber das Spezifische der Innenseite bleibt bei solchen Rekonstruktionen grundsätzlich verschlossen. Dieses Problem scheint wissenschaftlich unlösbar: Da die Introspektion im Rahmen der naturwissenschaftlichen Betrachtung als Phänomen gar nicht adäquat beschreibbar ist, kann das Bewußtsein auch prinzipiell schlecht erklärt werden; selbst wenn der Evolutionsbiologe die biologischen Strukturen genau beschreiben könnte, welche zu Bewußtsein führen, wäre er nicht in der Lage, dies selbst zu erkennen – eben weil sich das Phänomen einer Identifikation von außen entzieht. Es ist daher nicht klar, wie eine ein Wesen mit Innenseite befriedigende Erklärung dieser Innenseite durch die Evolutionsbiologie überhaupt aussehen könnte. Einer solchen Erklärung stellen sich aber auch Probleme hinsichtlich der Anwendung der Evolutionsprinzipien. Besonders Popper hat darauf hingewiesen, daß im Rahmen des Epiphänomenalismus Bewußtsein keine darwinistisch zu erklärende Funktion ausübe.[65]

Zweifellos bleibt jedoch als entscheidende Grenze für die Evolutionäre Erkenntnistheorie (wie schon für die Ethik) auch hier das Problem von Geltungsurteilen. Im Sinne einer Popperschen Drei-Welten-Einteilung[66] ließe sich sagen, daß nicht alles, was zur Welt 3 gehört, auf die zweite bzw. die erste zurückführbar ist – Kategorien wie „das Gute", „das Schöne"[67] und eben auch „das Wahre" entziehen sich einer kausalwissenschaftlichen Analyse. Aus der Genese einer Einsicht folgt keineswegs ihre Geltung, denn daß sich eine „Erkenntnis" gegen andere durchsetzt, sagt nichts über ihre Wahrheit aus (man denke an die verschiedenen Raumvorstellungen – so etwa an das nur zweidimensionale Sehen mancher Tiere). Stärker noch wiegt das Problem der Zirkularität. Wenn die Evolutionstheorie das Entstehen der Kausalitätsvorstellung beim Menschen erklären will, tut sie das kausalwissenschaftlich und setzt damit bereits die Gültigkeit der Kategorie der Kausalität voraus – deren Entsprechung mit der Struktur der Wirklichkeit sie erst zeigen will. Selbst wenn es um die Begründung des Wahrheitsgehaltes anderer Kategorien geht, deren Gültigkeit eine evolutionstheoretische kausalwissenschaftliche Erklärung nicht bereits impliziert, setzt sie doch diese Evolutionstheorie selbst hypothetisch voraus. Deren Wahrheit müßte nun zunächst aber gezeigt werden, bevor mehr als eine bloß hypothetische Begründung anderer Wahrheitsansprüche gelingen kann. Dieser Einwand betrifft die Evolutionäre Erkenntnistheorie und die Evolutionäre Wissenschaftstheorie – sowohl für den Bereich menschlicher Erkenntnis wie für wissenschaftliche Theorien als ganze gilt, daß sie ohne Wahrheitsanspruch sinnlos sind, jene evolutionären Theorien diesen aber nicht begründen können. Die Naturgesetze wie der Selektionsmechanismus selbst sind keine natürlichen Phänomene, sondern (zeitlose) Strukturen, nach denen alles Natürliche in der Zeit sich entwickelt. Im Rahmen des Logischen Positivismus, des Erkenntnismodells hinter der modernen Naturwissenschaft, ist deren vorausgesetzte ausnahmslose Gültigkeit nicht erklärbar, denn weder die Erfahrung noch die formale Logik können begründen, daß es einen lückenlosen Kausalnexus gibt, der nicht vielleicht im nächsten Moment durch ein Wunder durchbrochen werden wird. Die Aussage, daß es unwandelbare Naturgesetze gibt, ist ein synthetisches Urteil a priori und bedarf daher einer besonderen Begründung. Die Naturwissenschaft kann so trotz ihres Universalitätsanspruches ihre eigenen Prinzipien begründungstheoretisch nicht einholen, und gerade hier zeigt sich eine große Überlegenheit der Metaphysik von Spinoza; auch wenn vieles bei ihm programmatisch bleibt, so versucht er doch wenigstens eine Begründung auch der vertikalen Erklärungsreihe in einer letzten *causa sui*.

Diese erkenntnistheoretischen Grenzen der Evolutionstheorie markieren nicht nur den Bereich, außerhalb dessen ihre Aussagen keine Geltung beanspruchen können, sondern eine grundsätzliche Begrenztheit des zugrundeliegenden Rationalitätsmodells. Die kausalwissenschaftliche Vernunft und ihre Methodik, welche so große Erklärungsleistungen in dem Bereich der Naturwissenschaft erbringt, kann sich nicht absolut setzen.[68] Um sich selbst rational einholen zu können, ebenso wie für eine Begründung moralischer Werturteile, muß sie durch einen weiteren Vernunftbegriff ergänzt werden.

V. Aufgaben einer umfassenden Theorie der Biologie

Aus dem Gesagten ergibt sich, welche Aufgaben sich einer wirklich befriedigenden Philosophie des Lebendigen stellen. Diese muß den Darwinismus „aufheben" – in der doppelten Bedeutung des Wortes. Seine Leistungskraft bei der Erklärung eines Teils der physischen und eines Teils der sozialen Welt ist ebenso beeindruckend wie seine Nähe zu der ebenfalls durch die Kategorie der Konkurrenz mitbestimmten modernen Wirtschaftstheorie. Aber es ist ebenso klar, daß sein Rationalitätsbegriff eine Selbstbegründung nicht zu leisten vermag. Doch folgt daraus nur, daß man ihn als Theorie des Ganzen, nicht hingegen, daß man ihn ganz ablehnen muß – manche philosophische Polemik gegen den Darwinismus zeigt nur zu deutlich, daß der Kritiker in die Logik modernen naturwissenschaftlichen Denkens nicht eingedrungen ist, aufgrund welcher Darwin durchaus den Anspruch erheben kann, mit Newton und Einstein einer der größten Naturwissenschaftler aller Zeiten zu sein. Es ist nicht nur das Prestige der modernen Naturwissenschaft, das es als außerordentlich unklug und kontraproduktiv erscheinen läßt, sie ohne Sachkenntnis zu verwerfen; auch wissenschaftsethische Gründe zwingen zu der Anerkennung der positiven Erklärungsleistungen des Darwinismus – wenn man gleichzeitig seine überzogenen Ansprüche verwirft. Die von Aristoteles geprägte neoscholastische *forma mentis* hat mit dieser Anerkennung bis heute Schwierigkeiten, während sie aber eine starke Sensibilität für die Unhaltbarkeit jener überzogenen Ansprüche zeigt. Wie kann man Nähe und Distanz zum Darwinismus überzeugend verbinden? Glücklicherweise gibt es einen Denker, der sowohl die Leistungskraft als auch die Grenzen der modernen naturwissenschaftlichen Denkform, deren Vollendung der Darwinismus darstellt, wie kaum ein anderer begriffen hat, weil er einerseits – im Grunde schon von seiner Kindheit an – mit der Tradition der rationalen Theologie des Christentums vertraut war, andererseits die neuzeitliche Mathematik und Naturwissenschaft wie nur wenige befruchtet hat. Die Rede ist natürlich von Leibniz, der nicht nur der erste große Kritiker Spinozas ist, sondern gleichzeitig in dessen Programm wirklich eingedrungen ist.[69] So hält auch Leibniz nur kausale Erklärungen von Einzelereignissen für zulässig. Aber er rettet die teleologische Fragestellung, indem er sie von den Einzelereignissen auf das System der Naturgesetze überträgt. Da diese nicht rein logisch begründet werden können, stellt sich aufgrund des Prinzips des zureichenden Grundes die Frage, wieso sie so sind, wie sie sind. Leibniz' Antwort lautet bekanntlich: weil sie zur besten aller möglichen Welt gehören. Zwar krankt sein Programm daran, daß er über keine ausgearbeitete Kriteriologie verfügt, die die diversen möglichen Welten zu bewerten gestattet; aber seine teleologische Wendung, die mit einer durchgehenden Kausalerklärung der physischen Welt kompatibel ist, bleibt vorbildlich für alle, die angesichts der Erfolge der modernen Naturwissenschaft an der Gottesfrage festhalten. Eine derartige Kompatibilität des Darwinismus mit dem Theismus scheint Darwin selbst noch erwogen zu haben – man denke an seine oben (Anm. 11) zitierte Aussage über die Vereinbarkeit der von ihm entdeckten „secondary causes" mit Gott als Erstursache; und es ist zu vermuten, daß Leibniz keine Schwierigkeiten gehabt hätte, den Darwinismus in sein System zu integrieren. Ja, im Grunde erleichtert der Darwinismus eine Lösung des Theodizeeproblems beträchtlich, weil die Berücksichtigung der Einfachheit der Naturgesetze als eines (natürlich nicht des einzigen) Kriteriums für die Wahl der bestmöglichen Welt[70] verständlich macht, warum das Leiden in Kauf genommen werden muß, das die organische Welt durchaus immer wieder kennzeichnet.[71] Ferner hält Leibniz (hierin wie Spinoza, aber anders als die meisten Darwinisten) an der Irreduzibilität des Bewußtseins auf physische Zustände fest. Gerade wenn man dem Interaktionismus skeptisch gegenübersteht (u.a. natürlich wegen der Erhaltungssätze der Physik), wird man daran festhalten, daß für die ganze Sphäre der Innenseite eine darwinistische Erklärung nicht besteht; akzeptiert man das Prinzip des zureichenden Grundes, wird man sich daher nach anderen Ursachen der und Gründen für die Welt des Bewußtseins umsehen. Leibniz' Parallelismus und seine Theorie der prästabilierten Harmonie sind dabei nicht die einzige denkbare Lösung. Vor allem ist hier zu kritisieren, daß die Leugnung einer realen Interaktion zwischen den einzelnen Organismen extrem kontraintuitiv zu sein scheint; eine immanente Kritik stellt ferner die im Rahmen des Leibnizianismus kaum zu lösende Frage dar, wie ein zureichender Grund für die Verbindung bestimmter physischer Zustände mit psychischen Zuständen vor Alternativen ausgezeichnet werden könnte. Aber an Leibniz wird jede Aufhebung des Darwinismus anknüpfen müssen, die die Autonomie der idealen und der psychischen Welt gegenüber der physischen begriffen hat.

Eine umfassende Theorie des Organischen wird nicht nur eine Teleologie des Ganzen der Naturgesetze anerkennen, sie wird auch der Frage nachgehen, wieso die eigentümliche Teleonomie des Organischen zur besten aller möglichen Welt dazugehört. In der Tat ist Leibniz' Theorie insofern rein programmatisch, als er, wie gesagt, kaum Kriterien für die Auszeichnung von Welten zur Verfügung stellt. Man kann das Hegelsche System als einen merkwürdig zwischen Spinoza und Leibniz schwankenden Versuch deuten, durch Rückgriff auf die Platonisch-Aristotelische Theorie der Eide die Grundstruktur einer vernünftigen Welt zu entwerfen.[72] Innerhalb dieser Struktur spielt die eigentümliche ontologische Sonderstellung des Organischen eine zentrale Rolle als Übergangsglied zwischen Natur und Geist. In der Tat kann selbst eine möglicherweise vollständige kausale Rekonstruktion des Organischen (unter Ausschluß seiner psychischen Seite) nichts an der Tatsache der Emergenz neuer Eigenschaften im Organischen ändern. Diese Eigenschaften in ihrem wechselseitigen Zusammenhang zu begreifen, ist Aufgabe einer eidetisch geleiteten Philosophie der Biologie, zu der die bedeutendsten Beiträge von Aristoteles, Hegel und Jonas stammen. Die Wesensfrage ist auf diejenige kausaler Erklärbarkeit nicht zu reduzieren – wie sie umgekehrt selbst letztere keineswegs löst. Aristoteles hat die teleologische und die Wesensfrage zu schnell miteinander verschränkt; aber es ist sicher richtig, daß beide Fragestellungen diejenige nach der materiellen und der Wirkursache ergänzen müssen.

Ist das Geltungsproblem weder in der Ethik noch in der Erkenntnistheorie darwinistisch zu lösen, stellt sich natürlich die Frage, wie es sonst angegangen werden könnte. Dies ist nicht mehr Thema dieses Beitrags, auch wenn es auf der Hand liegt, daß einer der Gründe für die Attraktivität des Darwinismus in der

Schwierigkeit einer plausiblen Lösung des Geltungsproblems liegt, die ohne sehr anspruchsvolle erkenntnistheoretische und metaphysische Überlegungen nicht zu erreichen ist. Doch zweierlei läßt sich abschließend feststellen: Ohne eine Ethikbegründung, die sich eben nicht auf eine Biologie der Ethik reduzieren läßt, ist eine überzeugende ethische Normierung der Biologie nicht möglich; und solange diese nicht gelungen ist, werden die Fortschritte in den Biologie-Techniken der letzten Jahrzehnte schwerlich zu einem Segen für die Menschheit werden können.

Tragweite und Grenzen
der evolutionären Erkenntnistheorie

Das in den letzten Jahren geradezu exponentiell gestiegene Interesse an der evolutionären Erkenntnistheorie (= EE), das in einer großen Zahl von Veröffentlichungen seinen Ausdruck gefunden hat, hat – so kann man etwas vereinfachend sagen – zu einer gewissen Polarisierung der Diskussion geführt. Während auf der einen Seite die Vertreter der EE diese als einen allen bisherigen Gnoseologien überlegenen Ansatz mit revolutionären weltanschaulichen Konsequenzen ausgeben, findet sich auf der anderen Seite scharfe, oft polemische Kritik, die den Ergebnissen der EE jede philosophische Relevanz, ja gelegentlich sogar die faktische Richtigkeit bestreitet. Vorliegende Abhandlung versucht dagegen eine vermittelnde Position zu beziehen, sowohl die Tragweite als auch die Grenzen der EE zu bestimmen.[1] Über diese kritische Würdigung hinaus soll jedoch in gröbsten Umrissen auch ein konstruktiver Ansatz skizziert werden, in den die EE m. E. integriert werden könnte, ja sogar müßte, wenn ihr manche traditionelle Probleme lösender Grundgedanke selbst befriedigend fundiert werden soll.

Zunächst ist es freilich erforderlich, die entscheidenden Thesen der EE zu referieren (II). Vorgeschaltet habe ich einige Bemerkungen zur Geschichte der EE – Bemerkungen, die mir deswegen nützlich erscheinen, weil die EE häufig genug als allerneuester Ansatz gilt; das historische Bewußtsein, daß sie in Wahrheit vor hundert Jahren schon sehr verbreitet war, findet sich selten, ist aber für ihre richtige philosophiehistorische und damit auch philosophische Einordnung wesentlich (I). Drittens will ich jene Punkte erörtern, in denen die EE wirklich einen Erkenntnisfortschritt gegenüber traditionellen Ansätzen bedeutet und bezüglich deren die bisherige Kritik nicht stichhaltig ist (III), viertens das fundamentale Manko aufzeigen, das diese Theorie kennzeichnet (IV), und fünftens andeuten, in welchen umfassenderen philosophischen Rahmen die EE eingearbeitet werden sollte (V).

I.

Die EE ist so alt wie Darwins Evolutionstheorie – Darwin, der sich über die philosophischen Konsequenzen seiner großen Entdeckung selbst Rechenschaft abgegeben hat, hat schon in den 1830er Jahren in unveröffentlichten Aufzeichnungen eine evolutionäre Erklärung von Platons Ideen geben wollen. „Plato says in *Phaedo* that our *‚necessary ideas'* arise from the preexistence of the soul, are not derived from experience. – read monkeys for preexistence", heißt es im notebook M von 1838. Aber nicht nur gegen Platons rationalistische Erkenntnistheorie, auch gegen Lockes Empirismus will Darwin die Evolutionstheorie ausspielen. „He who understands baboon would do more toward metaphysics than Locke."[2]

Zu dieser Zeit sind Darwins Überlegungen freilich noch völlig isoliert – nicht nur bleiben sie unveröffentlicht, auch ihr theoretisches Fundament, die Evolutionstheorie, ist dem Publikum noch unbekannt. Doch mit der Publikation von „The origin of species by means of natural selection" im Jahre 1859 und der im Grunde raschen Durchsetzung von dessen Grundgedanken in wissenschaftlichen Kreisen wird, zumal dank des vom Evolutionsgedanken ganz allgemein angeregten geistigen Klimas der zweiten Hälfte des 19. Jahrhunderts (man denke an Spencer), eine evolutionäre Deutung des Erkennens um 1890 geradezu zu „a quite dominant view", wie D. Campbell schreibt, dem wir die bisher umfassendste Sammlung historischer Vorläufer der EE verdanken.[3] So verschiedene Philosophen und Naturwissenschaftler wie Nietzsche, Simmel, James, Poincaré, Mach und Boltzmann, um nur einige zu nennen, sind von diesem Ansatz überzeugt. L. Boltzmann etwa erklärt, die Denkgesetze seien „im Sinne *Darwins* nichts anderes ... als ererbte Denkgewohnheiten",[4] die man zwar „aprioristisch nennen" könne, „weil sie durch die vieltausendjährige Erfahrung der Gattung dem Individuum *angeboren* sind", die aber Kant in einem „logischen Schnitzer" zu Unrecht deshalb auch schon für unfehlbar gehalten habe.[5]

Mit Beginn des 20. Jahrhunderts und der Ausbildung erstens des an Geltungsfragen interessierten Logischen Positivismus, zweitens der transzendentalen erkenntnistheoretischen Ansätze der Neukantianer, Husserls und des frühen Heidegger sowie drittens der philosophischen Anthropologien Schelers und Plessners, denen an der Hervorhebung der einzigartigen Stellung des Menschen im Kosmos gelegen war, verlieren sich derartige Gedanken wieder, zumal sie bisher nur ad hoc formuliert, nicht zu einer eigenständigen philosophischen Theorie ausgearbeitet worden waren. Lebendig bleiben sie fast nur bei Einzelwissenschaftlern. Einer von ihnen ist es dann auch gewesen, dem das Verdienst zukommt, sie erstmals in eigenen Abhandlungen artikuliert zu haben – K. Lorenz veröffentlichte 1941 (zu einer Zeit, als er als einer seiner letzten Nachfolger Kants Lehrstuhl in Königsberg innehatte) einen Aufsatz über „Kants Lehre vom Apriorischen im Lichte gegenwärtiger Biologie",[6] dem 1943 eine umfangreiche Studie über „Die angeborenen Formen möglicher Erfahrung"[7] folgte.[8] Doch blieben diese Arbeiten bei Philosophen längere Zeit unbeachtet, so daß erst in den 1970er Jahren die EE den Durchbruch erzielte und zu einem umfassenden Forschungsprogramm ausformuliert wurde. Interessanterweise waren daran mehrere, voneinander völlig unabhängige Autoren beteiligt – erstens[9] von biologischer Seite K. Lorenz selbst, der mit der „Rückseite des Spiegels"[10] den „Versuch einer Naturgeschichte menschlichen Erkennens" vorlegte,[11] zweitens – an Popper anknüpfend, aber expliziter und in vielen Punkten völlig selbständig – von psychologischer Seite D. Campbell, der den Namen „EE" prägte,[12] und drittens von philosophischer Seite G. Vollmer.[13] Ungeachtet einer gemeinsamen Basis bei allen Autoren sind freilich gewisse Differenzen zwischen den einzelnen Vertretern der EE nicht zu übersehen. So lassen sich innerhalb ihrer deutschsprachigen Verfechter unschwer zwei „Lager" unterscheiden – einerseits die mehr biologisch ausgerichtete Gruppe um K. Lorenz und R. Riedl (zu der u. a. R. Kaspar, G. P. Wagner und F. M. Wuketits gehören) und andererseits der auf größere philosophische Strenge drängende G. Vollmer.[14] Während dieser orthodoxer kritischer Rationalist ist, ist bei jenen der Einfluß auch anderer philosophischer Positionen (besonders N. Hartmanns) spürbar.

Wie ist dieser rasche und nach langer Inkubationszeit relativ plötzliche Durchbruch der EE gerade in den letzten Jahren zu erklären? Unter den Gründen für diesen ungewöhnlichen Erfolg ist sicher auch die beanspruchte Aufdeckung angeborener Strukturen durch Anthropologie (C. Lévi-Strauss) und Linguistik (N. Chomsky) zu erwähnen. Wesentlicher ist die allgemeine historisch-genetische Wendung, die die Behandlung erkenntnis- und wissenschaftstheoretischer Fragen in der Nachkriegszeit (im Zusammenhang mit einer Zurückdrängung transzendentaler Ansätze) genommen hat. Man denke nur an Piagets (onto-)genetische Erkenntnistheorie, zu der die EE gewissermaßen das phylogenetische Korrelat darstellt,[15] und an die bei Popper angelegte, zumal durch Kuhn bewirkte Ablösung des empiristischen Begründungsversuchs der Wissenschaft durch die konkrete historische Analyse der Dynamik des wissenschaftlichen Prozesses, einer Analyse, die sich in der Tat gerne mancher Kategorie der Evolutionstheorie bedient, um die Entwicklung der Wissenschaft zu rekonstruieren – so besonders deutlich bei Toulmin.[16]

Eine solche evolutionistische Rekonstruktion der Wissenschaftsgeschichte, die gelegentlich ebenfalls EE genannt wird, ist von der in dieser Abhandlung allein thematischen biologischen EE zu unterscheiden: Es handelt sich um zwei verschiedene Ansätze mit verschiedenem Gegenstandsbereich, die allerdings miteinander kompatibel sind und daher auch zusammen vertreten werden können – Popper etwa kann als Repräsentant beider Ansätze gelten.

Allerdings ist mit dem allgemeinen Interesse an genetischen Fragen noch nicht die besondere Aufmerksamkeit begründet, die der biologischen EE in letzter Zeit zuteil geworden ist. Hier scheint mir ein eher außerphilosophischer Faktor ausschlaggebend zu sein – nämlich das gesteigerte ökologische Bewußtsein der letzten zwei Jahrzehnte. Gerade die Arbeiten Lorenz' und Riedls erheben mehr oder weniger explizit den Anspruch, einen Beitrag zu leisten zur Überwindung der Trennung von Natur- und Geisteswissenschaften und damit auch von Natur und Geist, einen Beitrag, der die Menschheit zu einer ursprünglichen Einheit mit der Natur zurückführen soll.[17] Das entsprechende Anliegen, das bei Lorenz manchmal Ausdruck in geradezu naturpantheistischen Wendungen findet, ist m. E. ehrenwert und verdient Unterstützung; es wird allerdings noch zu prüfen sein, ob die EE das richtige Mittel ist, diesem Anliegen gerecht zu werden.

II.

Was sind die Grundthesen der EE? Ungeachtet der schon erwähnten Differenzen besteht unter ihren gegenwärtigen Vertretern zumindest Einigkeit über die überragende Bedeutung dieses Ansatzes: Es handle sich hierbei um eine dritte kopernikanische Wende, die sich als deren krönender Abschluß erstens an die Ablösung des geozentrischen Systems durch das heliozentrische des Kopernikus und zweitens an die Abstammungslehre Darwins anschließe.[18] Ihr gegenüber müsse die Pointe von Kants „Revolution der Denkungsart" in Wahrheit als antikopernikanischer Rückfall, als ptolemäische Gegenrevolution gelten. Denn Kant habe versucht, den Menschen erkenntnistheoretisch wieder in den Mittelpunkt zu setzen, aus dem ihn kosmologisch Kopernikus vertrieben habe, während die EE auch philosophisch ernst mache mit dem mit „De revolutionibus orbium coelestium" einsetzenden wissenschaftlichen Prozeß der Infragestellung der Vorzugsstellung des Menschen.

Inwiefern? Ihr Grundgedanke bestehe darin, daß das menschliche Erkennen nur die bisher letzte Stufe eines kontinuierlichen Erkenntnisprozesses sei, der mit dem ersten Lebewesen eingesetzt habe. Denn schon der primitivste Einzeller setze sich mit seiner Umwelt zu dem Zwecke auseinander, Informationen über sie zu erwerben. So sei z. B. selbst in der morphologischen Gestalt eines Organismus durch zufällige Variationen entstandene Information über die Außenwelt geronnen, denn nur mit solcher Information ausgestattete, durch sie an die Umwelt angepaßte Lebewesen könnten überleben. Das variierende Genom – so könne man in diesem Sinne sagen – stelle pausenlos Hypothesen auf, die im Selektionsprozeß an der Wirklichkeit geprüft würden; das Überleben eines Organismus sei dabei ein Kriterium dafür, daß die von ihm gemachten Hypothesen nicht völlig falsch sein könnten, daß sie irgendwie auf die Wirklichkeit paßten. Natürlich würden diese Hypothesen nicht bewußt aufgestellt; sie seien vielmehr unbewußte „Vorurteile" der Lebewesen, die deren Überleben in einer konstanten Wirklichkeit erst ermöglichten. Da freilich die Umwelt auch variiere, erfordere die Auseinandersetzung mit ihr über die genetisch gespeicherte Information hinaus auch Mechanismen kurzfristigen Informationsgewinns, die Wissen über augenblicklich herrschende Umstände vermittelten, aber nicht speicherten – man denke etwa an Kinesis, Phobie, Taxis. Mit der teleonomen Modifikation des Verhaltens in den Vorgängen der Bahnung durch Übung, der Sensitivierung, der Gewöhnung, der Angewöhnung und der Prägung werde eine noch höhere Stufe erreicht, die die Vorteile der beiden erstgenannten Arten des Informationserwerbs verbinde – hier passe sich das Verhalten kurzfristig Umweltveränderungen an und speichere zugleich die Information. Durch die Rückmeldung des Erfolges im *conditioning by reinforcement* entstehe dank Rückkopplung eine weitere kognitive Stufe, aus der sich durch Integration der Teilfunktionen der abstrahierenden Leistung der Wahrnehmung, der zentralen Raumrepräsentation, der Willkürbewegung, des Neugierverhaltens, der Nachahmung und der Tradition schließlich der menschliche Geist entwickle.

Lorenz, dessen „Rückseite des Spiegels" ich bisher im wesentlichen gefolgt bin, betont mit Nachdruck, daß durch die Integration dieser Teilfunktionen, die sich isoliert alle auch bei Tieren fänden, etwas qualitativ absolut Neues entstehe, sich eine „Fulguration" ereigne – das neue Systemganze setze „sich von allen vorher existenten lebenden Systemen durch eine „Hiatus" ab ..., der kaum minder groß ist als jener andere, der das Leben von der anorganischen Materie trennt" (211). Wegen der Priorität des Ganzen vor den Teilen seien natürlich auch die Teilfunktionen bei den Tieren, gerade da isoliert, keineswegs so weit entwickelt wie beim Menschen – die tierische Tradition etwa sei objektgebunden, während die durch das begriffliche Denken ermöglichte Wortsprache eine von der Präsenz des Objekts unabhängige Tradition und damit eine Wissensakkumulation über die Generationen hinweg zur Folge habe (205). Doch das ändere nichts daran, daß der menschliche Geist auf den genannten Funktionen basiere, die zum Teil unbewußt abliefen: Die Konstanzmechanismen etwa seien als Teil des angeborenen ratiomorphen Apparats der Selbstbeobachtung im allgemeinen unzugänglich; ohne diese Rückseite des Spiegels wäre aber auch bewußt rationales Denken nicht möglich.

Die philosophisch zentrale Aussage der EE besteht nun in der These, daß auch dem Bewußtsein zugängliche Inhalte, wie etwa apriorische Begriffe, auf evolutionäre Weise erklärt werden könnten und müßten. Zu Unrecht habe Kant gemeint, der Verstand schreibe der Natur die Kategorien vor; in Wahrheit seien die menschlichen Kategorien angeboren und entstammten der Auseinandersetzung unserer tierischen Vorfahren mit der Umwelt.[19] Sicher seien die Kategorien vor der Erfahrung, machten sie doch Erfahrung erst möglich – aber das gelinge nur, weil sie sich phylogenetisch in der Evolution herausgebildet hätten und insofern a posteriori seien. Gerade dieser aposteriorische Charakter beantworte auch die Frage, warum die Kategorien auf die Wirklichkeit paßten und teilweise mit ihr übereinstimmten: Wären unsere angeborenen Denkbestimmungen völlig falsch, so hätten unsere tierischen Vorfahren mit ihnen nicht überleben können. Zwar bedeute diese Aposteriorisierung der Kategorien gegenüber Kant eine Relativierung und Hypothetisierung ihres Geltungsanpruchs, aber diese sei ohnehin fällig, da die moderne Mathematik und Physik die Nicht-Absolutheit der Kantischen Aprioris schon längst erwiesen habe. Gleichzeitig habe aber die EE einen höheren Objektivitätsanspruch als Kant, da sie im Rahmen eines hypothetischen Realismus die Dinge-an-sich nicht für unerkennbar, sondern im Gegenteil für partiell in der Evolution immer schon erkannt erkläre.[20] So sei uns etwa die dreidimensionale Raumanschauung angeboren, die Dreidimensionalität des Raumes werde aber auch durch die Physik bestätigt; hier zeige sich also eine Übereinstimmung unserer angeborenen kognitiven Strukturen mit der Wirklichkeit.[21] Da sich jene freilich in der Auseinandersetzung mit dem Mesokosmos entwickelt hätten, der Welt der mittleren Dimensionen, in der wir lebten, sei ihre Geltung auch auf ihn beschränkt; sie versagten daher – zwar nicht notwendig, aber doch häufig – in den Bereichen der Mikrophysik und der Kosmologie sowie bei plötzlichen Änderungen der Umwelt. Unsere Erkenntnis könne also keineswegs Anspruch machen auf Apodiktizität; das Hauptresultat der EE sei daher "nicht so sehr verschieden von der Sokratischen Einsicht: „Ich weiß, daß ich nichts weiß." Eben das wissen wir aber jetzt noch genauer!"[22]

III.

Das Wichtige an der EE scheint mir zunächst einmal darin zu liegen, daß sie einschlägige Ergebnisse der empirischen Wissenschaften aufarbeitet und zwischen ihnen und traditionellen Fragen der Erkenntnistheorie eine Vermittlung zu leisten versucht. In einer Zeit, in der die Philosophie immer mehr dazu tendiert, sich auf Hermeneutik zu reduzieren, ist die Bemühung auf jeden Fall positiv zu bewerten, die immer größer werdende Kluft zwischen Philosophie und Wissenschaft zu überbrücken. Der Wahrheitsanspruch der Philosophie, auf den diese nicht verzichten kann, ohne sich selbst aufzuheben, muß mit dem Wahrheitsanspruch des am ehesten ernstzunehmenden Wissensträgers unserer Zeit, der Wissenschaft, kritisch vermittelt werden, und in der Verweigerung einer solchen Vermittlung durch die Mehrzahl der traditionellen Philosophien liegt sicher mit ein Grund für die immer marginalere Rolle, die die Philosophie in unserer Kultur spielt. Daß dagegen die EE in einer philosophisch eher sterilen Epoche einen eigenständigen Ansatz darstellt, der Kompatibilität mit den Ergebnissen der modernen Wissenschaft anstrebt, ist eine Leistung, die unbedingt anerkannt werden muß. Allerdings wird sich noch zeigen, daß die größere Nähe zur Wissenschaft bei der EE erkauft ist um den Preis eines Vergessens begründungstheoretischer Reflexionen der Tradition – Reflexionen, die freilich umgekehrt bei den Vertretern klassischer Ansätze selten genug zur modernen Wissenschaft in Bezug gesetzt werden.

Um konkret zu werden, so trägt die EE m. E. durchaus zur Klärung *einiger* der traditionellen erkenntnistheoretischen Fragen bei. Die tabula-rasa-Konzeption des menschlichen Geistes etwa dürfte nunmehr endgültig als überholt gelten.[23] Es gibt nachweislich angeborene Erkenntnisschemata; darüber hinaus setzen auch offene Programme – die die Voraussetzung für Lernfähigkeit sind und beim Menschen geschlossene Programme weitgehend ersetzen – eine genetische Basis voraus, und zwar eine, die mehr, nicht weniger Information enthält als die für ein geschlossenes Programm erforderliche.[24]

Aber nicht nur in der Lösung einzelner Probleme besteht die Stärke der EE. Auch ihr Grundgedanke, den Erkenntnisbegriff auf alles Lebendige zu übertragen, scheint mir fruchtbar. Wenn es eine Aufgabe der Philosophie ist, das Allgemeine im Besonderen aufzudecken, dann ist es ein sinnvoller Ansatz, Strukturen herauszuarbeiten, die möglichst vielem Seienden zukommen, und es ist wohl tatsächlich möglich, um Poppers Bonmot aufzugreifen, in der kognitiven Auseinandersetzung einer Amöbe mit ihrer Umwelt ebenso wie in derjenigen Einsteins Gemeinsames zu entdecken.[25] Ob man dieses Gemeinsame Erkenntnis oder nicht besser Information nennen sollte, wie E.-M. Engels vorgeschlagen hat,[26] ist wohl nur eine terminologische Frage – jedenfalls dann, wenn über zwei Dinge Einigkeit besteht. Erstens ist klar, daß unter geltungstheoretischem Gesichtspunkt eine absolute Asymmetrie zwischen beiden Erkenntnisformen besteht – daß den Erkenntnissen bzw. Informationen der Amöbe partielle Richtigkeit zukommt, wissen wir dank den Erkenntnissen der modernen Physik; diese setzen jene hingegen nur unter genetischem, nicht unter geltungstheoretischem Aspekt voraus. Zweitens ist aber auch für eine rein objektivierende Analyse evident, daß zwischen dem kognitiven Verhalten der Amöbe und demjenigen Einsteins ungeheure Differenzen existieren, Differenzen, die herunterzuspielen eine unsinnige Abstraktion wäre.

Es mag sein, daß sich in manchen Äußerungen der evolutionären Erkenntnistheoretiker dieser ‚abstraktive Fehlschluß‘ findet – Lorenz zumindest kann man ihn kaum vorwerfen, wie gerade sein Begriff der Fulguration belegt. Obgleich dieser Begriff sicher noch präzisiert werden muß und er die Gefahr in sich birgt, die Schwierigkeiten einzelner noch nicht durchschauter Übergänge zu vertuschen, ist er doch erstens heuristisch äußerst nützlich und bedeutet zweitens seine systemtheoretische Rekonstruktion einen echten Erkenntnisgewinn. Ja, diese stellt sogar eine neue, vermittelnde Lösung des Reduktionismusproblems dar: Aus dem Zusammenschluß von Subsystemen kann ein System mit Eigenschaften entstehen, die in keinem der Subsysteme auch nur in Ansätzen vorhanden waren.[27] Das komplexe System ist insofern einerseits auf seine Bestandteile zurückzuführen, ist aber andererseits mehr als ihre Summe. Es ist zudem in der Lage, auf sie zurückzuwirken, so daß nicht nur es von ihnen, sondern auch sie von ihm bedingt sind.[28]

Auf diese Weise wird die Kompatibilität zweier Sätze deutlich, die in der Tradition häufig zu Unrecht einander entgegengesetzt wurden:

a.) der menschliche Geist ist aus der Natur entstanden, und
b.) der menschliche Geist ist innerhalb der Natur etwas absolut Einzigartiges.

Eben wegen der Kompatibilität beider Sätze überzeugen diejenigen Gegner der EE, die zu Recht auf b.) beharren, aber zu Unrecht deshalb a.) ablehnen zu müssen glauben, wenig. Besonders aussichtslos scheint mir zumal die Polemik gegen die Evolutionstheorie (oder genauer: die Synthetische Theorie) als Basis der EE. Ungeachtet mancher offener Fragen[29] dürfte die Evolutionstheorie zu den erfolgreichsten wissenschaftlichen Theorien der Gegenwart gehören, und es spricht nur für sie, daß die meisten der gegen sie verfaßten Abhandlungen der letzten Jahre mehr ideologischen als wissenschaftlichen Charakter haben, auch wenn ihre Verfasser teilweise seriöse Naturwissenschaftler sind.[30] Aber selbst das wissenschaftstheoretisch stärkste, gelegentlich auch bei Befürwortern der Evolutionstheorie anzutreffende Argument, die Evolutionstheorie sei empirisch nicht zu widerlegen bzw. tautologisch,[31] ist nicht haltbar. Denn zunächst einmal ist klar, daß der Grundgedanke der Evolutionstheorie als deskriptiver (noch nicht explanativer) Theorie – die These von der Entstehung der Arten auseinander, und zwar in einer bestimmten Reihenfolge – weder tautologisch noch empirisch unwiderlegbar ist. Die aristotelische Konzeption der Konstanz der Arten ist keine logische Kontradiktion; und die Entdeckung einer fossilen Pferdepopulation in einer präkambrischen Formation würde die Evolutionstheorie sofort falsifizieren. Der Vorwurf, tautologisch zu sein, kann alsdann auch nicht die Konzeption der Mutation treffen – vielmehr ist diese durch die moderne Genetik empirisch verifiziert worden (Darwin spricht noch von Variation, ohne deren Ursachen zu kennen).[32] Gegenüber der Selektionsthese schließlich, nach der nur die am besten angepaßten Organismen überleben, scheint der Tautologievorwurf allerdings Sinn zu geben, insofern das Überleben ein, ja wohl *das* Kriterium für Angepaßtheit ist. Freilich ist dazu erstens festzustellen, daß diese These nur ein *Teil* der Evolutionstheorie ist, und es ist nicht einzusehen, warum nicht eine wissenschaftliche Theorie einen tautologischen Bestandteil enthalten sollte. Tautologien sind nichts Falsches,[33] höchstens etwas

Überflüssiges, aber selbst das ist, wie wir gleich sehen werden, keineswegs immer der Fall. Zweitens aber ist jene These schon deswegen keine Tautologie im strengen Sinne, weil es denkbar wäre, daß alle Organismen und Arten überlebten, daß es keinen „Kampf ums Dasein" gäbe. Die Aussage, daß *nur* die Bestangepaßten überleben, schließt hingegen diese Möglichkeit ausdrücklich aus. Und drittens ist die Biologie in der Lage, unabhängig vom faktischen Überleben Kriterien für Angepaßtheit zu entwikkeln (etwa Stärke, Schnelligkeit, Intelligenz, Fortpflanzungsrate usf.). Freilich ist es richtig, daß, sollten die auf diesen Kriterien basierenden Prognosen falsifiziert werden, man eher einräumen würde, man habe sich bezüglich der betreffenden Eigenschaft als eines Kriteriums für Angepaßtheit geirrt, als daß man den Grundsatz vom Überleben der Bestangepaßten in Zweifel ziehen würde; man würde davon ausgehen, daß man in der Argumentation für den Anpassungscharakter einer bestimmten Eigenschaft einen Fehler gemacht, etwa Nebenwirkungen nicht bedacht habe usf. Und zu Recht – denn jener Grundsatz hat (wenn man die Einschränkung unter ‚zweitens‘ berücksichtigt) tatsächlich einen tautologischen Charakter. Nur hindert ihn das nicht daran, die biologische Erkenntnis voranzutreiben, gerade insofern er auf mögliche Mängel, Unvollständigkeiten usf. in der bisherigen (nicht-tautologischen) Rekonstruktion von Angepaßtheit aufmerksam macht. Ein lehrreiches Beispiel gibt Popper, der ebenfalls lange Zeit gegen jenen Grundsatz der Evolutionstheorie den Tautologievorwurf erhoben hatte,[34] ihn aber später eben wegen dieses Beispieles zurückzog.[35] Popper verweist darauf, daß schon Darwin zwei Formen von Selektion unterschieden habe, eine ‚sexual selection‘ nämlich neben der ‚natural selection‘.[36] In der Tat kann die sexuelle Selektion zu Resultaten führen, die der Anpassung an die äußere Umwelt abträglich sind, ohne die aber ein entsprechender Organismus keine Chance hätte, sich fortzupflanzen.[37] Die Beobachtung solcher Fälle widerlegt nun nicht die These vom Überleben der Bestangepaßten – sie zwingt aber dazu, die sexuelle Selektion bei der Definition von Angepaßtheit zu berücksichtigen, und fördert somit neue Erkenntnisse.

Ungeachtet der Fundiertheit der Evolutionstheorie wird man freilich einräumen müssen, daß das Programm einer evolutionären Erklärung des Geistes, das im Ansatz richtig und sinnvoll ist, weit davon entfernt ist, durchgeführt zu sein. Auch wenn zumal Lorenz' Hauptwerk eine beeindruckend weite Palette von Zwischenstufen zwischen amöboidem Verhalten und bewußtem Lernen entwirft, liegen die Mechanismen eines Großteils der Leistungen des menschlichen Geistes noch im dunkeln. Während etwa die Konstanzleistungen der Farbwahrnehmung ausreichend analysiert sind, ist der konkrete Modus der Gestaltwahrnehmung noch ungeklärt. Besonders wichtig ist, daß zumal der Übergang vom Bewußtlosen zum bewußten Erleben rätselhaft geblieben ist – und zwar nicht nur unter genetischer, sondern auch unter systemtheoretischer Hinsicht. Wann in der Evolution der Organismen das eingetreten ist, was wir recht unbeholfen die Innenseite des Verhaltens nennen, was die physiologische bzw. systemtheoretische Basis dafür ist, ja mit welchem Recht wir überhaupt ein subjektives Erleben bestimmten Lebewesen unterstellen (bzw., wenn wir nicht Panpsychisten sind, bestimmten Entitäten absprechen) – das alles sind bisher ungelöste Fragen, und daher ist die Behauptung einer schon gelungenen naturwissenschaftlichen Rekonstruktion des Geistes unbegründet, sofern zum Geist Subjektivität, ja ihre Höchstform: Reflexion wesentlich dazugehört.[38] Nicht gesagt ist freilich damit, daß eine naturwissenschaftliche Klärung des Leib-Seele-Problems prinzipiell unmöglich ist, wie etwa R. Spaemann behauptet[39] oder im Grunde selbst ein Identitätstheoretiker wie K. Lorenz annimmt. Nach ihm ist nämlich die Zäsur zwischen Bewußtlosem und Bewußtem strukturell anderer Natur als die zwischen Anorganischem und Organischem bzw. zwischen Tier und Mensch. Bei diesen zwei Einschnitten handle es sich um *Übergänge*; sie seien durch ein Kontinuum von Zwischenformen überbrückbar, die historisch real existiert hätten. Der Leib-Seele-Hiatus sei dagegen unüberbrückbar, vielleicht zwar nur „für uns", aber für unseren Erkenntnisapparat jedenfalls für immer. „Selbst eine utopische Zunahme unserer Kenntnisse würde uns der Lösung des Leib-Seele-Problems nicht näherbringen. Die Eigengesetzlichkeiten des Erlebens können grundsätzlich nicht aus chemisch-physikalischen Gesetzen und aus der wenn auch noch so komplexen Struktur der neurophysiologischen Organisation erklärt werden."[40] In Absetzung von N. Hartmann, an dessen Schichtenlehre er sich sonst gerne anschließt, schreibt

Lorenz, der Leib-Seele-Hiatus sei nicht ‚horizontaler‘, sondern ‚vertikaler‘ Natur.[41]

Nun ist es sicher richtig, daß der Leib-Seele-Hiatus insofern von den beiden anderen unterschieden ist, als er auch einen ‚vertikalen‘ Aspekt hat: Er teilt das erlebende Wesen gewissermaßen in zwei Hälften, eine Außen- und eine Innenseite. Aber daraus folgt keineswegs, daß er nicht auch ‚horizontaler‘ Natur sei: Gerade wenn man wie Lorenz weder Panpsychist ist noch Tieren ein subjektives Erleben abspricht, wird man davon ausgehen, daß es innerhalb des Tierreichs[42] eine Zäsur gibt, die Organismen ohne bewußtes Erleben von solchen mit Bewußtsein trennt. Auch hier kann man sich kontinuierliche Übergänge vorstellen: Die Welt einer Qualle (sollte sie so etwas wie ein ‚Innenleben‘ haben) ist sicher beschränkter als die einer Biene, diese als die eines Frosches usf.; sowohl extensiv als auch intensiv gibt es ja Grade bewußten Erlebens. Es ist nun keineswegs auszuschließen, daß eines Tages naturwissenschaftlich rekonstruiert werden kann, inwiefern eine bestimmte neurophysiologische[43] Struktur zur Emergenz von Bewußtsein führt[44] – so wie inzwischen auch verstanden ist, warum die Kopplung von DNA-Ketten und Proteinen im Hyperzyklus zur Fulguration jener Eigenschaften führen mußte, die Lebendiges kennzeichnen. Jedenfalls ist m.W. in der Diskussion um die EE bisher kein Argument vorgebracht worden, das die absolute Unüberbrückbarkeit der Zäsur zwischen bewußtlosen und bewußten Wesen wirklich dargetan hätte; darüber hinaus spricht das unten S. 96 f. ausgeführte Uniformitätsprinzip a priori stark gegen eine solche These.[45] Noch viel weniger läßt sich eine solche Unüberbrückbarkeit von der Zäsur zwischen ‚Seele‘ und ‚Geist‘, zwischen Tier und Mensch behaupten, wie Primaten-Ethologie und Paläoanthropologie immer eindrücklicher belegen.

Während sich die Genese von Subjektivität bisher noch einer naturwissenschaftlichen Erklärung entzieht, muß es als ein großes Verdienst der EE gelten, die Aufmerksamkeit auf den sogenannten ratiomorphen Apparat gelenkt zu haben, der in der traditionellen Erkenntnistheorie keine Rolle spielte, da er empirisch noch nicht bekannt war, dessen Entdeckung aber durchaus ein Anlaß sein kann, klassische Vorstellungen vom Verhältnis von Vernunft und Bewußtsein zu revidieren. Die Pointe dieser Entdeckung ist, daß der Mensch und schon die meisten Tiere einen Verrechnungsapparat besitzen, der höchst komplexe Operationen ausführt, die auf bewußter Ebene zu rekonstruieren einen beträchtlichen mathematischen Aufwand voraussetzt. Man denke etwa an das Reafferenzprinzip, das von philosophischem Interesse auch deswegen ist, weil es selbst für die Wahrnehmung zeigt, daß Fremdbezug ohne Selbstbezug nicht möglich ist: Da das Bild auf der Netzhaut sich sowohl dann verschiebt, wenn das Objekt als auch wenn das Subjekt sich bewegt, ist es erforderlich, um bei Eigenbewegungen das ruhende Objekt weiterhin in Ruhe zu sehen, daß die Eigenbewegungen des Subjekts mit den Änderungen des Bildes auf der Netzhaut verrechnet werden. Eben dies leistet neben vielem anderen der ratiomorphe Apparat. Es gibt also nicht nur bei Computern, sondern auch bei Lebewesen ein vernünftiges Denken ohne Bewußtsein, eine unbewußte Vernunft. Vernunft ist in dieser Perspektive ein wesentlich allgemeinerer Begriff als Bewußtsein, während sonst eher das Umgekehrte angenommen wurde: Vernunft sei die Spitze des Bewußtseins, und das Unbewußte sei, wenn es es denn gebe, mit irrationalen Inhalten besetzt. Die evolutionäre Erklärung dieses ratiomorphen Apparates gestattet, so scheint es, darüber hinaus ein gewisses Vertrauen auf ihn – er wäre nicht herausselektiert worden, wenn ihm keine Objektivität zukäme.

Doch die EE will nicht nur den ratiomorphen Apparat, sondern (zumindest bei Riedl) auch den *common sense* rehabilitieren – den gesunden Menschenverstand, der zwar zum großen Teil bewußt operiert, jedoch seine Erwartungen, Resultate usf. nicht angemessen zu begründen weiß und daher, wenn er über sie zu reflektieren beginnt, in Verlegenheit, in die Aporie gerät. Riedls Ausführungen zu diesem Problem erinnern in vielem an die als Reaktion auf Humes Skeptizismus entstandene schottische Schule. Wie diese empfiehlt er, den angeborenen Erwartungen der gesunden Vernunft zu trauen und sich nicht etwa von der logischen Kritik an der Induktion verwirren zu lassen; sonst gehe es einem wie dem Tausendfuß, der, befragt, wie er mit so vielen Beinen laufen könne, als er dies nicht erklären konnte, auch nicht mehr zu laufen vermochte.[46] Die bewußte Vernunft sei „das weitaus jüngste und darum wohl auch am wenigsten bewährte Produkt dieser Evolution"; auf sie sei daher weniger Verlaß als auf die „drei Jahrmilliarden des Lebenserfolgs".[47] Auch dieser Argumentation ist eine partielle Wahrheit nicht abzusprechen. Zwar ist die Polemik gegen die bewußte Vernunft verfehlt und ist in jenen Fällen, wo ausdrückliche rationale Argumente gegen ein bestimmtes Gefühl sprechen, die Berufung auf dessen Angeborensein kein Gegenargument, aber in jenen anderen Fällen, wo keine Argumente für und keine gegen eine bestimmte Auffassung angeführt werden können, die Vernunft ein Problem also unentschieden läßt, ist es wohl durchaus sinnvoll, instinktiven Vorurteilen zu folgen (deren rationale Rekonstruktion freilich trotzdem ein Desiderat bleibt). In der Tat dürfte die EE jenes alte Rätsel der Erkenntnistheorie einer Lösung näherbringen, das das Gefühl, die Intuition, der unreflektierte gesunde Menschenverstand (die ὀρθὴ δόξα Platons) für jeden rationalistischen wie für jeden empiristischen Ansatz darstellt. Denn offenbar gibt es Überzeugungen, die man selbst bei angestrengtem Nachdenken nicht auf konkrete Erfahrungen oder Schlüsse aus ihnen zurückführen kann, von deren Richtigkeit man aber dennoch durchdrungen ist und die sich meistens auch als zutreffend bewähren. Wie ist dieses Phänomen zu erklären? Ich glaube, daß die Konzeption des phylogenetischen Aposteriori, aber ontogenetischen Apriori auf diese Frage eine plausible Antwort gibt – man braucht nicht irgendein „unmittelbares Wissen" zu postulieren, sondern man wird angeborene Instinkte, unbewußte Wahrnehmungen oder die unbewußte Verarbeitung des Wahrgenommenen durch den ratiomorphen Apparat zugrunde legen.[48] Diesen „angeborenen Lehrmeistern" zu vertrauen gibt uns das entscheidende Argument der EE einen guten Grund an die Hand – der freilich, wie nun zu zeigen ist, nur gültig ist, wenn es auch ein Apriori gibt, das auf keinen Fall auf ein phylogenetisches Aposteriori reduzibel ist.

IV.

In unserer bisherigen Analyse der EE ging es vornehmlich um ihren Beitrag zur Aufhellung des Wesens menschlicher Erkenntnis – d.h., um genau zu sein, der Erkenntnis*strukturen* und des Erkenntnis*apparates*. Doch was bedeutet diese Einschränkung? Ist es nicht spitzfindig, Erkenntnis und Erkenntnisapparat zu unterscheiden? Wie mir scheint, ist diese Unterscheidung unabdingbar: Denn menschliche Erkenntnis ist nicht nur eine subjektive Struktur, sondern beansprucht ein bestimmtes Verhältnis zur Wahrheit. Zur Erkenntnistheorie gehört also nicht nur die *deskriptive* Analyse des Erkenntnisapparates, sondern auch die *normative* Untersuchung dieses Anspruchs auf Wahrheit, und der Untersuchung dieses Anspruchs hat auch der Großteil der traditionellen Erkenntnistheorie gegolten.[49] Nun scheint es aber, daß auch die EE diesen Anspruch prüft. Ihr Grundargument lautet ja: Wenn die Evolution durch Variation und Selektion auch auf kognitive Strukturen zutrifft, dann müssen unsere angeborenen kognitiven Strukturen einen partiellen Wahrheitsgehalt haben. Wir wollen dieses Argument näher analysieren.

Zunächst könnte man an ihm monieren, daß seine Konklusion äußerst vage ist, ja daß sie – unabhängig von der Prämisse – fast eine Tautologie darstellt. Von einem *partiellen* Wahrheitsgehalt kann man wohl immer reden, und mehr als eine partielle Wahrheit ist auch aus der Prämisse nicht zu gewinnen. Denn da Lebenstauglichkeit und Anpassung kein Wahrheitskriterium sind, wie die EE selbst zugibt[50] und mit vielen eindrucksvollen Beispielen belegt, kann eine angeborene kognitive Struktur eine außerordentlich weitgehende Verzerrung gegenüber der Wirklichkeit bedeuten, ohne deswegen das Überleben des Organismus in einer bestimmten ökologischen Nische in Frage zu stellen; sie kann freilich ebensogut vollständig mit der Wirklichkeit übereinstimmen. So sei einerseits die Euklidizität unserer Raumanschauung nur eine Anpassung an den Mesokosmos und entspreche keineswegs notwendig dem realen Raum. Bei der Dreidimensionalität bestehe hingegen ein solches Entsprechungsverhältnis – was aber offenbar keineswegs aus der evolutionären Entstehung und Lebenstauglichkeit dieser kognitiven Struktur folgen kann, da auch Tiere mit zweidimensionaler Raumanschauung bestens überlebt haben. Aus evolutionärer Genese allein folgt also, was Wahrheit angeht, nur sehr wenig.

Aber der entscheidende Mangel im Grundargument der EE ist damit noch nicht aufgedeckt. Er beruht in einer Zirkularität – in vielen seiner Anwendungsfälle erzeugt das Argument geradezu einen dialektischen Schein. Denken wir etwa an das Kausalitätsproblem. Vollmer erklärt, wir hätten Grund zu vermuten, der Kausalität entspreche eine *ontologische* Struktur, eben weil der

Glaube an die Kausalität eine angeborene kognitive Annahme sei, die sich in der Evolution selektiv herausgebildet habe.[51] Offenbar soll jene Konklusion aus den Prämissen

a.) der Evolutionstheorie
b.) der evolutionären Herausbildung unserer Erkenntnisstrukturen und
c.) des Angeborenseins kausaler Erwartung

folgen. Das ist sicher richtig – *aber die Pointe ist, daß diese Konklusion unmittelbar in jeder der beiden ersten Prämissen enthalten ist.* Denn die Evolutionstheorie ist eine kausalwissenschaftliche Theorie, die als solche das Vorhandensein von Kausalität immer schon voraussetzt. Analog setzt auch die Annahme, unsere angeborenen kognitiven Strukturen seien durch Variation und Selektion entstanden, die Gültigkeit des Kausalitätsprinzips unmittelbar voraus. Es heißt daher nichts begründen, zu behaupten, wir hätten – unter der Voraussetzung der Wahrheit einer kausalwissenschaftlichen Theorie – allen Anlaß anzunehmen, es gebe Kausalität. Die Einschränkung „allen Anlaß anzunehmen" ist ebenso überflüssig wie die Prämisse c.); aus der Wahrheit der Evolutionstheorie folgt durchaus, daß Kausalität eine ontologische Struktur ist. Nur wäre bei dieser Formulierung der mühsam verschleierte Zirkel offenkundig.

Man könnte hier einwenden, diese Zirkularität ergebe sich nur im Falle einiger in den Prämissen a.) und b.) unmittelbar enthaltener Prinzipien. Setze man hingegen in die Prämisse c.), die das faktische Angeborensein einer kognitiven Struktur besagt, statt „kausaler Erwartung" andere Annahmen des ratiomorphen Apparates ein, deren Gültigkeit nicht unmittelbar von der Evolutionstheorie vorausgesetzt wird, so könne das Argument wirklich neue Erkenntnisse vermitteln – eben die Einsicht, daß solche Annahmen nicht völlig unbegründet sein können. Aber selbst in diesem Fall ist klar, daß das Argument zwar nicht zirkulär, aber doch hypothetisch ist[52] – es gilt nur unter der Voraussetzung der Evolutionstheorie. Deren Gültigkeit müßte aber selbst erkenntnistheoretisch begründet werden – d. h. es müßten zumindest Kriterien angegeben werden, die es erlauben, dieser Theorie eine, wenn auch nur hypothetische, Wahrheit zuzuschreiben. Diese wird aber von Vollmer ebenso unreflektiert vorausgesetzt wie diejenige anderer wissenschaftlicher Theorien, auf die er rekurrieren muß, um die mehr oder weniger partielle Übereinstimmung zwischen den angeborenen Strukturen und der Wirklichkeit aufzuzeigen. Denn dazu muß er die Realität kennen; aber woher? Eben aus der gegenwärtigen Wissenschaft, von der Vollmer mit erstaunlicher Unbefangenheit immer wieder voraussetzt, daß sie die „Fakten" erfasse. Warum ist diese Unbefangenheit erstaunlich? Erstens weil hiermit die Voraussetzung des Realismus, die die EE macht, implizit in Frage gestellt wird – Realität ist offenbar nie an sich, sondern immer nur als erkannte und wissenschaftlich interpretierte zugänglich.[53] Zweitens aber – und das ist das Wesentliche – weil die moderne Wissenschaft nicht auf angeborene kognitive Strukturen zurückzuführen ist.[54] Ihr Wahrheitsanspruch ist also nicht mit dem evolutionären Argument zu begründen, obwohl er für dessen Schlüssigkeit vorausgesetzt wird. Nun ist dies noch kein Mangel – im Gegenteil, wäre eine solche Begründung möglich, so würde es sich um einen eindeutigen Zirkel handeln: Das Grundargument der EE würde die Evolutionstheorie voraussetzen; diese bedürfte aber selbst dieses Arguments zu ihrer Begründung. Zu Recht verteidigt daher E.-M. Engels die EE gegen den gegnerischen Zirkelvorwurf: Durch die Unterscheidung von mesokosmischer und wissenschaftlicher Vernunft sei ein zirkelfreies Begründungsverhältnis gegeben.[55] *Aber mit der Vermeidung des Zirkels ist das Begründungsproblem nicht gelöst.* Es bleibt weiterhin offen, wie der Wahrheitsanspruch der Wissenschaft gerechtfertigt werden kann.

Vollmers Aussagen zu diesem Problem sind widersprüchlich: Einerseits verweist er auf Kriterien wie innere und externe Konsistenz, Prüfbarkeit und Erklärungswert, scheint also die Beantwortung dieser Frage der Wissenschaftstheorie überlassen zu wollen, andererseits wischt er die ganze Fragestellung beiseite und beansprucht für die EE eine absolute Autonomie: Die EE sei zwar tatsächlich nicht in der Lage, erkenntnistheoretische Normen zu rechtfertigen, aber sie brauche das auch nicht zu tun, weil dies prinzipiell unmöglich sei. „Es ist richtig, daß die Evolutionäre Erkenntnistheorie keine Normen rechtfertigen kann. Aber das ist nicht eine spezielle Schwäche der Evolutionären Erkenntnistheorie. *Keine Disziplin kann Normen rechtfertigen.* Gewiß folgen Normen nicht aus Fakten – das Problem ist nur, daß sie auch aus sonst nichts folgen."[56] „Wenn, wie so oft behauptet wird, das Hauptproblem der Erkenntnistheorie die Rechtfertigung kognitiver Normen wäre, dann wäre die Erkenntnistheorie nutzlos, unmöglich, steril, ein totgeborenes Kind, eine Pseudowissenschaft."[57] Nun mögen solche Äußerungen, die nicht nur der EE, sondern *jeder möglichen Erkenntnistheorie* ausschließlich deskriptive Aufgaben zuschreiben, das nur offen aussprechen, was viele heute denken. Aber es ist unschwer zu sehen, daß „the elimination of the normative ... attempted mental suicide" ist, wie H. Putnam treffend gegen Quines verwandten Versuch einer naturalistischen Erkenntnistheorie einwendet.[58] *Denn wenn normative erkenntnistheoretische Fragen nicht beantwortet werden können, dann besteht nicht der geringste Grund, etwa die moderne Wissenschaft für ein höherstehendes kognitives System zu halten als den Hexenglauben, ja es ist nicht einzusehen, mit welchem Recht Vollmer mit Termini wie „Pseudowissenschaft" noch irgendeinen Sinn verbinden kann.* Wenn Wissenschaft als Minimalforderung Konsistenz voraussetzt, dann ist freilich Vollmers inkonsistente Polemik gegen eine normative Erkenntnistheorie als szientistische Pseudowissenschaft abzulehnen – und es ist, nebenbei, festzustellen, daß nur wenige der traditionellen Erkenntnistheorien, welche Fehler sie auch immer gehabt haben mögen, diesen Grad an Selbstwidersprüchlichkeit erreicht haben.[59]

Auch gegenüber Kant ist die EE – weit davon entfernt, die wahre, alternative kopernikanische Revolution zu sein – ein bedrückender Rückfall. Ja, es ist zu bezweifeln, ob sie den Grundgedanken Kants überhaupt richtig erfaßt hat – jedenfalls kann man sich solcher Zweifel nicht erwehren, wenn man liest, durch die evolutionäre Uminterpretation des Kantischen Apriori zu einem phylogenetischen Aposteriori sei der Weg zu synthetischen Sätzen a priori verbaut. Denn Kants Apriori hat nichts mit dem Problem des Ideennativismus zu tun;[60] a priori sind bei ihm u.a. *Urteile*, und zwar völlig unabhängig davon, ob der *Glaube* an sie angeboren oder erworben ist.[61] Zwar ist Kant de facto der Ansicht, daß zu den synthetischen Sätzen a priori und den entsprechenden Kategorien nur eine Disposition angeboren ist, die durch Erfahrung erst aktualisiert werden muß, so daß jene Sätze und Kategorien in gewissem Sinne erworben sind[62] – aber auch eine Widerlegung dieser seiner (im übrigen nicht völlig falschen) Ansicht würde seine Erkenntnistheorie nur in einem ganz marginalen Punkt treffen, sie würde insbesondere seine Lehre von der Existenz synthetischer Sätze a priori nicht im mindesten berühren.[63] Mit diesen Sätzen, die die Bedingung der Möglichkeit von Erfahrung beschreiben, wollte Kant die moderne Wissenschaft begründen – also genau das leisten, was die EE bisher nicht vermocht, jedoch ständig vorausgesetzt hat. Nun ist Vollmer natürlich darin recht zu geben, daß es sein könnte, daß Kants Begründungsansatz inakzeptabel wäre, etwa weil synthetische Sätze a priori nicht möglich wären. *Aber der Nachweis dafür könnte, wenn überhaupt, nicht mit evolutionistischen Mitteln geführt werden.* Formulierungen wie etwa, die EE verneine die Frage, ob es synthetische Sätze a priori gebe, sind irreführend; es ist der kritische Rationalismus, der dies tut und an den sich die EE in dieser Frage anschließt. Die Tatsache, daß wir angeborene, evolutionär entstandene kognitive Strukturen besitzen, trägt zur Beantwortung dieser Frage nichts bei – so wie auch nicht die Ding-an-sich-Hypothese durch sie widerlegt wird, die mit allen empirischen Resultaten kompatibel ist (auch wenn sie wohl trotzdem pragmatisch widersprüchlich ist: vgl. unten S. 100), oder der sog. hypothetische Realismus durch sie gestützt wird, wie etwa Mach und Simmel beweisen, deren erster Phänomenalist, deren zweiter Pragmatist war,[64] obgleich beide jene Tatsache akzeptierten. Ebensowenig wie neue Entdeckungen in der Anatomie zahlentheoretische Sätze widerlegen können, können empirische Resultate der Evolutionsbiologie zur Revision geltungstheoretischer Positionen der klassischen Erkenntnistheorie zwingen – hierfür sind Argumente prinzipiell anderer Struktur erforderlich.

Nun bemüht sich Vollmer in der Tat darum, auch solche Argumente anzuführen – er versucht nachzuweisen, daß die Kantischen Aprioris durch die moderne Mathematik und Physik widerlegt worden seien. Es besteht nun m. E. kein Zweifel, daß dies in der Tat für die Mehrzahl der Kantischen Aprioris zutrifft – *aber daraus folgt weder, daß Kants Aprioris nicht in allgemeinerer Form gültig sind, noch, daß es nicht synthetische Sätze a priori von prinzipiell anderer Struktur als die Kantischen gibt.*

Aber nicht nur folgt daraus nicht, daß es keine synthetischen Sätze a priori gibt – es ist darüber hinaus leicht zu beweisen, daß es solche Sätze geben muß. *Denn der Satz S „Es gibt keine synthetischen Sätze a priori" ist ganz offenbar selbst ein synthetischer*

Satz a priori – er widerspricht sich also selbst, so daß seine Negation wahr sein muß. Wieso? Nun, klar ist zunächst, daß jener Satz kein aposteriorischer Satz ist – er handelt nicht über faktisch existierende Sätze, sondern über den legitimen *Geltungsanspruch* von Sätzen; er ist also ein erkenntnistheoretisch normativer und damit notwendig ein apriorischer Satz. (Er meint ja nicht, daß noch nie jemand einen synthetischen Satz a priori aufgestellt habe – das wäre eine empirische Behauptung, die empirisch leicht zu widerlegen wäre –, sondern daß das keiner *zu Recht* getan habe.) Aber S ist nicht nur ein apriorischer Satz, er ist außerdem synthetisch. Wäre er nämlich analytisch, müßte seine Negation eine Kontradiktion sein – und es ist noch niemandem gelungen, einen Widerspruch in dem Satz T „Es gibt synthetische Sätze a priori" aufzuzeigen.[65] Dieser Satz ist freilich nicht nur nicht inkonsistent – aus dem Gesagten folgt, daß er ein beweisbar wahrer Satz ist. Aber ist T denn eine Tautologie? Dies ist offenbar nicht der Fall; jedenfalls erlaubt die logische Form des Satzes (VxSx) keineswegs diese Annahme. Seine Wahrheit hängt nicht von seiner Form, sondern von seinem Inhalt ab. Aber war nicht gesagt worden, daß seine Negation sich selbst widerspräche? Ja, aber auch sie ist von ihrer logischen Struktur her nicht eine Kontradiktion. Der Widerspruch in ihr besteht nicht auf Ebene dessen, was sie sagt (etwa zwischen Prädikat und Subjekt), sondern ist *ein Widerspruch zwischen dem, was sie sagt, und dem, was sie ist*, ein Widerspruch zwischen dem explizit Behaupteten und dem implizit Präsupponierten. S leugnet die Existenz synthetischer Sätze a priori, ist aber selbst ein synthetischer Satz a priori. Solche Widersprüche kann man – im Gegensatz zu den semantischen oder analytischen – pragmatische oder dialektische Widersprüche nennen. Es ist zwar so, daß sie sich durch *Explikation* in semantische überführen lassen, aber diese Explikation ist nur durch einen Akt der *Reflexion* möglich, der keineswegs durch Deduktion aus dem semantischen Inhalt zu gewinnen ist. So wie man nun analytische und dialektische Widersprüche unterscheiden muß, so muß man auch die Negationen widersprüchlicher Sätze entsprechend unterscheiden. Die Negation eines analytisch widersprüchlichen (kontradiktorischen) Satzes ist eine Tautologie, die Negation eines dialektisch widersprüchlichen Satzes ist hingegen ein synthetischer und zugleich a priori wahrer Satz – ein synthetischer Satz a priori also. Es ist nun unschwer zu sehen, daß der Satz T „Es gibt synthetische Sätze a priori" nicht der einzige synthetische Satz a priori ist. Mit demselben Verfahren des negativen Beweises eines Satzes durch das Aufdecken eines dialektischen Widerspruchs in seiner Negation lassen sich – wie hier nicht näher ausgeführt werden kann – zahlreiche andere Sätze beweisen.[66]

Nun ist allerdings evident, daß Kant eine derartige reflexive Begründung synthetischer Sätze a priori nicht im Auge gehabt hat. Seine Transzendentalphilosophie ist absolut irreflexiv – Kant will nicht die eigene Geltungsreflexion, sondern die moderne Wissenschaft begründen, deren Wahrheit er freilich in dogmatischer Weise schon voraussetzen muß,[67] während die oben ausgeführte Begründungsmethode insofern voraussetzungslos ist, als das, was sie voraussetzt – die Möglichkeit von Wahrheit überhaupt –, von niemandem konsistent negiert werden kann. Es ist nun sicher eine wichtige Frage, ob synthetische Sätze a priori wie die Kantischen, die die Bedingung der Möglichkeit nicht der Philosophie, sondern der Wissenschaft beschreiben, durch synthetische Sätze a priori wie die zuerst angeführten begründet werden können. Doch soll jetzt nicht auf diese Frage eingegangen werden; ich will mich hier damit begnügen, hypothetisch zu zeigen, daß synthetische Sätze a priori, die den Rahmen der Wissenschaft abstecken, tatsächlich erforderlich sind, *wenn* es möglich sein soll, eine wissenschaftliche Theorie vor einer anderen, prinzipiell unwissenschaftlichen auszuzeichnen. (Diese Möglichkeit setze ich hier zugegebenermaßen voraus – allerdings tut dies auch die EE.) Eine solche These leuchtet auf den ersten Blick freilich keineswegs ein. Genügt denn nicht – so liegt es nahe einzuwenden – der Poppersche Falsifikationismus völlig, um der Wissenschaft eine, wenn auch nur hypothetische Geltung zuzuschreiben und um eine bisher bewährte Theorie etwa vor Hexenglauben auszuzeichnen? M.E. ist dies nicht der Fall, und zwar nicht nur wegen des bekannten Problems, daß Falsifikationen nur innerhalb eines positiv bestimmten Rahmens möglich sind, sondern auch weil die gegen die Möglichkeit von Induktion gerichteten Goodmanschen Prädikate in transformierter Weise auch gegen den Falsifikationismus geltend gemacht werden können. Man könnte nämlich einer bisher nicht falsifizierten Theorie T_1 eine Theorie T_3 gegenüberstellen, die folgendes besagt: Bis zu dem noch nicht erreichten Zeitpunkt t_1 gelte

T_1, ab t_1 jedoch gelte eine noch so beliebige und absurde Theorie T_2. Nun ist klar, daß T_3 weder inkonsistent noch unprüfbar noch schon falsifiziert ist. (Sicher, nach t_1 kann T_3 falsifiziert werden, aber ich kann dann eine neue Theorie T_4 aufstellen, die für einen noch nicht erreichten Zeitpunkt t_2 den Umschlag von T_1 in T_2 ansetzt und für die dann dasselbe gälte wie für T_3 vor t_1.) Nun nehme man an, daß ich zu dem Zeitpunkt t_1 (und da dieser beliebig ist, gilt das Gesagte für *jeden* Zeitpunkt) eine Entscheidung treffen muß – etwa ob ich, um vom zehnten Stock eines Hochhauses heil auf den Erdboden zu gelangen, den Aufzug nehmen oder aus dem Fenster springen soll. Warum sollte ich meine Entscheidung eher nach T_1 (der Newtonschen Falltheorie) als nach T_3 richten (das etwa besagen möge, ab t_1 fiele man stets sanft wie ein Blatt auf die Erde)? Diese Frage ist mit dem Falsifikationskriterium schlicht und einfach nicht zu beantworten – was auch Vollmer einzuräumen scheint, wenn er gegen Riedls biologische „Lösung" des Induktionsproblems zu Recht einwendet, das bisherige Überleben von Arten mit Konstanzerwartungen *erkläre* nur, warum diese Arten (unter ihnen der Mensch) solche Erwartungen auch für die Zukunft hätten, *rechtfertige* aber diesen Glauben keineswegs.[68] Dennoch meint Vollmer unmittelbar darauf, der entsprechende Glaube sei trotzdem, auch ohne Rückgriff auf ein Uniformitätsprinzip der Natur, rational, da es zu viele mögliche Alternativen zur bisher bewährten Theorie gebe. Aber es ist offenkundig, daß dieses Argument nur das unausrottbare menschliche Bedürfnis nach Vernunft befriedigen soll, ohne jedoch überhaupt etwas zu begründen. Denn wenn es auch sehr viele mögliche Alternativen zur bisher erwähnten Theorie T_1 gibt, so wird doch die Geltung dieser letzteren auch für die Zukunft im Vergleich zu einer beliebigen Theorie T_n dadurch nicht im mindesten wahrscheinlicher. Und auch ein Ökonomieprinzip ohne ontologische Voraussetzungen könnte nur den Status einer recht beliebigen Aufforderung zur Bequemlichkeit haben – wenn nicht ein synthetischer Satz a priori anerkannt wird, der ontologisch die Existenz von Naturgesetzen besagt, die konstant sind und denen alles Reale unterworfen ist.[69] Ohne ein solches Uniformitätsprinzip kann, so scheint es, ein Verhalten gemäß der bisher am besten bewährten naturwissenschaftlichen Theorie nicht als rational legitimiert werden.[70]

Aber nicht nur um Behauptungen über die Zukunft Rationalität zusprechen zu können, sondern auch um die der Wissenschaft eigentümliche Form der Allaussage zu legitimieren, ist ein Uniformitätsprinzip erforderlich – denn auch in der Vergangenheit sind ja immer nur einzelne Vorgänge punktuellen Experimenten unterworfen worden. So scheint mir gerade die Evolutionstheorie – die wissenschaftliche Grundlage der EE – ohne ein solches Uniformitätsprinzip keine Aussicht auf das Prädikat der Rationalität zu haben. Denn mit allen bisher bekannten empirischen Befunden ist die (logisch durchaus konsistente) These bestens verträglich, bei der Entstehung des Lebens, des Bewußtseins, ja auch irgendeiner beliebigen Eigenschaft hätten übernatürliche Kräfte mitgewirkt[71] und unsere kognitiven Strukturen seien uns von Göttern oder böswilligen Geistern eingepflanzt worden. Auch unter wissenschaftsgeschichtlichem Aspekt ist es bezeichnend, daß eine der wichtigsten Voraussetzungen für Darwins genialen Entwurf das gegen Cuviers Katastrophentheorie gerichtete, die Kontinuität der geologischen Gesetze fordernde Aktualitätsprinzip Lyells war – der Sonderfall eines Uniformitätsprinzips.[72]

Lediglich kurz kann hier noch darauf hingewiesen werden, daß nicht nur die Begründung der Wissenschaft, sondern auch die Begründung jener ethischen Werte, die zumal der Lorenzschule am Herzen liegen, ohne synthetische Sätze a priori nicht möglich ist.[73] Dies ist im Grunde trivial – der naturalistische Fehlschluß verbietet immer den Übergang vom Deskriptiven zum Normativen. Auch das von Lorenz zugrunde gelegte Wertpostulat, nach dem „man die Richtung des organischen Schöpfungsgeschehens zum Wegweiser und seine Ergebnisse zu jenem Wertmaßstab erheben kann und muß, dessen wir benötigen, um die Antwort auf Kants kategorische Frage zu einem Imperativ oder einem Veto zu machen",[74] unterliegt diesem Einwand – ganz abgesehen davon, daß Lorenz selbst immer wieder darauf hinweist, daß in der Evolution der Organismen ständig Abwärtsbewegungen stattfinden (man denke nur an Parasiten),[75] so daß Entstehung zu einem späteren Zeitpunkt kein allgemeines Kriterium für Höherentwicklung sein kann. Bemerkenswerterweise ist Vollmer in diesem Punkte vorsichtiger als die Gruppe um Lorenz und Riedl; er erklärt ausdrücklich, die EE könne keine ethischen Werte begründen.[76] Da er aber zur gleichen Zeit mit seiner Leugnung synthetischer Sätze a priori (und d. h. immer auch: normativer Sätze) die Möglichkeit einer Begründung der Ethik offenbar nicht nur für die EE, sondern ganz allgemein bestreitet, läuft seine Position auf einen totalen ethischen Nihilismus hinaus. Da ein solcher Standpunkt freilich in der Praxis nicht durchzuführen ist, kann es nicht überraschen, daß Lorenz und seine Schüler einem starken Bedürfnis der Öffentlichkeit nachkommen, wenn sie sich immer wieder zu ethischen und politischen Fragen äußern. Dabei können sie meistens nur in seltener Unreflektiertheit die Denkkategorien ihres Faches, der Biologie, zugrunde legen – und es sind daher wohl nicht nur zeitbedingte Umstände, die dazu geführt haben, daß Lorenz 1943 rassistische Empfehlungen gegeben hat, die uns heute erschaudern lassen.[77]

Obgleich also eine biologistische Begründung der Ethik nicht möglich ist, kann die Ethik dennoch einiges von der Biologie lernen. Da nämlich eine realistische Ethik sich nicht mit der Aufstellung von Idealen begnügen, sondern auch über die mögliche Verwirklichung dieser Ideale reflektieren sollte, kann die genaue Kenntnis der ererbten Instinkte des Menschen für sie von großem Nutzen sein. Aber das Geltungsproblem – die Frage, was legitimerweise ein Ideal, ein Wert, eine Norm sein kann – kann auf diese Weise unter keinen Umständen einer Lösung nähergebracht werden. Sowohl im Bereich der Erkenntnistheorie als auch in demjenigen der Ethik[78] ist das Normative eine Dimension, die sich in ihrem Wesen der evolutionär-genetischen Betrachtungsweise absolut entzieht.

V.

Als Resultat unserer kritischen Analyse der EE läßt sich zusammenfassend sagen: Die EE leistet wichtige Beiträge zur deskriptiven Erkenntnistheorie – zum normativen Grundproblem der Erkenntnistheorie, dem Geltungsproblem, hat sie aber nicht nur keine Lösung zu bieten, sondern man kann sich sogar des Eindrucks nicht erwehren, daß sie dieses Problem in seiner Schwere und Unausweichlichkeit überhaupt nicht verstanden hat.[79] Aus diesem Fazit ergibt sich zunächst, daß deskriptive und normative

Fragestellung auch in der Erkenntnistheorie weitgehend gegeneinander neutral sind, so daß die Anwendung des Evolutionsgedankens auf kognitive Strukturen mit allen möglichen normativen erkenntnistheoretischen Positionen der Tradition kompatibel sein dürfte. Abzulehnen ist somit auf jeden Fall der Anspruch der EE, durch neue Erkenntnisse der Evolutionsbiologie ältere normative Erkenntnistheorien zu Fall zu bringen. Da dieser Anspruch abwegig ist, ist es freilich auch umgekehrt überflüssig, wie die meisten Gegner der EE aus deren Verfehlen der normativen Dimension zu schließen, auch ihre deskriptiv-genetischen Analysen könnten nicht stimmen.[80] „What is wrong with evolutionary epistemology is not that the scientific facts are wrong, but that they don't answer any of the philosophical questions."[81]

Allerdings ist mit der These von der wechselseitigen Unabhängigkeit des deskriptiven und des normativen Teils der Erkenntnistheorie nicht gemeint, daß der Grundgedanke der EE mit allen möglichen normativen Positionen auf konsistente Weise verbunden werden könnte. Denn auch wenn jener Grundgedanke keine dieser Positionen widerlegen kann, heißt das erstens nicht, daß jede dieser Positionen in sich konsistent ist, und es heißt zweitens nicht, daß nicht gerade jener Grundgedanke notwendig eine bestimmte normative erkenntnistheoretische Position voraussetzt. In der Tat hat die bisherige Kritik zweierlei ergeben: Erstens ist eine Position, die die Existenz synthetischer Sätze a priori generisch leugnet, inkonsistent. Es muß zumindest synthetische Sätze a priori von der Struktur geben, daß ihre Negation dialektisch widersprüchlich ist. Zweitens aber muß es – wenn es, wie es die EE voraussetzt, möglich sein soll, wissenschaftliche Theorien vor sonstigen Glaubenssystemen auszuzeichnen – auch synthetische Sätze a priori geben, die die Bedingungen der Möglichkeit von Wissenschaft beschreiben, also etwa Uniformitätsprinzipien, die die Existenz und Konstanz von Naturgesetzen behaupten.

Ergibt sich aus diesem Resultat die Notwendigkeit einer Rückkehr zu Kant? Keineswegs. Denn nach allem Bisherigen ist nur die Kritik der EE an synthetischen Sätzen a priori als Bedingungen der Möglichkeit von Wissenschaft verfehlt (wenn auch nicht ihre Kritik an Kants konkreten Aprioris). Ihr zweiter Kritikpunkt – die Polemik gegen Kants Ding-an-sich – ist dagegen durchaus berechtigt. Zwar kann die Annahme von Dingen-an-sich nicht empirisch zurückgewiesen werden, aber sie ist inkonsistent, und zwar pragmatisch. Denn der *Begriff* eines prinzipiell *Unerkennbaren* widerspricht sich selbst, insofern es von etwas absolut Unerkennbarem partout auch keinen Begriff geben könnte. Etwas als *unerkennbar* zu *erkennen*, ist ein Widerspruch in sich, impliziert doch eine solche Erkenntnis eine Erkenntnis zumindest einiger Aspekte jener unerkennbar sein sollenden Entität.[82]

Aber ist die Kantische Unterscheidung von Phaenomena und Noumena, die dem Begriff des Dings-an-sich zugrunde liegt, nicht die einzige Möglichkeit, synthetische Sätze a priori, wenn es sie denn gibt, zu erklären? Muß man sich denn nicht entscheiden zwischen dem naturalistischen Realismus der EE und dem subjektiven Idealismus Kants? Ist denn ein dritter Weg denkbar? Ich glaube schon. Nicht nur geht Diltheys berühmte Typologie möglicher Philosophien von einer Triade aus, die neben Naturalismus und subjektivem Idealismus auch den *objektiven Idealismus* umfaßt – auch Kant selbst hat an einer wichtigen Stelle der ersten Kritik (B 166 ff.) eine in manchem Diltheys Typologie entsprechende Trias von möglichen Antworten auf das Problem der synthetischen Sätze a priori skizziert. Um die notwendige Übereinstimmung der Erfahrung mit den Begriffen von ihren Gegenständen zu fassen, muß – so Kant – entweder die Erfahrung die Begriffe möglich machen: Dann aber verliert sich der apriorische Charakter der Kategorien (und der Objektivitätsanspruch der Wissenschaft zerrinnt). Oder, umgekehrt, die apriorischen Begriffe und Sätze machen die Erfahrung erst möglich – dann aber sind es nur Erscheinungen, die wir erkennen, da nichts garantiert, daß sich die Wirklichkeit nach unseren Aprioris richtet. Als dritter Weg bleibt noch die Möglichkeit übrig, daß unsere Aprioris zugleich Strukturen der Wirklichkeit ausdrücken. Doch dieses „*Präformationssystem* der reinen Vernunft" lehnt Kant ab. Denn dann müsse man annehmen, daß unser Urheber uns die Aprioris, die der Natur entsprächen, eingepflanzt hätte, und in solchem Falle würde den Kategorien die Notwendigkeit mangeln, die ihrem Begriff angehöre.

Allerdings ist klar, daß Kants Argumente gegen dieses dritte System nicht ausreichend sind. Denn Kant naturalisiert an dieser Stelle selbst sein Apriori, wie E.-M. Engels zu Recht moniert hat.[83] Für den apriorischen Charakter einer Kategorie oder eines

Satzes ist es jedoch völlig gleichgültig, ob sie angeboren sind oder nicht, so daß Kants Folgerung nicht zutrifft. Statt dessen muß man sagen: Wenn von bestimmten synthetischen Sätzen a priori gezeigt werden kann, daß sie gelten, und daß es inkonsistent ist anzunehmen, daß sie nur für uns, aber nicht für die unerkennbare Wirklichkeit gelten, dann folgt daraus unmittelbar, daß sie auch für die Wirklichkeit gelten. Nun ist die Auffassung, daß es Aprioris gibt und daß sie auch ontologische Geltung haben, für die meisten philosophischen Richtungen der Gegenwart ungewohnt. (Die Mehrzahl der Naturwissenschaftler nimmt allerdings ohne viel Reflexion durchaus an, daß es notwendigerweise Naturgesetze gibt, was ein ontologisches Apriori voraussetzt.) Sie hat freilich den Grundgedanken jener Bewegung ausgemacht, die den Kantischen subjektiven Idealismus zu einem objektiven Idealismus weitergebildet hat – ich meine den Deutschen Idealismus, der in vielem ein erneuerter Platonismus ist. Es ist hier nicht der Ort, genauer auf diese philosophische Strömung einzugehen, die gerade im Bereich der Naturphilosophie die Möglichkeiten apriorischer Erkenntnis sicher überschätzt hat.[84] Aber es ist unumgänglich, an dieser Stelle darauf zu verweisen, daß manche Grundintentionen dieser Bewegung ernster zu nehmen sind, als es bisher in den nicht-traditionellen Strömungen der gegenwärtigen Philosophie geschehen ist, denen der Deutsche Idealismus häufig als Inbegriff des Irrationalen gilt. Nach dem bisher Entwickelten ist dagegen sein Ausgangspunkt, der die Kantische Anerkennung synthetischer Erkenntnis a priori mit dem realistischen Ansatz der vorkantischen Philosophie verbindet, durchaus als rational und begründungstheoretisch sinnvoll einzuschätzen.[85] Für den deutschen Idealismus sind ja Kategorien wie Kausalität, Teleologie usf. unzweifelhaft Bestimmungen der Wirklichkeit und nicht nur unseres Denkens – obgleich, oder besser: gerade weil sie Aprioris der Vernunft sind. Die Vernunft ist nach dieser Konzeption nicht nur ein subjektives Vermögen – die Vernunft ist eine objektive Struktur, die keineswegs an Bewußtsein oder an den menschlichen Geist gebunden ist, auch wenn sie erst in ihm zu sich kommt. Aber ist es sinnvoll, einen solchen den Gegensatz von Subjekt und Objekt übergreifenden Vernunftbegriff zugrunde zu legen? Wird auf diese Weise die Vernunft nicht verabsolutiert? Sicher, aber die Vernunft ist tatsächlich insofern absolut, als

101

aus ihr argumentativ nicht herausgegangen werden kann. *Denn auch wenn die Vernunft aus der Natur erklärt wird, so ist es doch immer die Vernunft, die die Vernunft aus der Natur erklärt.*[86] Wohlgemerkt: Daraus folgt keineswegs, daß eine solche Erklärung nicht möglich ist.[87] Sie ist m. E. durchaus möglich, aber nur weil auch in der Natur Vernunft steckt, weil auch in ihr die Aprioris der Vernunft wirken. Wäre die Natur das absolut Denkfremde, dann könnte es keine universale Theorie der Natur und damit auch keine Theorie des Verhältnisses Natur-Vernunft geben. Nun sind derartige objektiv-idealistische Konsequenzen im Grunde in der EE selbst angelegt – ist es doch ihre Pointe, den Vernunftbegriff dem Begriff des Bewußtseins überzuordnen und jenen auch auf die Welt des Organischen zu übertragen.[88] Ein konsequenter objektiver Idealismus müßte freilich auch in der anorganischen Natur Vernunft erkennen – und in der Tat drängen ihre naturgesetzliche Verfaßtheit, ihre Mathematisierbarkeit diese Deutung geradezu auf.[89]

In einer solchen naturphilosophischen Konzeption wäre die Evolution der verschiedenen kognitiven Stufen als Entfaltung und Zusichkommen der immer schon präsenten Vernunft zu interpretieren, als Realisieren verschiedener, immer komplexerer Stufen von Reflexivität, die schließlich in der auf die eigenen Bedingungen der Möglichkeit reflektierenden philosophischen Geltungsreflexion gipfeln. Eine solche Konzeption könnte, wie mir scheint, der EE nicht nur ein formales, ihren ganz generischen Geltungsanspruch begründendes Fundament geben. Sie könnte vielleicht auch Notwendigkeit in das konkrete System der kognitiven Stufen bringen, die Lorenz nennt und die auf den ersten Blick nur empirisch aufgerafft und insofern kontingent zu sein scheinen. M. E. liegt aber dem System kognitiver Formen, das Lorenz in der „Rückseite des Spiegels" entfaltet, tatsächlich eine partielle Notwendigkeit zugrunde – und zwar insofern, als die Gliederungsprinzipien, die Lorenz souverän handhabt, aber nicht immer mit ausreichender Explizitheit reflektiert, möglicherweise a priori fundiert werden können. Das gilt schon für den streng hierarchischen Aufbau des nach Komplexitätsgraden geordneten Systems, das von primitiveren Gestalten zu höheren führt. Darüber hinaus sind aber häufig neue Stufen Verbindungen, ‚Synthesen' von zwei vorangegangenen – ganz gemäß dem grundlegenden systemtheoretischen Gedanken Lorenz', daß die Emergenz neuer Stufen sich einem Akt der Einigung vorher isolierter Momente verdankt. „Créer, c'est unir", ist ein Satz Teilhard de Chardins, den Lorenz gerne zitiert – ebenso wie W. H. Thorpes Prinzip der „unity out of diversity".[90] So sind z. B. die Formen der teleonomen Modifikation des Verhaltens eine Synthese der (statischen) genetisch vorgegebenen Information und der (dynamischen) Mechanismen kurzfristigen Informationsgewinns – sie passen sich an kurzfristige Umweltveränderungen an und speichern zugleich die erworbene Information.[91] Das *conditioning by reinforcement* schließlich – bei Lorenz die letzte kognitive Stufe vor den „Wurzeln des begrifflichen Denkens" – verdankt seine besondere Bedeutung der Rückkopplungsstruktur, die dem Organischen von Anfang an zugrunde liegt, hier aber auf kognitiver Ebene zum Tragen kommt.[92]

Einheit aus der Verschiedenheit, Synthetisierung entgegengesetzter Momente, Reflexivität als Prinzip der Erkenntnis – diese Grundformeln idealistischer Philosophie von Platon bis Hegel bei Lorenz wiederzufinden, mag überraschen. Aber dies gibt einen Hinweis darauf, daß die EE auch mit einem objektiv-idealistischen Ansatz verbunden werden kann, ja daß sie ihm vielleicht näher ist, als sie wohl selbst vermutet. Immerhin besteht eine offenkundige Affinität zwischen EE und objektivem Idealismus darin, daß beide Ansätze antidualistisch sind, daß sie die Kluft zwischen Natur und Geist überbrücken, Natur und Geist als einander wesensmäßig entsprechend denken wollen.[93] Freilich: Während für die EE der Grund dieser Entsprechung die Natur selbst ist, ist dieser Grund für den objektiven Idealismus die Vernunft. Wenn nun die geltungstheoretischen Überlegungen dieser Arbeit etwas zeigen konnten, dann doch wohl dies, daß eine Begründung von Geltungsansprüchen auf naturalistischer Basis nicht möglich ist. Gerade um jenes monistische Grundanliegen der EE zu erfüllen, dürfte es daher sinnvoll sein, sie in einen objektiv-idealistischen Ansatz zu integrieren. In der jetzigen Gestalt ist sie jedenfalls nur die halbe Wahrheit. Eine halbe Wahrheit aber, die beansprucht, die ganze Wahrheit zu sein, ist oft noch irreführender als ein ganzer Irrtum.

Über die Unmöglichkeit einer naturalistischen Begründung der Ethik

Es ist eine der größten Demütigungen der Philosophie unseres Jahrhunderts, daß es ihr immer schwerer, wenn nicht gar unmöglich geworden ist, die Fortschritte in den Naturwissenschaften auch nur rudimentär zu verstehen. Während es im 18. und partiell auch noch im 19. Jahrhundert für Philosophen eine Selbstverständlichkeit war, die Grundzüge der wissenschaftlichen Theorien ihrer Zeit präsent zu haben, ist dies heute, bei der Spezialisierung des Wissens, nahezu unmöglich geworden. Eine Folge ist eine gewisse Geringschätzung der Philosophie durch die Naturwissenschaften. Diese Geringschätzung wird begünstigt durch den Gegensatz zwischen dem raschen und höchst eindrucksvollen, häufig auch technisch verwertbaren Fortschritt der Naturwissenschaften und dem scheinbaren Stagnieren, wenn nicht Rückschreiten einer Philosophie, die immer weniger kreative oder gar richtungsweisende Entwürfe produziert und sich immer mehr mit ihrer Krise beschäftigt. Selbstzerstörung scheint eine Hauptbetätigung zeitgenössischer Philosophie auszumachen, und man kann es weder den Naturwissenschaften noch der sonstigen gebildeten Öffentlichkeit verargen, daß sich das Interesse an diesem Schauspiel in eng bemessenen Grenzen hält. In der Tat kann kaum ein ernsthafter Zweifel daran bestehen, daß die Naturwissenschaft heute im allgemeinen Bewußtsein weitaus eher als Trägerin umfassender weltanschaulicher Ansprüche gilt als die Philosophie. Die Zeiten, in denen der Begriff der Wissenschaft in erster Linie an die Philosophie geknüpft war (wie etwa im Deutschen Idealismus), scheinen längst vergangen, und auch nur wie Husserl die Philosophie eine strenge Wissenschaft neben anderen zu nennen würde heute kaum ein Philosoph wagen. Es wundert daher nicht, daß die Philosophie häufig mit Neid auf die Naturwissenschaft blickt. Das Ressentiment, das die Einstellung vieler Philosophen zu den Naturwissenschaften kennzeichnet, entlädt sich nun immer wieder in der gehässigen Bestreitung eines theoretischen Wertes der Wissenschaft. Philosopheme, die à la Feyerabend den Naturwissenschaften Wahrheitsfähigkeit abstreiten oder sie dem Mythos gleichsetzen, schießen wie Giftpilze aus dem Boden und erfreuen sich allgemeiner Beachtung.[1]

Mir selbst scheint eine solche Entwicklung verfehlt. Es kann m. E. kein Zweifel sein, daß die Naturwissenschaften in vielem segensreich auf unsere Kultur gewirkt haben: Man denke an die Erleichterung des Lebens ebenso wie an die Befreiung vom Aberglauben. Aber auch unter theoretisch-methodischen Gesichtspunkten verdienen die mathematisierten Naturwissenschaften die höchste Achtung: Ihre Leistung mutet manchmal geradezu märchenhaft·an, wenn man darauf reflektiert, daß es einem Lebewesen auf einem kleinen Planeten gelingen kann, über die Struktur des Kosmos und seine zeitliche Entwicklung begründete Theorien aufzustellen. Es kann also nicht daran gerüttelt werden, daß in jeder Theorie menschlicher Rationalität die Naturwissenschaft einen wesentlichen Platz haben muß. Gleichzeitig bin ich aber davon überzeugt, daß den Naturwissenschaften dann entgegengetreten werden muß, wenn sie einen Absolutheitsanspruch erheben. Denn sosehr die traditionelle Philosophie sich die Beantwortung von Fragen angemaßt hat, die von den empirischen Wissenschaften vorurteilsfrei untersucht werden müssen, sosehr besteht heute die umgekehrte Gefahr, daß Naturwissenschaftler Fragen zu beantworten vorgeben, die weiterhin Domänen der Philosophie bleiben müssen. Die Philosophie hat m. E. gegenüber allen Einzelwissenschaften eine unaufgebbare Eigenständigkeit – das gilt gegenüber den Natur- ebenso wie gegenüber den Sozial- und Geisteswissenschaften. So ernst man die Naturwissenschaft nehmen muß, sosehr ist der Szientismus abzulehnen, die Auffassung also, daß nur die Sätze der Naturwissenschaften rational sein könnten.[2]

Die Krise der gegenwärtigen Welt hängt u. a. damit zusammen, daß eine autonom gewordene naturwissenschaftliche Rationalität sich für *die* Vernunft hält und jede weitere Form von Rationalität als eine defiziente Form naturwissenschaftlichen Denkens betrachtet. Das führt einerseits nur zu leicht dazu, daß komplexe Probleme dadurch vereinfacht werden, daß allein ihre naturwissenschaftliche Seite berücksichtigt wird. Jede Erwägung etwa der Gefahren einer Technik kann sich aber nicht mit dem natur- und ingenieurwissenschaftlichen Aspekt einer Technik begnügen. Techniken werden immer von Menschen benützt, und ohne anthropologische, auch politische Kenntnisse ist ein angemessener Zugang zum Problem der Technik nicht zu erzielen. Wer die Endlichkeit und Fehlbarkeit, kurz die irrationalen Seiten des Menschen nicht in Rechnung stellt, argumentiert nicht rational – es ist vielmehr irrational, die partielle Irrationalität menschlichen Verhaltens zu leugnen. Wohlgemerkt: Ich spreche nicht der Irrationalität das Wort – ich fordere keine irrationale Bejubelung der Irrationalität, sondern eine rationale Theorie der irrationalen Aspekte des Menschen und seiner Kultur. Manche Naturwissenschaftler unterschätzen nicht nur die anthropologisch bedingten Seiten menschlichen Umgangs mit der Technik. Sie tendieren dazu, den gegenwärtigen Stand der Naturwissenschaften zu verabsolutieren und deren geschichtliche Dimension zu übersehen (und zwar gilt das mit Bezug auf die Vergangenheit ebenso wie mit Bezug auf die Zukunft). So werden häufig Entwicklungen, die im Augenblick noch nicht aktuell sind, als „unmöglich" beurteilt, obwohl sie vielleicht schon übermorgen wirklich sein werden.[3] Wir können mehr herstellen, als wir uns vorstellen können, hat Anders richtig gesagt, und ich denke, daß Poppers Hauptargument gegen den Historismus triftig ist, daß wir gerade geniale naturwissenschaftliche Entdeckungen und Erfindungen nicht vorwegnehmen können.[4] Von Unmöglichkeit sollten wir jedenfalls nur dann reden, wenn wir wirklich nachweisen können, eine bestimmte Konzeption sei logisch inkonsistent oder widerspreche konkreten Naturgesetzen (etwa das Perpetuum mobile). In jedem anderen Fall scheint es mir ein legitimes gesellschaftliches Bedürfnis zu sein, zu möglichen technischen Entwicklungen der Zukunft, die vielleicht nie realisiert werden werden, aber realisiert werden könnten, „Theorie auf Vorrat" zu schaffen – gerade um nicht von ihnen überrascht zu werden. Nachzudenken, ob bestimmte Eingriffe in menschliche Keimzellen verboten werden sollten, ist durchaus sinnvoll, *bevor* diese Eingriffe technisch möglich geworden sind, und wir sollten den Verfassern entsprechender negativer Utopien für ihre Anregungen dankbar sein. Dies um so mehr, als die Wissenschaft selbst sich kaum begrenzen wird, wenn nicht Druck auf sie ausgeübt wird. Und zwar wird sie das nicht nur deswegen nicht tun, weil bestimmte technisch anwendbare Entwicklungen den Wissenschaftlern, die sie veranlassen, Geld, Ruhm, Macht bringen werden und nach diesen Dingen von Menschen häufig auch dann gestrebt wird, wenn sie Wissenschaftler und Philosophen sind und es daher leichter als andere haben, ihre extrinsischen Motive mit der Suche nach dem Guten, Schönen und Wahren zu verwechseln. Aber auch wenn der seltene Fall gegeben ist, daß es einem Wissenschaftler um nichts als die reine naturwissenschaftliche Wahrheit geht, wird er sich schwerlich begrenzen – denn nicht nur haben die Naturwissenschaften technische Auswirkungen, sie bedürfen selbst immer mehr der Technik, um weiter fortzuschreiten. Idealtypisch ist eine Unterscheidung zwischen dem Wissenschaftler, dem die Wahrheit Selbstzweck ist, und dem Techniker, der sie anwenden will, sicher sinnvoll. Aber erstens können natürlich ingenieurwissenschaftliche Anwendungsfragen selbst ein rein theoretisches Interesse erwecken, und zweitens liegt in Vicos verum-factum-Prinzip eine tiefe Erklärung dafür, warum Wissenschaft und Technik nicht zu trennen sind. Das Nachkonstruieren der Welt im Experiment gibt erst der Wissenschaft ihre eigentliche Grundlage, und etwa die Biologie wird sich erst dann für eine strenge Wissenschaft halten, wenn sie den ersten Organismus synthetisch hergestellt hat. Und schließlich werden gerade mit der immer größeren Komplexität der modernen Wissenschaft aufwendigste Experimente erforderlich, die ohne eine möglichst schrankenlose Entwicklung der Technik schwerlich zu bewältigen sind. Im „reinen" Wissenschaftler wird man daher selten einen Bundesgenossen im Kampf für eine stärkere Kontrolle der Technik finden – jedenfalls dann, wenn ihm die Erkenntnis naturwissenschaftlicher Wahrheit der einzige oder auch nur der höchste Wert ist.

Werte – hiermit kommen wir zum zweiten Einwand gegen den Szientismus. Dieser irrt nicht nur infolge seines zu wenig ganzheitlichen Ansatzes und seiner Unterschätzung der heuristischen Bedeutung von Phantasie, Topik und weiterer inventiver Vermögen. Der Szientismus begreift zweitens nicht, daß es eine Wertrationalität gibt, die nicht auf kausale Zweckrationalität zurückzuführen ist. Ob menschliches Leben, ja ob selbst naturwissenschaftliche Erkenntnis ein Wert sei, ist keine empirisch zu beantwortende Frage. Empirisch begründbar sind immer nur hypothetische Imperative – also daß ich mich in einer bestimmten

Situation so und so verhalten soll, *wenn* ich menschliches Leben retten will. Aber ob ich menschliches Leben retten soll, kann kausalwissenschaftlich nicht beantwortet werden. Das heißt freilich nicht, daß Wertfragen irrational wären – es könnte ja sein, daß es eine von der naturwissenschaftlichen spezifisch unterschiedene Wertrationalität gibt. Ihre Zersetzung durch eine verabsolutierte Zweckrationalität ist gewiß eine der Ursachen für die gegenwärtige ökologische Krise, die inzwischen nicht nur die äußere, sondern auch die innere Natur des Menschen bedroht und die tiefliegende geistige Ursachen hat. Diese Krise ist zweifelsohne auch philosophisch relevant, und es ist eine der dringendsten Aufgaben der Gegenwartsphilosophie – eine Aufgabe, der sie bisher kaum gerecht geworden ist –, die Bedeutung dieser Krise zu fassen.[4b] Denn aus ihr folgt nichts Geringeres, als daß es eine nicht zu unterschätzende Wahrscheinlichkeit dafür gibt, daß jenes Wesen, das der traditionellen Philosophie durchaus nicht ohne gewichtige Argumente als Krone der Schöpfung galt, wegen einer durch nichts zu rechtfertigenden wahnwitzigen Umweltzerstörung sich selbst und einen großen Teil des Lebens auf seinem Planeten vernichten wird. Die Herausforderung, die in diesem Gedanken liegt, ist ungeheuer, und es bedarf in unserer hektischen, nach Divertissement dürstenden Zeit konzentrierter Kraft, ihn lange festzuhalten, auch wenn er den dunklen Urgrund alles gegenwärtigen Bewußtseins bildet, für das erstmals die Apokalypse wissenschaftlich berechenbar geworden ist.[5] Die verbreiteten Aversionen gegen die moderne Wissenschaft und Technik erklären sich natürlich auch aus dem Gefühl, durch sie bedroht zu sein; und es ist in der Tat richtig, daß die szientistische Verabsolutierung der Naturwissenschaft – nicht diese selbst – eine Mitschuld an der gegenwärtigen Situation hat. Denn wenn kausales Wissen das einzig legitime ist, dann muß die Frage nach der Machbarkeit diejenige nach Erlaubtem und Unerlaubtem restlos ersetzen, und es kann keine geistigen Dämme mehr geben, die der Entwicklung und Anwendung möglicher, aber menschenverachtender Techniken entgegengestellt werden können. Der Begriff „menschenverachtend" gibt ja dort keinen Sinn mehr, wo Kausalität die einzig legitime Kategorie geworden ist.

Dennoch bin ich nicht der Ansicht, daß der Szientismus eine Verirrung der Vernunft ist und daß er einfach so zu überwinden wäre, daß man – gar miteinander inkosistente – neue Formen von Rationalität wie tausend Blumen wachsen läßt und schließlich die berüchtigte Lehre von der doppelten Wahrheit in einer Philosophie von der tausendfachen Wahrheit überbietet. Denn was auf Rationalität Anspruch erhebt, muß ausgewiesen sein, und es kann nicht gesagt werden, weil etwa der Inhalt meiner subjektiven mystischen Erfahrungen nicht durch die Naturwissenschaft erklärt werden könne, sei er Ausgeburt einer eigenen mystischen Rationalität. *Principia non sunt multiplicanda praeter necessitatem*, und das gilt besonders, wenn die Vernunft selbst das Prinzip ist. Das monistische Bedürfnis, das dem Szientismus zugrunde liegt,[6] ist so unvernünftig nicht. Denn sicher ist die Welt, in der wir leben, vielfältig, sicher gehören zu ihr spezifisch unterschiedene Entitäten (Elementarteilchen, Atome, Moleküle, Organismen, Menschen, soziale Systeme, Kunstwerke). Aber es ist doch *eine* Welt, ihre verschiedenen Teile stehen in Beziehung erstens zueinander und zweitens allesamt zu unserem Bewußtsein, in dem der Übergang von der einen Sphäre zur anderen durchaus möglich ist. Ja, einer der faszinierendsten Aspekte der modernen Kybernetik ist, daß sie in den verschiedensten Seinsregionen immer mehr gemeinsame Strukturen und Gesetzmäßigkeiten erkennt.[7]

Ebendeswegen sehe ich auch Probleme in Kants Antwort auf die Frage nach dem Verhältnis von naturwissenschaftlicher und ethischer Rationalität. Kant will bekanntlich den hohen Geltungsanspruch der modernen Naturwissenschaft ebenso wie die Autonomie der Ethik begründen. Dazu werden – ich sehe hier von der dritten Kritik ab – zwei Rationalitätsformen, theoretische und praktische Vernunft, unterschieden. Doch Kant nimmt nicht nur – wie ich meine, zu Recht – an, daß der *Inhalt* sittlicher Entscheidung, das Sittengesetz also, nicht kausalwissenschaftlich begründet werden kann. Er geht darüber hinaus davon aus, daß die sittliche Entscheidung selbst nicht kausalwissenschaftlich rekonstruiert werden kann: Denn nur so könne es menschliche Willensfreiheit geben. Während das Sittengesetz zu den kausalen Erklärungen nur als unableitbarer Satz hinzutritt, steht das Postulat der Freiheit hingegen mit dem Kausalitätsprinzip im Widerspruch. Diesen Widerspruch löst Kant nicht im Rahmen einer dualistischen Leib-Seele-Theorie auf – für ihn sind *alle* Erscheinungen, also auch psychische Phänomene, kausal prädeterminiert. Aber eben nur *Erscheinungen* seien determiniert; und hinter ihnen gebe es noumenale Dinge an sich, die wir nicht erkennen und von denen wir nicht sagen könnten, sie seien durch unsere Kategorien und Grundsätze bestimmt. Daher könnten wir postulieren, daß die zeitlosen noumenalen Iche ethische Entscheidungen fällten, ohne durch das Kausalgesetz bestimmt zu sein.[8] Kants Theorie ist sicher eine der bedeutendsten geistigen Leistungen der Menschheit, und es ist geradezu lächerlich, wenn man immer wieder hört, die moderne Naturwissenschaft habe Kants Grundentwurf widerlegt. (Zutreffend ist dies nur für manche Einzelannahmen.) Richtig ist aber m. E., daß es gegen Kants Dualismus bedeutende philosophische Einwände gibt. So ist das Einwirken des noumenalen Ich auf die reale Welt, wie Kant selbst wohl weiß, absolut unerklärlich, ebenso die Kommunikation zwischen noumenalen Ichen. Ja, die ganze Lehre von den unerkennbaren Dingen-an-sich ist pragmatisch inkonsistent. Dies könnte nun zu dem Szientismus und seinem ontologischen Korrelat, dem Materialismus oder Naturalismus, zurückzuführen scheinen, der die Welt als Einheit deutet, deren Grund das naturhafte Sein ist. In dieser Perspektive müßte man versuchen, auch die Wertrationalität naturalistisch zu erklären.

Im folgenden will ich freilich zeigen, daß ein solcher Versuch notwendig mißlingen muß. Dabei will ich aber dem Naturalismus so weit entgegenkommen wie nur irgend möglich und ihn gegen jene Einwände verteidigen, die ihn nicht wirklich treffen. Die Position, die mir als richtig vorschwebt, ist eine Synthese von Materialismus und Idealismus, wie sie m. E. auf dem Boden des objektiven Idealismus möglich ist. Sie hat den Vorteil, daß sie nicht dualistisch ist, ohne doch deswegen naturalistisch zu sein.

I.

Für den modernen, szientistischen Naturalismus ist Wissenschaft im strengen Sinne nur möglich von der objektiv gegebenen, quantifizierbaren, meßbaren Welt der physischen Körper. Nur hier ist intersubjektive Verbindlichkeit zu erzielen, nur hier sind eindeutige Prognosen möglich, nur hier kann jene Genauigkeit und Bestimmtheit erzielt werden, die Ziel rationaler Theorie sein muß. Die materialen Körper gehorchen Gesetzen, die ausnahmslos gelten, ein – auf Mikroebene vielleicht nur statistisch gültiges – durchgängiges Kausalitätsprinzip bestimmt die Kette der Ereignisse. Die Welt verstehen heißt die funktionalen Abhängigkeiten zwischen physikalischen Größen begreifen, die in mathematischen Formeln dargestellt werden können. Aus der Universalität der Naturgesetze folgt, daß sich nichts Natürliches ihnen entziehen kann – auch ein fallender Mensch ist unter die Fallgesetze subsumierbar. Der Naturalismus behauptet allerdings nicht nur, daß eine Durchbrechung der Naturgesetze unmöglich ist. Er behauptet darüber hinaus, daß das System der Naturgesetze – freilich nicht notwendig der im Augenblick bekannten Naturgesetze – ausreichend ist, um alles, was in der Welt geschieht, zu erklären. Allerdings muß diese Behauptung präzisiert werden: Sonst ließe sich leicht einwenden, gerade die historische Dimension des Kosmos, seine Evolution, das Auftreten neuer Qualitäten wie Leben und Bewußtsein seien mit ewigen Naturgesetzen nicht zu fassen. In der Tat ist einzuräumen, daß aus Naturgesetzen allein kein einziges Ereignis abgeleitet werden kann – nötig sind immer Naturgesetze und Antezedensbedingungen (so wie auch eine logische Deduktion Ableitungsregeln und Axiome voraussetzt).

Sind aber beide gegeben, so ist keineswegs eine Erklärung dessen ausgeschlossen, was man die Emergenz neuer Eigenschaften genannt hat. Mit den Naturgesetzen ist es gewiß nicht inkompatibel – ja aus bestimmten Anfangsbedingungen folgt es geradezu –, daß sich etwa Atome zu Molekülen zusammensetzen; und es ist denkbar (und teilweise schon geleistet), naturgesetzlich zu erklären, warum bestimmte Moleküle Eigenschaften haben müssen, die keinem der isolierten Atome zukommen, aus denen sie sich zusammensetzen. Der Reduktionismus ist zweifelsohne absurd, wenn er das Auftreten von qualitativ Neuem in der Entwicklung des Kosmos negiert. Aber er ist weitaus schwerer zu widerlegen, wenn er zugibt, daß das Ganze mehr ist als die Summe seiner Teile, und auf systemtheoretischer Grundlage gerade das qualitativ Neue aus Einfacherem abzuleiten versucht, wenn er etwa das Entstehen von Ordnungsmustern aus Unordnung mathematisch zu erklären vermag. Gerade in dieser Beziehung hat die Wissenschaft unseres Jahrhunderts Bahnbrechendes geleistet, während der Mechanismus des 18. Jahrhunderts – etwa die Auffassung,

Organismen könnten auf der Grundlage der damaligen Mechanik erklärt werden – nichts als ein (im schlechtesten Sinne des Wortes) metaphysischer Glaube war. Für das Leben, die erste große Zäsur in der Entwicklung der Welt, läßt sich durchaus sagen, daß es heute *im Prinzip* einer kausalwissenschaftlichen Erklärung zugänglich geworden ist (auch wenn natürlich Zahlloses noch ungeklärt ist – ich nenne etwa die Morphogenese –, aber das gilt ja auch für die Welt der Elementarteilchen). Das Gesagte schließt nicht aus, daß dem Leben Strukturen eignen, die anderen Naturobjekten nicht zukommen, daß insbesondere beim Leben von Teleonomie gesprochen werden kann; es schließt auch nicht aus, daß für die besonderen Objekte, die Organismen nun einmal sind, spezielle, zum Teil mathematisch formulierbare Gesetze gelten können – sofern nur klar ist, daß diese Gesetze den physikalischen nicht widersprechen, sondern geradezu ihre Ausprägung auf konkretere Gegenstände sind. Wenn der Naturalismus recht hat, ist eine kausale Erklärung des Lebens (wie jeder anderen neuen Struktur) auf zwei Ebenen zu leisten: auf der systemtheoretischen wie auf der genetischen. Es ist also nicht nur zu zeigen, daß das Verhalten des Lebendigen, wenn es denn Lebendiges gibt, physikalisch-chemisch erklärt werden kann, sondern auch, daß die Entstehung des Lebendigen ohne Durchbrechung der Naturgesetze möglich war. Letzteres ist wesentlich voraussetzungsvoller, und es ist in der Gegenwart Eigens Verdienst, eine biogenetische Theorie von großer Erklärungskraft entworfen zu haben, indem er Prinzipien der Evolutionstheorie auf präbiotische Makromoleküle angewandt hat.[9]

Was die Evolutionstheorie angeht, so ist Darwins philosophisch bedeutsame Leistung darin zu sehen, daß er eine kausale Erklärung für das Vorhandensein zweckmäßiger Strukturen in Organismen ermöglicht hat. Mit dieser Zurückführung von Teleologie auf Kausalität hat sich der Darwinismus als eine der erfolgreichsten reduktionistischen Theorien erwiesen, die auch bei der Erklärung des dritten großen Übergangs in der Wirklichkeit, desjenigen vom Tier zum Menschen, Bedeutendes geleistet hat. Bei der Langsamkeit der Hominisation ist eine kausale Erklärung spezifisch menschlicher Fähigkeiten aus einer allmählichen Höherentwicklung und Verknüpfung tierischer Vermögen ein durchaus sinnvolles Forschungsprogramm. Dann aber liegt es durchaus nahe, eine kausale Rekonstruktion der menschlichen Kulturentwicklung für möglich zu halten – d. h. anzunehmen, daß aus genetisch bedingten Bedürfnissen der ersten Hominiden und gewissen Umweltbedingungen die Entstehung der ersten sozialen Verbände, der ersten religiösen und moralischen Vorstellungen, der ersten Kommunikationsformen erklärt werden kann. Eine „Naturgeschichte der Moral", um den Titel des fünften Hauptstücks von Nietzsches „Jenseits von Gut und Böse" zu zitieren, erscheint in dieser Perspektive als der einzig wissenschaftlich legitime Zugang zur Ethik. In der Tat ist ein solcher Zugang in der Geschichte der Philosophie immer wieder versucht worden – ich nenne nur die Entwicklungslehren zahlreicher Vorsokratiker, des Epikureismus, der verschiedenen naturalistischen Systeme des 18. Jahrhunderts. Durch Darwins Werk scheint dieser Ansatz aus einem „bloß philosophischen" zu einem streng wissenschaftlichen geworden zu sein, und es kann nicht verwundern, daß er seit dem 19. Jahrhundert immer wieder versucht wurde – ich erinnere nur an Darwin selbst, Spencer, Nietzsche und Haeckel. In der Gegenwart hat zumal im Zusammenhang mit der sogenannten Evolutionären Erkenntnistheorie eine evolutionäre Behandlung der Ethik wieder an Boden gewonnen.[10]

Gegen einen solchen Ansatz sträuben sich bei vielen Menschen tiefliegende Überzeugungen. Die Annahme eines nicht natürlichen Ursprungs des Menschen ist durch lange Jahrtausende so sehr in unser Fleisch und Blut übergegangen, so unlöslich mit unserem Bewußtsein verwoben worden, daß auch Menschen, die dem religiösen Glauben abgeschworen haben, jene Annahme nur mit großen Widerständen aufgeben.[11] Nun können für die Philosophie tiefliegende Vorurteile kein Argument sein – freilich ist ihre Existenz an sich auch kein Argument gegen ihre Wahrheit. Wir wollen prüfen, ob es rationale Einwände gegen eine naturalistische Ethikbegründung gibt.

II.

Soweit ich sehe, gibt es im wesentlichen vier Gruppen von Einwänden, von denen allerdings m. E. nur zwei wirklich stringent sind. Ich beginne mit den schwächeren.

1.) Erstens läßt sich gegen den Naturalismus das Leib-Seele-Problem ausspielen. Auch wenn die Zäsur zwischen Anorganischem und Organischem und die zwischen Tier und Mensch für die Naturwissenschaft durchaus nicht unüberbrückbar zu sein scheinen, gibt es doch bisher nicht einmal die vageste wissenschaftliche Theorie darüber, wie es zu Wesen mit „Innenseite" (Empfindung, Bewußtsein) gekommen ist, ja wie eine solche Innenseite systemtheoretisch denkbar sein soll. Im Grunde wissen wir nicht einmal, welchen Wesen wir Innenseite zusprechen könne: Sowohl die Leibnizsche Lösung, die allem Seienden eine noch so dumpfe Form von Bewußtsein zuschreibt (in der Gegenwart z.B. von B. Rensch vertreten), als auch die cartesische, nach der nur Menschen Bewußtsein haben (in der Gegenwart vom Behaviorismus zu der Absurdität gesteigert, daß es gar kein Bewußtsein gebe), sind nicht unmittelbar widersprüchlich, auch wenn der *common sense* wohl irgendwo im Tierreich den Übergang ansetzen wird. Die Auffassung ist gewiß oberflächlich, die da meint, es sei nur aus kontingenten Gründen bisher nicht gelungen, diesen Übergang aufzuhellen, und dabei übersieht, daß ein qualitativer Unterschied besteht zwischen diesem und jenen beiden anderen Übergängen. Denn wer etwa die Biologie auf die Chemie zurückführt, reduziert bestimmte Objekte, die unserer Außenwahrnehmung zugänglich sind, auf andere Objekte, die ebenfalls unserer Außenwahrnehmung zugänglich sind. Die Dimension der Innenseite ist hingegen durch eine andere Erkenntnisart zu erfassen – durch Introspektion, und es gehört zum Wesen der Introspektion, daß sie jeweils nur das eigene Ich erfährt. Fremde Innenseiten sind mir als solche stets verschlossen; nur durch Beobachtung ihrer Außenseite sind sie für mich „erschließbar". Es ist hier nicht der Ort, die Art und Weise dieses „Schlusses" (wenn es denn ein solcher ist) genauer zu analysieren; mir kommt es hier nur darauf an, die prinzipielle Schwierigkeit im Übergang von der Außen- zur Innenseite darzulegen. Natürlich kann ein Neurologe untersuchen, wie bestimmte Reize aufs Nervensystem wirken – aber wird er je erklären können, warum bestimmten Zuständen des Nervensystems eine bestimmte Empfindung entspricht (vorausgesetzt, daß eine Korrelation überhaupt besteht, die im übrigen – soviel wissen wir immerhin schon von der Gehirnforschung – sicher keine Eins: Eins-Korrelation sein kann)? Seien wir ehrlich: Niemand hat bisher eine Vorstellung darüber, wie eine solche Erklärung aussehen könnte. Warum Licht von einer bestimmten Wellenlänge, das aufs menschliche Auge trifft, die Farbempfindung „rot" oder „grün" auslöst – das ist von tiefstem Dunkel umhüllt. Die Reduktion der Psychologie (als Lehre von der Innenseite) auf Neurologie ist unmöglich; und auch das Feststellen von Korrelationen zwischen physischen und psychischen Zuständen ist das schwierigste Problem für jeden Monismus. Denn auch wenn wir den Schädel eines Tieres öffnen und an seinem Gehirn herumexperimentieren – wie können wir wissen, was es bei unseren Manipulationen empfindet, wenn uns fremde Innenseiten eben unzugänglich sind? Und wenn das Versuchsobjekt ein Mensch ist und er uns sagt, er habe jetzt die Farbempfindung „rot" – woher wissen wir, daß er damit nicht diejenige Farbempfindung bezeichnet, die wir „grün" nennen? Kommen nur Experimente an einem selbst in Frage?

Hier liegt zweifelsohne ein grundsätzliches Problem, dessen Lösung nach Art des Gordischen Knotens der Behaviorismus ist.[12] Aber sosehr die Leugnung der Existenz einer Innenseite eine indiskutable Form von Monismus ist (anders als die Leugnung einer Außenwelt widerspricht sie unmittelbaren Erfahrungen), sosehr muß man sich auch bewußt sein, daß eine radikal dualistische Lösung des Leib-Seele-Problems nicht unbeträchtliche Schwierigkeiten bereitet (immerhin bleibt ein Dualismus à la Popper und Eccles dem Behaviorismus stets vorzuziehen, ja auch mit anderen, differenzierten monistischen Theorien kann er durchaus konkurrieren). Paradigmatisch können die Probleme des Dualismus an der Geschichte des Cartesianismus aufgezeigt werden. Wenn nämlich eine Wechselwirkung zwischen Leib und Seele nicht mehr angenommen wird, dann muß entweder ihr Parallelismus von einer transzendenten Substanz garantiert werden, die man mit Dingen belastet, die man ihr besser nicht zumutet, oder – und das ist die weitaus ökonomischere Lösung – die Annahme einer Außenwelt wird als überflüssig ausgegeben, weil wir aus der Bewußtseinsimmanenz sowieso nicht herauskönnen: Berkeley ist mit seinem idealistischen Monismus nichts als ein konsequenter Malebranchianer. Bei diesem Ansatz bleibt freilich das Problem anderer Subjekte ungelöst – Berkeley kann den Solipsismus (bzw., besser, die Annahme, es gebe nur ihn und Gott) nur mit Hilfe geschraubter Voraussetzungen vermeiden. Aber auch Fichtes andersartiger subjektiver Idealismus, der sich viel darauf zugute tut, daß sich für ihn das Problem einer Einwirkung der Materie auf den Geist nicht stelle, weil die Bewußtseinsinhalte aus dem Bewußtsein selbst abgeleitet würden, muß bei der Erörterung der Beziehungen zwischen verschiedenen Subjekten zur Lehre von der prästabilierten Harmonie greifen, die im übrigen mit der Annahme einer Freiheit *aller* Subjekte inkompatibel sein dürfte, was auch immer Fichte dagegen sagt.[13] – Nimmt man im übrigen, wie in einigen Varianten des Dualismus, durchaus eine Interaktion von Leib und Seele an, dann ist der radikale Dualismus im Grunde schon überwunden – denn Wechselwirkung kann es nur zwischen irgendwie Homogenem geben.

Mir scheint daher trotz allem die Auffassung *plausibler* zu sein (eine ausgearbeitete monistische Theorie habe ich auch nicht), nach der eine bestimmte Form von Vernetzung bei einem Organismus notwendig zu so etwas wie Innenseite führt. Dabei muß natürlich die Vernetzung so konzipiert sein, daß sie das Umgehen mit idealen Entitäten wie Bedeutungen ermöglicht. Und wenn man eine naturwissenschaftliche Erklärung von Innenseite bei niedrigeren Organismen im Prinzip für möglich hält, dann ist zu vermuten, daß eine solche auch für das menschliche Selbstbewußtsein möglich sein muß, das natürlich ganz besondere Probleme stellt, von denen wir in der Gegenwart gewiß nicht hoffen können, sie zu lösen, wenn uns schon das Empfindungsproblem dunkel bleibt. Hält man jedoch die Innenseite für etwas, das sich grundsätzlich (zumindest vollständiger) kausaler Bestimmung durch natürliche Vorgänge entzieht, dann hat man, will man nicht auch in diesem Punkte Cartesianer sein, das irritierende und wenig erbauliche Resultat, daß die entscheidende Zäsur in der Wirklichkeit (die man einem Eingriff Gottes zuschreiben wird) irgendwo im Tierreich und nicht erst beim Übergang vom Tier zum Menschen verläuft.

2.) Insgesamt scheint mir also das Problem des Bewußtseins zwar eine ungeheure Hürde für jede naturalistische Theorie zu sein, die bisher noch kein positiver Entwurf konkret genommen hat. Dennoch würde ich daran festhalten, daß das Problem keine Inkonsistenz im Naturalismus ausgemacht hat – es ist daher nicht eine wirklich zwingende Widerlegung seiner Universalitätsansprüche. Dasselbe gilt für das zweite Argument gegen den Naturalismus – die Kritik, er führe zumindest auf Makroebene notwendig zum Determinismus und damit zur Leugnung der Willensfreiheit. Zwar scheint mir dieser Zusammenhang durchaus zu bestehen – jeder konsequente Naturalist wird die Lehre vom *liberum arbitrium indifferentiae* zurückweisen müssen (auch wenn das nicht immer getan wurde, weil die Menschen lieber unmoralisch als unfrei sein wollen). Soweit ich sehe, erlauben u. a. die Kantische Unterscheidung zwischen Noumena und Phänomena und eine dualistische Leib-Seele-Theorie ein Festhalten an dieser Lehre (übrigens sind diese Theorien jeweils nur notwendige, gewiß nicht hinreichende Voraussetzungen für eine freie Willensentscheidung). Wenn man aber beide Dualismen ablehnt und zugleich an der ontologischen Geltung der Kausalitätskategorie festhält, sie also nicht wie Hume für eine bloß subjektive Gewohnheit hält (und damit den Wissenschaftscharakter von Wissenschaft zerstört), wird man um die Verwerfung der Willensfreiheit kaum herumkommen. Insbesondere ist die Vorstellung abwegig, die Quantentheorie garantiere die Willensfreiheit. Erstens ist die Frage nach einer adäquaten philosophischen Interpretation der Quantentheorie weit davon entfernt, beantwortet zu sein, und zweitens hätte auch ein Indeterminismus auf Mikroebene nichts mit dem Problem der Willensfreiheit zu tun. Unvorhersehbare, nur statistisch determinierte Ereignisse sind ja noch nicht Ausdruck von Freiheit – ansonsten wären Elementarteilchen freie Wesen. – Oberflächlich ist schließlich die Auffassung, die in der modernen Systemtheorie eine große Rolle spielende Rückkopplungskausalität habe den Determinismus widerlegt. Denn auch wenn demnach Ereignisse nicht nur von äußeren Bedingungen, sondern auch von der inneren Beschaffenheit eines Systems abhängen, das auf seine Umgebung zurückwirken kann, so ändert das alles nichts daran, daß die Beschaffenheit des Systems selbst determiniert ist und daß sie und die äußeren Bedingungen zusammen alles determinieren, was das System tut.[14]

Aber zerstört nicht der Determinismus die Möglichkeit von Moral? Ich glaube nicht. Zwar gibt es Formen des Determinismus, die zu einer solchen Zerstörung führen, aber diese sind von dem ontologischen (Prä-)Determinismus zu unterscheiden, der nur besagt, daß alle Ereignisse zu einem späteren Zeitpunkt t_n in einem beliebigen früheren Zeitpunkt t_m schon prädeterminiert seien. Gegen diese Theorie sträuben sich zwar bei jedem Menschen starke Widerstände – vermutlich ist die Überzeugung, daß das nicht stimmen kann, angeboren. Aber angeborene Überzeugungen brauchen nicht wahr zu sein (sie können sich aus bestimmten Gründen empirischer Nützlichkeit während der Evolution herausgebildet haben), und ich möchte jedenfalls mit Nachdruck behaupten, daß der Prädeterminismus weder zu ethisch inakzeptablen Resultaten führt noch gar metaphysisch absurd ist. Im Gegenteil, der m. E. bedeutendste Philosoph dieses Jahrhunderts und letzte namhafte objektive Idealist, Albert Einstein, hat bekanntlich an dieser Position aus philosophischen (nicht nur physikalischen) Gründen gegen alle Einwände (etwa Poppers) sein Leben lang festgehalten,[15] und in der Tat ist diesem „Neoparmenideismus", für den im Grunde jede Veränderung nur Schein ist, weil sie in den ersten Anfängen schon vorherbestimmt ist, eine große innere Geschlossenheit und – man gestatte mir, diese Qualifikation als ein (alleine gewiß nicht hinreichendes) Argument für seine Wahrheit anzuführen – eine erhabene Würde nicht abzusprechen. Inakzeptabel wird der Prädeterminismus freilich, wenn er aus einer *ontologischen* zu einer *epistemischen* Position wird. Eine solche lähmt tatsächlich jedes menschliche Handeln – denn wenn ich schon wüßte, daß ein zukünftiges Ereignis sicher eintreten wird bzw. sicher nicht eintreten wird, dann hätte es keinen Sinn zu versuchen, jenes Ereignis zu realisieren oder zu verhindern. Lukans Vers „Victrix causa deis placuit, sed victa Catoni" (I 128) beeindruckt zwar auf den ersten Blick durch seine edle Vornehmheit, aber für etwas zu kämpfen, von dem man positiv weiß, daß es nicht im Weltplan beschlossen liegt, macht letztlich keinen Sinn – es sei denn, man halte als Gesinnungsethiker die Moral für eine rein innere Angelegenheit und nicht für etwas, dessen Bestimmung es ist, auf die Welt zu wirken. Nun ist mit einem ontologischen Determinismus ein epistemischer Indeterminismus durchaus kompatibel, ja aus der Tatsache, daß jede empirische Bestimmung physikalischer Größen stets nur eine Annäherung darstellt, aus der ungeheuren Komplexität der Welt und aus der Chaostheorie folgt geradezu, daß es unmöglich ist, die Zukunft vollständig vorauszusehen. Wir können nicht wissen, ob sich die Menschheit im nächsten Jahrhundert selbst vernichten wird – und haben deshalb die Pflicht, einer möglichen Katastrophe entgegenzuarbeiten, auch wenn die Annahme durchaus Sinn macht, daß jetzt, ja schon vor Milliarden Jahren alles prädeterminiert war, was im nächsten Jahrhundert geschehen wird.

Eine zweite inakzeptable Form des Determinismus leugnet die Möglichkeit einer Selbstbestimmung der Vernunft. Sie besagt: Ethik sei unmöglich, denn sie setze voraus, daß wir unser Handeln gemäß den ethischen Geboten modifizieren könnten. Unser Handeln sei aber durch natürliche Triebe determiniert, so daß wir den ethischen Geboten nicht folgen könnten. Auch wenn man diese Position sicher zurückweisen muß, heißt das nicht, daß man Indeterminist werden müßte. Denn diese primitive Form von Determinismus übersieht, daß es schon auf natürlicher Ebene Dispositionen und Propensitäten gibt. So besteht nicht der geringste Widerspruch in der Annahme, viele Menschen seien dahingehend determiniert, daß sie, wenn sie mit guten Argumenten bezüglich ihrer Pflicht vertraut gemacht werden, diesen Argumenten, nach welchen Widerständen auch immer, schließlich doch folgen. Es ist mit Nachdruck auf den Unterschied zwischen Selbstbestimmung der Vernunft und Willkürfreiheit zu verweisen. Jene erste, inhaltliche Form von Freiheit ist in der Tat unaufgebbar, wenn Ethik sein soll. Jedes Argument setzt sie voraus: Wenn ich den Anspruch erhebe, meine Überlegungen seien wahr, behaupte ich, daß ich sachlichen Kriterien folgen kann, daß ich Triebe und Neigungen im Prinzip kontrollieren kann. Aber das bedeutet noch nicht, daß das Vorhandensein dieser meiner Fähigkeit nicht durch genetische Anlagen, Erziehung, Umwelteinflüsse determiniert sei; und es bedeutet auch nicht, daß es nicht ein physikalisches Objekt – mein Gehirn – geben könne, das programmiert ist, nach diesen logischen Kriterien zu arbeiten. Das Geltungsproblem der Ethik – so werde ich gleich zeigen – läßt sich in der Tat nicht naturalistisch lösen, aber das heißt nicht, daß die genetische Frage „warum sieht X diese ethische Forderung (nicht) ein? warum handelt X (nicht) nach ihr?" nicht kausalwissenschaftlich beantwortet werden könnte. Man kann zur Freiheit determiniert sein – wenn man unter Freiheit die Fähigkeit versteht, bewußt dem stärkeren Logos zu folgen. Das Geltungs- und das Genesisproblem sind in der Ethik, wie überall, streng voneinander zu trennen. Zu Unrecht haben mehrere große Philosophen der Vergangenheit beide Probleme verwechselt – und zwar in beiden Richtungen. Kant hat aus seiner Einsicht, der kategorische Imperativ sei nur in der Autonomie der Vernunft gegründet, eine transzendentale Freiheit erschlossen und damit auf das geltungstheoretische Problem der Rechtfertigung der Ethik eine Theorie über das menschliche Selbst gegründet, nach der die moralische Handlung, ihrem Wesen (nicht ihrer Erscheinung) nach, kausal, auch durch Motive, nicht erklärt zu werden vermag.[16] Nietzsche auf der anderen Seite hat auf der Grundlage seiner in manchen Punkten überzeugenden genetischen Analyse zur Entstehung der Moral ihre Geltung in Frage zu stellen versucht. Beides sind Fehlschlüsse. Denn sosehr jener Naturalismus fehlt, der das Geltungsproblem kausalwissenschaftlich verkürzt, sosehr scheint mir doch auch jener Antinaturalismus in die Irre zu gehen, der aus der Einsicht in die Irreduzibilität des Geltungsproblems die Möglichkeit kausaler Explanation des subjektiven Ereignisses einer moralischen Handlung in Frage stellt.

Analoges gilt bezüglich des Problems des Verstehens. Zwar wird methodologisch kein Vernünftiger daran zweifeln, daß zwischen „Erklären" und „Verstehen" ein Unterschied besteht – es ist durchaus nicht dasselbe, ob ich ein akustisches Phänomen erkläre oder eine Rede verstehe. Aber auch wenn ich eine Rede verstanden habe, kann ich mir doch immer die Frage stellen, warum der Redner eine Rede mit dieser Bedeutung gehalten hat; und auch wenn ich mich jeder reduktionistischen Ideologiekritik enthalte und sage: „Er hat die Rede gehalten, weil er den aufrichtigen Wunsch hegte, eingesehene Wahrheiten mitzuteilen", habe ich eine kausale Erklärung gegeben.

3.) Im vorhergehenden habe ich schon angedeutet, welches Argument gegen den Naturalismus ich für wirklich stringent halte – den Hinweis auf das Geltungsproblem. Poppers zweite Welt mag kausal durch die erste bedingt sein – die dritte ist es sicher nicht (jedenfalls nicht jener Teil von ihr, der ideeller Natur ist, also die *Bedeutungen* von Theorien; Theorien als soziale Fakten mögen hingegen auf die zweite und damit ggf. auf die erste Welt zurückgeführt werden können). Kategorien wie Wahrheit, Güte, Schönheit sind jeder kausalwissenschaftlichen Analyse enthoben, ja (im Falle der Wahrheit) von ihr vielmehr vorausgesetzt. Um mich hier auf die Ethik zu beschränken, so kann uns vielleicht, bei adäquater Berücksichtigung des Charakters, der externen Einflüsse, der Motive, eine vollständige Kausalanalyse menschlichen Verhaltens gelingen. Aber was uns mit dieser Methode sicher nicht glücken kann, ist eine Beantwortung der Frage, ob dies Verhalten gut oder schlecht ist. Gerade für einen Deterministen ist alles determiniert – Hitlers Verhalten ebenso wie das des Franziskus von Assisi; und an den Kausalketten ist nichts abzulesen, was das eine Verhalten vor dem anderen auszuzeichnen vermöchte. Aus Ist-Sätzen folgen keine Soll-Sätze – an dieser elementaren logischen Einsicht Humes ist nicht zu rütteln. Gegen nahezu alle Varianten naturalistischer Fehlschlüsse bleiben die Einwände gültig, die Moore in den „Principia Ethica" angeführt hat.[17] Insbesondere sei seine Kritik an Spencers und anderer „Evolutionistic Ethics" ins Gedächtnis gerufen (Kapitel 2, 29f., bes. 34). Es gibt ohne außerordentlich komplexe metaphysische Voraussetzungen keinen Grund anzunehmen, daß ein späteres Resultat der Evolution stets notwendig besser sei – kontingenterweise mag das in bestimmten Fällen, vielleicht auch in der Mehrzahl der Fälle, durchaus so sein, aber das Phänomen der Involution zeigt deutlich, daß wir über den faktischen Wandel hinaus eines Kriteriums bedürfen, um von „Höherentwicklung" sprechen zu können. Für die Zukunft gibt es nicht die geringste Garantie, daß die Höherentwicklung weitergehen wird – daß die Menschheit ihrer Selbstzerstörung entgegentaumelt, ist nicht a priori ausgeschlossen, obwohl wir in diesem Fall nicht unbedingt von Höherentwicklung sprechen würden.[18]

Nun könnte es durchaus sein, daß die ethischen Fragen „was ist gut?", „was soll ich tun?" sinnlos wären – ihre Antworten sind, als synthetische Sätze a priori, jedenfalls nicht kausalwissenschaftlicher Natur. Fairerweise müßte man dann zwar zugeben, daß eine naturalistische Begründung der Ethik nicht möglich sei. Aber man müßte zugleich einräumen, daß es überhaupt keine rationale Ethik geben könne – daß der Gedanke an Verbindlichkeiten, die faktische Machtverhältnisse überschreiten, eine Illusion sei. Diese nihilistische Aussage ist das letzte Resultat eines konsequenten Szientismus, der Lehre also, Rationalität gebe es nur in den kausal erklärenden Wissenschaften. Die intellektuelle Redlichkeit zwingt zu diesem Schluß, der noch keine Widerlegung des Szientismus ist: Der ethische Nihilismus könnte, so abstoßend er auch ist, die einzig wahre Position sein.

Es ist hier nicht der Ort, eine nicht-naturalistische Ethikbegründung zu skizzieren, die m. E. möglich, aber in der Tat nicht einfach zu leisten ist. Ich möchte statt dessen darauf hinweisen, daß auch die Kategorie der Wahrheit kausalwissenschaftlich nicht rekonstruierbar ist: Deren Bestreitung ist jedoch unmittelbar widersprüchlich, weil sie von jeder Theorie vorausgesetzt wird, die ernst genommen werden will. Daß Wahrheit kausalwissenschaftlich, etwa evolutionstheoretisch, nicht erfaßt werden kann, ist unschwer zu zeigen: Aus der Tatsache, daß Amöben offenbar ganz gut leben – sie leben sogar beträchtlich länger als der Homo sapiens sapiens und lassen sich ihre Daseinsfreude nicht durch philosophische Grübeleien stören –, folgt ja wohl schwerlich, daß ihr „Weltbild" „wahrer" sei als das unsere.[19] In der Unhintergehbarkeit der Wahrheitskategorie zeigt sich also, daß es fundamentale Denkzusammenhänge gibt, die die kausale Erklärbarkeit transzendieren.

4.) Das Wahrheitsproblem führt uns auf die vierte Gruppe von Einwänden gegen den Naturalismus. Diese Einwände setzen voraus, daß der szientistische Wahrheitsanspruch der Naturwissenschaften ernst zu nehmen ist – sie machen also eine Voraussetzung, die an sich begründungsbedürftig, in diesem Zusammenhang aber legitim ist, da es nur um eine immanente Kritik des Naturalismus geht. In der Tat weist gerade der Universalitätsanspruch der Naturwissenschaften über die Sphäre der Natur hinaus. So ist erstens auf ontologischer Ebene klar, daß die Naturgesetze nichts Natürliches, etwa Zeitliches sind – sie sind das allgemeine Muster, nach dem Naturprozesse ablaufen, verändern sich aber selbst nicht. Sie gehören also nicht zur Natur, die sie bestimmen – ebensowenig wie die mathematischen Entitäten, deren gewiß nicht selbstverständliche Anwendung auf die Natur den Erfolg der modernen Naturwissenschaft ermöglicht hat. Auf erkenntnistheoretischer Ebene ist zweitens klar, daß gerade der dank der modernen Naturwissenschaft tiefsitzende Glaube an die ausnahmslose Gültigkeit der Naturgesetze durch die Erfahrung nicht begründet werden kann (die einzige Erkenntnisart, die mit dem Naturalismus verträglich ist) – aber auch nicht durch die formale Logik, die der Logische Positivismus neben der Erfahrung akzeptiert. Daß sich die Naturgesetze morgen nicht verändern werden,[20] wissen wir weder aus der Erfahrung noch aus der formalen Logik – es handelt sich dabei um einen synthetischen Satz a priori. Ob auch einige fundamentale Naturgesetze a priori bestimmt werden können, braucht hier nicht erörtert zu werden – für meine Zwecke ist es genug, klarzumachen, warum gewisse allgemeine synthetisch-apriorische Sätze wie „Es gibt unwandelbare Naturgesetze" die Bedingung der Möglichkeit des universalen Geltungsanspruchs des Naturalismus sind. Das größte aller Wunder – daß es keine Wunder, also keine Durchbrechungen von Naturgesetzen geben kann – ist ohne synthetische Sätze a priori nicht zu begreifen. Nur auf der Grundlage solcher Sätze kann der Naturalismus beanspruchen, für die Sphäre der Natur wirklich lückenlos zu gelten. Und das heißt: Nur eine idealistische Philosophie kann den Materialismus fundieren.

Wie sind synthetische Sätze a priori möglich? Klar ist zunächst, daß solche Sätze eine Konstitution der Natur durch die Vernunft voraussetzen – die umgekehrte Relation würde ja gerade die Möglichkeit apriorischer Erkenntnisse unbegriffen lassen. Des näheren kann man philosophische Theorien dahingehend unterscheiden, daß sie als konstituierende Vernunft die endliche Vernunft des Menschen oder eine absolute Vernunft annehmen, an der der Mensch teilhat. Die erste Position ist die des subjektiven Idealismus – wie ihn etwa Kant vertreten hat –, die zweite die des objektiven Idealismus, wie ihn erstmals Platon ausgebildet hat. Die zweite Position scheint weitaus voraussetzungsvoller zu sein – wer spricht heute noch von einer absoluten Vernunft? Dennoch ist es nicht allzu schwer zu sehen, daß der objektive Idealismus dem Naturalismus weitaus mehr entgegenkommen kann als der subjektive Idealismus. Denn für den subjektiven Idealismus Kants ist die natürliche Welt, bei deren Erkenntnis apriorische Kategorien mitwirken, eine bloß subjektive Erscheinung – für den objektiven Idealismus hingegen ist die Natur zwar nicht der absolute Grund, aber doch eine objektive, nicht bloß auf ein endliches Bewußtsein relative Wirklichkeit, in der sich das absolute ideale Sein entfaltet. Der objektive Idealismus gestattet ferner eine kausale Rekonstruktion des endlichen Geistes aus der Natur, während eine solche im subjektiven Idealismus deswegen nicht möglich ist, weil dieser sonst in einen Zirkel verfiele: Die endliche Vernunft wäre konstituierend und konstituiert zugleich. Der subjektive Idealismus Kants ist schließlich dualistisch, während der objektive

Idealismus monistisch ist – freilich ist für ihn das eigentliche Sein das ideale Reich der apriorischen Kategorien und Bedeutungen, dessen „Entäußerung" die Natur ist, die aber ohne jede Unterbrechung selbst ihren objektiven und immanenten Bestimmungen folgt. Mir scheint daher der objektive Idealismus dem Geist der Naturwissenschaft weitaus angemessener – auch wenn er die naive Absolutsetzung naturwissenschaftlichen Denkens zerstört und diese Form des Denkens als bedingt erweist. Nur wenn Geltungsfragen auf nicht-explanatorische (und nicht bloß formallogische) Weise geklärt sind, nur wenn eine überzeitliche ideale Seinssphäre anerkannt ist, kann der Naturwissenschaft ausnahmslose Geltung für die empirische Welt zugebilligt werden. Die Naturwissenschaft selbst ist wertneutral – aber in philosophischer Perspektive erweist sich als der Sinn von Natur die Erzeugung von Wesen, die diesen idealen Ursprung der Natur begreifen und ihr Leben nach jenen idealen Strukturen gestalten, die in jeder Reflexion auf Geltungsfragen immer schon vorausgesetzt sind.[21]

Welche ethischen Gebote auf dem Boden eines solchen objektiven Idealismus genau begründet werden können, kann hier nicht näher untersucht werden. Wenn es aber das erste ethische Gebot ist, sich mit den ethischen Geboten vertraut zu machen, so folgt als erstes Gebot einer Ethik für Naturwissenschaftler, daß sie jene Ideologie aufgeben müssen, die eine Begründung der Ethik ebenso unmöglich macht wie eine Legitimation der theoretischen Geltungsansprüche der Naturwissenschaft – also den szientistischen Naturalismus –, und daß sie zur Kenntnis nehmen müssen, daß es zumindest in der Tradition eine Disziplin gegeben hat, die das Problem apriorischer Erkenntnis gesehen und erörtert hat – die Philosophie. Für uns Philosophen folgt umgekehrt, daß wir uns im Rahmen unserer Kräfte um ein Verständnis der Entwicklungstendenzen der modernen Naturwissenschaft bemühen müssen, weil nur ein solches Verständnis uns in die Lage versetzen kann, zahlreiche ethische Probleme der modernen Welt zu begreifen, die die traditionelle Philosophie nicht gelöst, weil sie sie noch nicht gekannt hat.[22]

Zur Philosophie der Geschichte der Sozialwissenschaften

„Der nächste Schritt zur Anpassung der Gesellschaft an die Gesellschaft wäre die Anpassung der Texte aus der prägesellschaftlichen Ära an die neue Gesellschaftsdominanz. Eine Gesellschaft von Gesellschaftswissenschaftlern arbeitet eben an der Vergesellschaftung von Goethes *Faust*. Einige Proben sollen die Gesellschaftsrelevanz des Unternehmens belegen. Fausts erster Monolog beginnt.

> Habe nun, ach! Soziologie,
> Soziologie und Soziologie,
> vor allem auch Soziologie
> durchaus studiert …"

So der Wiener Schriftsteller Hans Weigel, der sich nicht zu Unrecht in der Nachfolge Karl Kraus' sah, in seinem „Antiwörterbuch" unter dem Stichwort „Gesellschaft".[1] Sosehr Weigel übertreibt, weil er eine Entwicklung karikieren will, die er für verfehlt hält, so unbestreitbar ist doch eine Tatsache: Moderne Gesellschaften unterscheiden sich von vormodernen u.a. dadurch, daß sie über einen erhöhten Grad von Reflexivität verfügen. Natürlich muß jede Gesellschaft – und das heißt natürlich: müssen die in einer Gesellschaft Handelnden – ein Bild von der Gesellschaft haben; aber nur die Moderne hat ein Bild hervorgebracht, von dem sie beansprucht, es sei *wissenschaftlich*. Es ist u.a. dieser Anspruch, der – jedenfalls eine Zeitlang – einen außerordentlichen Veränderungsdruck auf die modernen Gesellschaften erzeugt hat. In den Worten von A. Giddens, der in dieser neuen Form von Reflexivität eines der unterscheidenden Merkmale der Moderne erkennt: „The reflexivity of modern social life consists in the fact that social practices are constantly examined and reformed in the light of incoming information about those very practices, thus constitutively altering their character."[2] Wieweit dieser Veränderungsdruck wirklich aus dem wissenschaftlichen Charakter der

Soziologie folgt, wieweit er politisch segensreich war, das sind bekanntlich kontroverse Fragen – die Gesellschaft hat offenbar Schwierigkeiten, mit der Wissenschaft ihrer selbst umzugehen, und daher ist F. Tenbrucks Schlagwort von den unbewältigten Sozialwissenschaften durchaus treffend.[3]

Im folgenden kann es nicht darum gehen, jene kontroversen Fragen direkt zu beantworten. Es soll allerdings insofern ein mittelbarer Beitrag zu ihrer Beantwortung und damit zur Bewältigung der Sozialwissenschaften geleistet werden, als versucht wird, eine Logik in der Geschichte der Soziologie aufzudecken. Dies scheint mir aus verschiedenen Gründen ein Desiderat. Erstens bleibt es befremdlich, wie wenig immer noch die Geschichte der Sozial- und Geisteswissenschaften etabliert ist, wenn man sie mit der Geschichte der Mathematik und der Naturwissenschaften vergleicht. Das ist deswegen so erstaunlich, weil etwa der Historiker der Geschichtswissenschaften nicht über die gleiche Doppelkompetenz verfügen muß, die ein guter Historiker der Mathematik besitzen muß, der sowohl mathematisch als auch geschichtlich denken sollte. Aber vielleicht erklärt eben dies auch, warum man – m.E. zu Unrecht – meint, man bräuchte nicht eigene Institutionen zur Abdeckung der Geschichte der Sozial- und Geisteswissenschaften, da die betroffenen Fachwissenschaftler dies schon selbst zu tun vermöchten. Aber dies ist ein Irrtum. Zwar gehört es zum guten Ton der historisch gebildeten Zeitgenossen, etwa über jene Naturwissenschaftler die Nase zu rümpfen, die nicht begriffen hätten, daß ihr Unternehmen geschichtlich und damit relativ sei, weil sie nicht vertraut seien mit den unterschiedlichen geschichtlichen Formen, die die Naturforschung jeweils angenommen habe; aber die Bereitschaft zur Anerkennung der Tatsache, daß eine relativistische Instrumentalisierung der Geschichtsforschung ebenfalls nicht in allen Epochen des Geschichtsdenkens zu finden sei und nach derselben Logik daher auch nicht als zeitlos gültig angesehen werden könne, ist nicht sehr groß, teils weil es immer leichter ist, andere, als sich selbst zu relativieren, teils weil eben viele Geschichts- und Sozialwissenschaftler an der Geschichte des eigenen Faches kein hinreichendes Interesse haben. Wohl spielt bei jenem Desinteresse auch die Überzeugung eine Rolle, die geistigen Veränderungen, die Einstein von Newton und Newton von Aristoteles trennten, seien weitaus größer als diejenigen zwischen Weber und Montesquieu und diesem und Aristoteles; doch auch wenn es sicher stimmt, daß die *Inhalte* der modernen Naturwissenschaft sich stärker von denen der antiken unterscheiden, als dies bei den Geisteswissenschaften der Fall ist, scheint mir der Einschnitt in der *Methode*, in der *forma mentis* durchaus vergleichbar.

Natürlich soll nicht bestritten werden, daß wir verschiedene ausgezeichnete Geschichten der Soziologie – und um diese als die allgemeinste Sozialwissenschaft geht es im folgenden – besitzen: Im deutschen Sprachraum ist etwa Friedrich Jonas' zweibändige „Geschichte der Soziologie" zu nennen.[4] Zu den eindrucksvollsten Geschichten der Soziologie würde ich selbst Raymond Arons „Les étapes de la pensée sociologique"[5] rechnen, und zwar aus zwei Gründen: einerseits wegen der Tatsache, daß Aron selbst ein innovativer Sozial-, insbesondere Politikwissenschaftler war, andererseits weil Aron, unter souveräner Mißachtung der weniger bedeutenden Soziologen, sich auf sieben Gestalten konzentriert, die ohne jeden Zweifel zu den Größten des Faches gehören: Montesquieu, Comte, Marx, Tocqueville, Durkheim, Pareto, Weber. Sicher ist, wie Aron selber zugibt, diese Auswahl auch subjektiv unbedingt (so fehlt Spencer, weil ihn Aron, wie er offen einräumt, nicht genug kennt[6]); aber es handelt sich um eine gelungene Auswahl, die es viel eher erlaubt, Wesentliches zu begreifen, als eine ohnehin vergeblich nach Vollständigkeit strebende Auflistung einschlägiger Namen. Arons sieben Porträts bestechen u. a., weil er einen außerordentlichen Sinn für den Zusammenhang zwischen soziologischem Entwurf, philosophischer Hintergrundvision und politischer Option hat, weil er sich, gleichsam der Plutarch der Geschichte der Soziologie, in eine fremde Individualität und ihre Logik mit großer Intensität hineinzudenken vermag. Aber was ihn kaum interessiert, ist das geistige Band, das diese sieben – bei ihm weitgehend autonomen – Gestalten verbindet. Der Zusammenhang zwischen den einzelnen Figuren bzw. den einzelnen Ereignissen ist freilich das, was im Zentrum der Geschichtsphilosophie steht; und im Zentrum der Geschichtsphilosophie der Sozialwissenschaften muß die Frage stehen, ob es eine Entwicklungslogik in der Geschichte der Sozialwissenschaften gibt und, wenn ja, welche. Eine solche Geschichtsphilosophie der Sozialwissenschaften ist also, zweitens, etwas, was die Historie der Sozialwissenschaften zwar voraussetzt, aber doch über sie hinausgeht, und sie ist sicher ein Feld, auf dem noch viel zu entdecken ist (natürlich nur sofern eine solche Entwicklungslogik wirklich besteht und auch zu erkennen ist).

Aber selbst wenn man einräumt, daß diese Fragestellung noch nicht ausreichend ausgelotet ist, ist damit noch nicht gesagt, daß es sich dabei um eine *interessante* Fragestellung handelt. Dafür sind zusätzliche Argumente erforderlich, und diese sind unschwer zu haben. Gelingt es, eine Entwicklungslogik in der Geschichte der Sozialwissenschaften zu entdecken, so haben wir – drittens – einerseits die Möglichkeit, begründete Prognosen über die weitere Entwicklung zu machen, andererseits erkennen wir vielleicht, warum bestimmte Erwartungen, die man allgemein an die Soziologie knüpft, nur Sinn ergeben unter Voraussetzungen, die für ein früheres Entwicklungsstadium dieser Wissenschaft gelten, aber nicht mehr für das heutige. Wohlgemerkt: Die Suche nach einer Entwicklungslogik impliziert keineswegs, daß die spätere Position notwendig die bessere sei; sie besagt nur, daß es sachliche Gründe, und nicht nur externe Ursachen, gibt, warum eine Position auf die andere folgt. Konsequenzen eines Ansatzes werden im Laufe der Geistesgeschichte immer wieder zu Ende gedacht – auch um den Preis, daß am Ende eine vielleicht konsistentere, aber in ihren Inhalten weniger plausible Position erscheint. Auch ist im Begriff der Entwicklungslogik nicht impliziert, daß es keine gegenläufigen Theorien geben könne oder daß eine Wende nicht möglich sei. Aber gegen den Strom kann man nur schwimmen, wenn er in eine bestimmte Richtung fließt, und um die Feststellung dieser Richtung geht es im folgenden.

Ich will dabei so vorgehen, daß ich an die von Aron behandelten Soziologen die Frage stelle, wie sie das Verhältnis von deskriptiver und normativer Betrachtung bestimmen. Diese Frage ist nicht die einzig interessante – man könnte auch die Bestimmung des Verhältnisses von Individuum und Gesellschaft oder von Natur- und Sozialwissenschaften bei den genannten Autoren untersuchen (bei der Beantwortung der letzten Frage würde vermutlich eine gewisse Rolle spielen, welches Fach der betreffende Soziologe studiert hat – von den sieben Genannten haben fünf wenigstens zeitweise Jura studiert, während zwei, nämlich Comte und Pareto, von der Mathematik und den Naturwissenschaften herkommen). Aber ich will mich auf jene erste Frage konzentrieren, weil ich denke, daß man an ihr besonders deutlich die Entwicklungslogik aufdecken kann, auf die es mir ankommt. Meine These ist, daß sich an der Geschichte der Soziologie „die Transformation des klassischen Seinsverständnisses"[7] ablesen läßt, die die Geschichte der abendländischen Metaphysik so eindeutig prägt. Ist für die Antike und das Hochmittelalter das Sein im wesentlichen ein normativ aufgeladener Begriff – weswegen es mit dem Guten zusammenfällt –, so bildet sich in einem Jahrhunderte währenden Prozeß ein neuer Begriff von Sein als Faktizität: Die Welt wird – wie im Logischen Positivismus – das, was der Fall ist; die Frage nach dem Guten gehört bestenfalls einer anderen Ordnung an, wenn sie nicht sogar gegenstandslos wird. (Nach jedem sinnvollen Sprachgebrauch ist diese Bestimmung des Seins als Faktizität natürlich auch eine Form von Metaphysik – wenn auch eine Form von Metaphysik, die von der klassischen stark abweicht. Man kann eine Metaphysik durch eine andere ersetzen; man kann sich weigern, sich der Frage nach dem Sein explizit zu stellen – aber über eine implizite Metaphysik oder Ontologie verfügt jeder denkende Mensch.) Um die komplexen Zusammenhänge zwischen Metaphysik und Soziologie in ihrer einander wechselseitig befruchtenden geschichtlichen Entwicklung deutlicher zu machen, will ich allerdings meine Betrachtungen über einen zeitlichen Horizont ausdehnen, der etwas weiter ist als der von Aron behandelte – ich will mit demjenigen Denker beginnen, der beanspruchen kann, früher und tiefer als Montesquieu die Soziologie als erster begründet zu haben, mit Vico, und ich will mit einigen ganz knappen Bemerkungen zu den beiden einflußreichsten deutschen Philosophen der Gegenwart, Luhmann und Habermas, schließen. Ich werde ferner von der Reihenfolge abweichen, in der Aron seine Autoren behandelt; aus Gründen, die bald einleuchten werden, werde ich Tocqueville vor Comte und Weber vor Pareto erörtern. Natürlich erhebe ich nicht den mindesten Anspruch, auch nur die zentralen Gedanken der genannten Autoren wiederzugeben; ich selektiere ausschließlich jenes, was für meine Fragestellung interessant ist. Dabei will ich meinen Überblick in vier Abschnitte gliedern, die den wichtigsten Veränderungen in der Bestimmung von Sein und Sollen entsprechen. Zunächst will ich verhältnismäßig ausführlich auf Vico, Montesquieu und Tocqueville eingehen, deren Verständnis der Sozialwissenschaft zwar einerseits von dem modernen Wissenschaftsbegriff beeinflußt ist, andererseits aber noch stark im antiken und christlichen Seinsverständnis gegründet ist; alsdann will ich sehr rasch Comte und Marx erörtern, die radikal mit den christlichen Voraussetzungen brechen und ein rein immanentistisches Weltbild entwickeln, innerhalb dessen sie aber die normative Frage zu lösen beanspruchen; darauf sollen Durkheim, Weber und Pareto als die Herolde der wertfreien Soziologie analysiert werden. In einem kurzen Ausblick soll Luhmanns Ansatz als letzte Konsequenz der wertfreien Soziologie und Habermas' Grundposition als der bewundernswerte Versuch skizziert werden, die Wertfreiheit der Sozialwissenschaften zu überwinden – ein Versuch, der freilich m. E. scheitert.

I.

Die Soziologie entsteht im 18. Jahrhundert. Sicher verfügen, wie einleitend angemerkt, alle, auch die archaischen Gesellschaften über ein Bild ihrer selbst, doch dieses Bild ist eben nicht wissenschaftlich. Aber warum läßt sich nicht sagen, daß wenigstens die Griechen, denen wir doch eine wissenschaftliche Mathematik, Astronomie und Biologie auch dann zusprechen, wenn wir uns darüber Rechenschaft geben, daß die erste wissenschaftliche Revolution des fünften vorchristlichen Jahrhunderts von der zweiten des siebzehnten Jahrhunderts bedeutend abweicht,[8] die Soziologie kennen? Enthalten nicht etwa das achte und neunte Buch von Platons „Politeia" oder Aristoteles' „Politik" eine Fülle wichtiger soziologischer Einsichten? Gewiß; aber doch im Kontext eines ganz anderen Projektes, als es dasjenige der modernen Soziologie ist. So ist zunächst hervorzuheben, daß im Zentrum des antiken Interesses an der Gesellschaft der Staat steht; auch dort, wo Aristoteles im ersten Buch seines großen Werkes die Familie behandelt, geht es ihm um die Herausarbeitung der kategorialen Unterschiede zwischen *Oikos* und *Polis*. Doch ist dies noch kein ausreichendes Argument; denn von den modernen Soziologen ist auch Tocqueville sicherlich primär am Staat und nicht etwa an der Wirtschaft interessiert; er ist eindeutig ein Politischer Soziologe.

Viel wichtiger, ja entscheidend ist folgendes: Die staatssoziologischen Einsichten Platons und Aristoteles' werden im Rahmen einer normativen Konzeption des Staates entwickelt – die Frage, die beide wirklich interessiert, ist die nach dem guten Staat, und nur insofern ihre Beantwortung staatssoziologische Einsichten voraussetzt, wird auf diese zurückgegriffen. Daraus ergibt sich, daß keiner von ihnen die Absicht hat, Lebensformen zu analysieren, die sich von der als normativ verbindlich angesehenen Lebensform der griechischen Polis unterscheiden. Zwar beschäftigen sie sich durchaus mit den Verfallsformen der Polis, aber ihre Aufmerksamkeit für außergriechische Lebensformen ist sehr gering, und auch zur Frühgeschichte der eigenen Kultur äußern sie sich nur sporadisch (Platon mehr als Aristoteles).

Damit ist die Voraussetzung der Soziologie im eigentlichen Sinne des Wortes genannt – die Bereitschaft, den Blick von der eigenen Kultur zu lösen und diese im Kontext einer Fülle alternativer sozialer Formen zu betrachten. Ohne die gründliche Auseinandersetzung mit ganz unterschiedlichen Gesellschaftsformationen kann es zur Soziologie nicht kommen. Die Neuzeit hat diese Voraussetzung in zweierlei Hinsicht erfüllt – einerseits durch die großen Entdeckungsreisen, die besonders in der Neuen Welt die Europäer mit Gesellschaften konfrontierten, die sich von denen des Mittelmeerraums auf verwirrende Weise unterschieden, andererseits durch die, u. a. von der Jurisprudenz geförderte, Entwicklung eines historischen Bewußtseins, das etwa begriff, daß die Mentalität, die dem Recht der Zwölf Tafeln zugrunde lag, eine ganz andere war als diejenige, die das *Corpus Iuris Civilis* hervorgebracht hatte. Hinzu kommen die epochalen Veränderungen, die in der Neuzeit innerhalb Europas geschahen und die das Interesse am Phänomen des sozialen Wandels nähren mußten. Entscheidend ist ferner die wissenschaftliche Revolution des 17. Jahrhunderts, die einen neuen Zugang zur Erkenntnis der Welt eröffnete. Schon Hobbes' politische Philosophie ist von der cartesischen Revolution geprägt; aber auch wenn in seinem Ansatz Normativität und Deskriptivität letztlich koinzidieren, kann man ihn nicht einen Soziologen nennen, weil er ausschließlich am neuzeitlichen Staat interessiert ist. Derjenige, der als erster eine Wissenschaft von der Gesellschaft als Ergänzung der Wissenschaft von der Natur und der Wissenschaft von der Seele konzipiert und in erstaunlicher Vollendung ausgearbeitet hat, ist Giambattista Vico gewesen, von seiner Ausbildung her – wie viele Soziologen – ein Jurist mit philologischen und philosophischen Interessen.[9] Seine „Principj di una scienza nuova d'intorno alla communa natura delle nazioni" von 1725 (1730 in einer zweiten, stark veränderten Auflage erschienen) verstehen sich als Komplement der „Philosophiae naturalis principia mathematica" von Newton, dem er sein Werk in der Hoffnung auf eine Reaktion zusandte – freilich vergeblich, wie überhaupt eine umfassende außeritalienische Rezeption Vicos erst im 19. Jahrhundert einsetzt: Die Originalität seiner Ideen ebenso wie die Komplexität des Stils seines auf italienisch verfaßten Werkes überforderten seine Zeitgenossen, und das archaische Gewand, in das er seine Gedanken kleidete, machte es leicht, ihn zu unterschätzen. Das wissenschaftstheoretische Modell, das Vicos Entwurf zugrunde liegt, ist eine eigenwillige Verbindung von Platonismus und Spinozismus (bzw. Leibnizianismus, weil Vico in den Gesetzen der sozialen Welt und ihrer geschichtlichen Entwicklung ein Maximum an Ordnung und Güte Gottes erkennen will[10]). Einerseits teilt Vico das Pathos Spinozas, daß eine Erkenntnis der Wirklichkeit eine Erkenntnis Gottes teils voraussetze, teils vollende, daß also die Wissenschaft in einer rationalen Theologie gründen müsse, und er eifert, wenn auch recht hilflos, im zweiten Abschnitt des ersten Buches Spinozas axiomatisch-deduktiver Methode nach. Andererseits will Vico Spinoza insofern überbieten, als für ihn eine Erforschung der beiden Attribute Extension und Denken durch die Naturwissenschaft und durch die Psychologie die Manifestation Gottes in der Wirklichkeit nicht vollständig erfaßt. In der Sprache Spinozas ließe sich sagen, daß Vico ein drittes Attribut Gottes im Auge hat – die Welt der Nationen –, dem eine dritte Wissenschaft entsprechen müsse, eben die neue Wissenschaft, die er als rationale politische Theologie der göttlichen Vorsehung konzipiert und die die späteren Sozial- und Geisteswissenschaften übergreift.[11] Aufgrund des verum-factum-Prinzips geht Vico sogar davon aus, daß die Erkenntnisgewißheit in seiner neuen Wissenschaft höher sei als in den Naturwissenschaften – denn die Menschen hätten die soziale Welt, aber nicht die Natur hervorgebracht.[12] Damit steht nicht im Widerspruch, daß nach Vico die Sozial- und Geisteswissenschaften notwendig erst nach den Naturwissenschaften ausgebildet wurden – denn die Selbsterkenntnis sei komplexer als die Erkenntnis der Außenwelt, was man daran sehe, daß man eines Spiegels bedürfe, um sich selbst zu betrachten.[13]

Wurde oben gesagt, daß eine Voraussetzung für das Entstehen der Soziologie die Erfahrung vielfältiger Gesellschaftsformationen ist, so kann man grundsätzlich zwei Möglichkeiten einer solchen Erfahrung unterscheiden – einerseits gibt es synchrone Vielfalt, andererseits gibt es Vielfalt in der Diachronie. Vico geht von letzterer aus: Seine große Entdeckung ist die Einsicht, daß nicht nur die äußeren Dinge sich wandeln, sondern auch und gerade die Mentalität des Menschen, die jenen äußeren Dingen zugrunde liegt. In seiner bildlichen Sprache redet Vico vom Zeitalter der Götter, der Heroen und der Menschen; und die Erschließung der Logik des Zeitalters der Götter, also des archaischen Menschen, im zweiten und umfangreichsten Buch der „Scienza nuova" ist seine eigentliche Leistung. (Diese Leistung ist auch für die Disziplin der Ästhetik von großer Bedeutung, weil Vico davon ausgeht, daß im Zeitalter der Götter ein poetischer Sinn waltet, der im Zeitalter der Menschen versiegt – mit Vico beginnt jene auch für den Hegelianismus und Marxismus kennzeichnende Einbindung der Ästhetik in die Geschichtsphilosophie.) Die Erkenntnis, daß der Urmensch und noch der Mensch des heroischen Zeitalters anders empfinden, handeln und denken als der moderne Mensch, ist bahnbrechend gewesen (unter anderem, aber nicht nur, weil Vico den Urmenschen als „bestione" bezeichnet und damit lange vor Darwin von weitem auf die Möglichkeit angespielt hat, die menschliche Urgeschichte als Verlängerung der Geschichte der Organismen zu deuten). Es ist für uns, die mit dem Historismus groß geworden sind, gar nicht einfach zu begreifen, welchen Abstraktionsvermögens und welcher Selbstüberwindung es bedurfte, um anzuerkennen, daß das Wertsystem etwa der homerischen Welt grundsätzlich anders ist als dasjenige des 18. Jahrhunderts, aber auch schon des 5. vorchristlichen Jahrhunderts. Gleichzeitig ist bei Vico diese Vielfalt eingebunden in eine strenge Ordnung. Erstens hält Vico den Übergang vom Zeitalter der Götter zum Zeitalter der Heroen und von diesem zum Zeitalter der Menschen für absolut notwendig; die Entwicklungsrichtung ist eindeutig vorgegeben. Das gälte, wenn es unendlich viele Welten gäbe, auch für jede dieser Welten.[14] Zweitens liegen Vico relativistische Konsequenzen fern – zwar hat jede Epoche ihre eigene Logik und damit eine beeindruckende Schlüssigkeit, wenn man sie von innen betrachtet, der derjenige nicht gerecht wird, der eine fremde Kultur bloß nach externen Maßstäben bewertet; aber nichtsdestoweniger ist die Denkform des Zeitalters der Menschen, der das Unternehmen der neuen Wissenschaft entspringt, für Vico zweifelsfrei die richtige. So erkennt Vico einerseits, gleichsam systemtheoretisch, die Notwendigkeit grausamer Strafen oder gar von Menschenopfern innerhalb der archaischen Welt an, die bei ihm nicht idealisiert wird, sondern dem mythischen Goldenen Zeitalter geradezu entgegengesetzt wird[15] und in der nach ihm trotzdem die Vorsehung waltet; er versteht sehr wohl, warum im Zeitalter der Heroen, dessen Grundkategorie die soziale Ungleichheit ist, soziale Reformer aus der Oberschicht von ihren Standesgenossen als Verräter angesehen und beseitigt wurden. Aber er empfindet andererseits tiefes Mitleid für die Opfer jener Welt und große Bewunderung für jene Reformer, die notwendig scheiterten, aber dennoch in einem tieferen Sinne recht hatten, wie etwa Manlius Capitolinus und Agis IV.[16] Sie hatten in einem objektiveren Sinne des Wortes recht, weil die Vernunft des Zeitalters der Menschen in besonderem Maße teilhat an der göttlichen, die die Entwicklung der Geschichte so lenkt, daß am Ende eine Erkenntnis des die Geschichte treibenden Prinzips möglich ist, ja mit Notwendigkeit erfolgt. Es ist das Festhalten an einer absoluten Vernunft, die gleichzeitig in der Geschichte der sozialen Systeme wirkt, die Vicos Entwurf wasserdicht macht gegenüber dem Relativismus. Gegenüber den zeitgenössischen Naturrechtslehrern hebt Vico hervor, daß das Vernunftrecht des 17. Jahrhunderts keine anthropologische Konstante ist, sondern eine sehr lange Genese hat; aber das ändert für ihn nichts an dem absoluten Geltungsanspruch des Vernunftrechts, das von egalitären Idealen bestimmt ist. Dabei sieht Vico durchaus die Ambivalenz des geschichtlichen Wandels: Fortschritten in der Rationalität und in der Gerechtigkeit der sozialen Institutionen entspricht ein „Entzauberungsprozeß", ein Niedergang der Emotionen und jener Mentalität, die alleine wahre Kunst erzeugt.[17] Drittens geht mit Vicos Anerkennung der diachronen Differenz die Weigerung einher, wirkliche synchrone Unterschiede zuzulassen. Alle Kulturen entwickeln sich nach Vico nach demselben triadischen Gesetz, und

die enormen Differenzen, die man etwa zwischen den europäischen und den Indianerkulturen des 18. Jahrhunderts erblickt,
sind nach ihm im wesentlichen allein darauf zurückzuführen, daß
die europäischen Kulturen in ihrer Entwicklung weiter fortge-
schritten sind. Ja, Vico geht davon aus, daß der Weg vom Zeitalter
der Götter zum Zeitalter der Menschen sich auch in derselben
Kultur stets von neuem wiederholt, weil das Zeitalter der Menschen, eben aufgrund des Erschlaffens der nicht-rationalen Bin-
dekräfte einer Gesellschaft, auf die diese unbedingt angewiesen
ist, notwendig kollabiert und somit das Zeitalter der Götter wieder einsetzt. Ausgangspunkt für Vicos These sind seine Analyse
des Übergangs vom spätrömischen Reich zum frühen Mittelalter
und seine Entdeckung von Strukturanalogien zwischen der
frühmittelalterlichen und der frührömischen Geschichte im fünften und letzten Buche seines Hauptwerkes; aber so fazinierend
diese Analyse und diese Entdeckung auch sind, sosehr verfehlt
Vico das Spezifikum der Neuzeit, wenn er in ihr nur eine Wiederholung des Zeitalters der Menschen der Griechen und Römer
sieht. Man kann ihm zwar zugeben, daß die Epoche Platons und
Aristoteles' oder diejenige Ulpians der Moderne nähersteht als
das Frühmittelalter; aber es gibt offenbare Unterschiede – die u. a.
durch das Christentum bedingt sind und die Vico völlig ignoriert,
wenngleich er sich auch sehr darum bemüht, seiner neuen Wissenschaft einen christlichen Anstrich zu geben. Aber christlich ist
bestenfalls die platonisierende Metaphysik, die die Grundlage
seiner Wissenschaft ausmacht (der Begriff der „ewigen idealen
Geschichte" ist eine offenkundige Fortführung der platonischen
Ideen); seine zyklische Geschichtsphilosophie ist viel eher heid-
nisch als christlich.

Ob Montesquieu die „Scienza nuova" gelesen hat oder nicht,
wissen wir nicht – wir wissen nur, daß er auf sie aufmerksam gemacht wurde und vorhatte, das Buch zu kaufen.[18] Aber auch
wenn er in das Buch hineingeschaut hat, wird er wenig damit an-
zufangen gewußt haben. Sosehr beide Autoren das Interesse an
der römischen Geschichte, der Sinn für den inneren Zusammenhang der verschiedenen Faktoren einer Kultur sowie schließlich
die Fähigkeit zum Kulturvergleich verbindet, sosehr trennen sie
einesteils der Stil, andernteils die Denkform. Der schwerfälligen
und schwer lesbaren latinisierenden Syntax Vicos ist die Eleganz

von Montesquieus Französisch geradezu entgegengesetzt, und auch wenn diese Eleganz einer der Gründe war, warum „De l'esprit des lois" von 1748 ein großer europäischer Erfolg wurde, wird man den Verdacht nicht los, daß sich in Vicos gequälter Prosa mehr Originalität verbirgt als bei Montesquieu. Eines wird man bei allem Respekt für Montesquieus Werk sicher festhalten können: Anders als Vico, der tief in die antike und die neuzeitliche Metaphysik und Erkenntnistheorie eingedrungen war, ist Montesquieu kein philosophischer Kopf; wenigstens für die Probleme der theoretischen Philosophie hat er keinen Sinn. Aber er ist ohne Zweifel einer der großen Soziologen. Schon das Buch, das ihn berühmt gemacht hat, die „Lettres persanes" von 1721, ist, obwohl ein Briefroman, Ausdruck der grundlegenden Fähigkeit, die jeder Soziologe besitzen muß – nämlich der Fähigkeit, sich von der eigenen Kultur zu distanzieren und diese gleichsam von außen zu betrachten. Der Reiz des Buches besteht in der – von früheren Vorbildern beeinflußten – Fiktion, daß zwei Europa, insbesondere Frankreich bereisende Perser einander sowie an Freunde zu Hause Briefe über die französischen Zustände schreiben. Ihr Erstaunen über Institutionen, die dem Europäer selbstverständlich erscheinen, ermöglicht deren immer wieder tiefsinnige Kritik, wobei die eigentliche Leistung Montesquieus daran erkennbar ist, daß er die beiden persischen Standesherren keineswegs idealisiert – die Handlung endet mit dem Selbstmord von Usbeks Lieblingsfrau Roxane, die sich mit ihrer Unterdrückung im Harem in Isphahan nicht abfinden kann. Daher bleibt es bei Montesquieu offen, wieweit die persische Kritik an den europäischen Zuständen außereuropäischer Borniertheit, wieweit sie jener Naivität entspringt, die allein zu erkennen vermag, daß der Kaiser nackt ist – dieses Urteil muß der Leser selbst auf eigene Verantwortung fällen. – Während die „Considérations sur les causes de la grandeur des Romains et de leur décadence" von 1734 ähnlich Machiavellis „Discorsi sopra la prima deca di Tito Livio" eine Analyse der römischen Geschichte bieten, die die einzelnen Faktoren politischer Systeme und politischer Veränderungen zu eruieren sucht, aber anders als Vico nicht von einer grundsätzlichen Andersheit der Denkweise in der römischen Frühgeschichte ausgeht, ist es die synchrone Differenz der Kulturen, die Montesquieu in seinem Hauptwerk studiert. Ebensowenig wie Hobbes, Spinoza oder Vico unterscheidet Montesquieu zwischen einem deskriptiven und einem normativen Gesetzesbegriff; allerdings stellt er fest, daß die Gesetze der intelligenten Welt nicht in gleichem Maße befolgt werden wie die Gesetze der physischen Welt.[19] Sein eigentliches Anliegen ist es, die Gesetze – und das heißt „les rapports nécessaires qui dérivent de la nature des choses" – der drei grundlegenden Regierungsformen zu entdecken, nämlich der republikanischen (zu der Montesquieu sowohl die demokratische als auch die aristokratische zählt), der monarchischen und der despotischen. Montesquieu geht davon aus, daß jedes dieser politischen Systeme ein unterschiedliches Prinzip hat (die Tugend, die Mäßigung, die Ehre bzw. die Furcht) und daß es mit Notwendigkeit unterschiedliche Gesetze in den diversen Bereichen hervorbringt wie Zivil-, Straf- und Staatsrecht. Die Fülle an Einzelanalysen, die der inneren Verbindung der verschiedenen Gesetze in den unterschiedlichsten gesellschaftlichen Formationen gelten, ist überwältigend, und auch wenn manche der von Montesquieu behaupteten Kausalzusammenhänge nicht überzeugen (ich denke besonders an die Klimatheorie im dritten Teil von „De l'esprit des lois"), läßt sich gewiß sagen, daß Montesquieu im vierten Teil seines Werkes die Wirtschaftssoziologie (die Vico kaum interessierte) und im fünften die Religionssoziologie wenn nicht begründet, so doch erstmals auf eine empirisch abgesicherte Basis gestellt hat.

In welchem Sinne läßt sich nun sagen, daß Montesquieu moderner ist als Vico? Ich habe schon angedeutet, daß Vico vornehmlich diachrone, Montesquieu hauptsächlich[20] synchrone Differenzen betrachtet – was sicher auch mit der Lebensform beider zusammenhängt: Der Aristokrat Montesquieu konnte es sich leisten, ganz Europa zu bereisen, während der aus einfachen Verhältnissen stammende Vico, der Süditalien nie verließ, sich damit begnügen mußte, eine lange geistige Reise in die Abgründe der Seele des archaischen Menschen anzutreten. Daß er dabei eine Fremdheit entdeckte, die weit über diejenige der orientalischen Despotien hinausging, die Montesquieu seit den „Lettres persanes" faszinierten und die im „Esprit des lois" das Gegenbild zum Ideal der konstitutionellen Monarchie Großbritanniens ausmachen, begründet die größere Originalität Vicos. Aber in einem Punkte ist Vico eindeutig monistischer als Montesquieu: Er ist der

137

Ansicht, daß alle Kulturen, und zwar endogen, den Weg ins Zeitalter der Menschen gehen werden. Eine solche Erwartung liegt Montesquieu völlig fern, auch wenn er, anders als Vico, im Zusammenhang seiner Universalgeschichte des Handels die Tatsache thematisiert, daß sich im 18. Jahrhundert die europäische Macht über den ganzen Globus auszubreiten beginnt[21] – was die Frage nach einer möglichen Angleichung aller Kulturen nahelegt. Aber selbst wenn Montesquieu diese Frage bejaht hätte, so hätte er doch sicher auf den exogenen Ursprung dieses Prozesses verwiesen, während Vico über keine Theorie der Interaktionen zwischen den einzelnen Kulturen verfügt. Immerhin hat Vico aufgrund seiner These einer parallelen und doch unbeeinflußten Entwicklung, die auf typologischer und nicht genealogischer Verwandtschaft beruht, z.B. eine Verallgemeinerung des Feudalismusbegriffs vorgeschlagen (im zweiten Kapitel des fünften Buches), während Montesquieu in seiner gründlichen Analyse des fränkischen Feudalrechts, mit der sein Werk schließt, die Einzigartigkeit des abendländischen Feudalismus hervorhebt.[22] Aber auch wenn Montesquieu darin irrt, ist doch Vicos Übergeneralisierung, die später im Marxismus wiederholt wurde, nicht minder fehlerhaft. Der zweite bedeutende Unterschied besteht in Montesquieus Interesse an einem, wie man sagen könnte, System bedingter Gebote für die von ihm analysierten gesellschaftlichen Formationen. Montesquieu erkennt, daß zahlreiche der moralischen Normen, die im Abendland selbstverständlich sind, z.B. innerhalb einer orientalischen Despotie nicht verwirklicht werden können, ohne zum Zusammenbruch der sozialen Ordnung zu führen. Um ein krasses Beispiel anzuführen: Da es in der Despotie anders als in der konstitutionellen Monarchie keine klare Thronfolgeregelung gibt, liegt es in der Natur der Sache, daß derjenige Sohn des verstorbenen Herrschers, der schließlich die Macht ergreift, mit seinen Brüdern, die sonst Thronprätendenten blieben, recht gewaltsam umgeht. „Chaque prince de la famille royale ayant une égale capacité pour être élu, il arrive que celui qui monte sur le trône fait d'abord étrangler ses frères, comme en Turquie; ou les fait aveugler, comme en Perse; ou les rend fous, comme chez le Mogol: ou, si l'on ne prend point ces précautions, comme à Maroc, chaque vacance de trône est suivie d'une affreuse guerre civile."[23] Ein anderes, für uns weniger krasses, aber für die

christlichen Ohren seiner Zeitgenossen vielleicht noch ärgerliche-
res Beispiel sind Montesquieus Ausführungen über die Polygamie. Selbst die etwa in Tibet belegte Polyandrie versucht er damit
zu erklären, daß dort aufgrund der klimatischen Bedingungen
mehr Jungen als Mädchen geboren würden.[24] Zwar fügt er ausdrücklich hinzu, das Mißverhältnis in den Zahlen beider Ge-
schlechter sei nicht so groß, daß es eine Abweichung von der Monogamie erzwinge – „cela veut dire seulement que la pluralité des
femmes, ou même la pluralité des hommes, s'éloigne moins de la
nature dans de certains pays que dans d'autres. ... Dans tout ceci,
je ne justifie pas les usages; mais j'en rends les raisons". Aber das
hat ihn nicht vor heftigen Angriffen von kirchlicher Seite bewahrt, die schließlich dazu führten, daß sein Hauptwerk 1751 auf
den *Index librorum prohibitorum* gesetzt wurde. 1750 setzte er
sich in der „Défense de l'esprit des lois" mit jenen Angriffen auseinander, und zwar in einer Weise, die d'Alembert in seinem
„Éloge de Monsieur de Montesquieu" zu Recht aufs höchste lob-
te: „Cet ouvrage, par la modération, la vérité, la finesse de
plaisanterie qui y règnent, doit être regardé comme un modèle en
ce genre. M. de Montesquieu, chargé par son adversaire d'impu-
tations atroces, pouvait le rendre odieux sans peine; il fit mieux, il
le rendit ridicule."[25] Aber auch wenn die Kritiker Montesquieus
in seiner Metakritik lächerlich werden, haben sie durchaus ein
Problem erkannt – der soziologische Institutionenvergleich
scheint eine Relativierung der eigenen Institutionen zu implizie-
ren. Montesquieu denkt sich in die Logik fremder Religionen
hinein, und er versucht, sie aus einzelnen Faktoren der anderen
Kultur zu erklären – das aber schien den Zeitgenossen eine Zurückweisung des Absolutheitsanspruchs des Christentums zu
sein.[26] Montesquieu argumentiert zu seiner Verteidigung dahingehend, daß es zwischen dem intrinsischen Wert einer Institution
und dem Wert ihrer Konsequenzen zu unterscheiden gelte. So sei
die Polygamie „une affaire de calcul ..., quand on veut savoir si
elle est plus ou moins pernicieuse dans de certains climats, dans de
certains pays, dans de certaines circonstances que dans d'autres:
elle n'est point une affaire de calcul, quand on doit décider si elle
est bonne ou mauvaise par elle-meme."[27] Montesquieu beharrt
darauf, daß er Christ sei, aber er lasse sich sein Interesse für die
kausalen Zusammenhänge in der sozialen Welt deswegen nicht

nehmen: „Il répondra qu'il est chrétien, mais qu'il n'est point im-
bécile; qu'il adore ces vérités, mais qu'il ne veut point mettre à
tort et à travers toutes les vérités qu'il croit."[28] Es wäre völlig irreführend, wenn man dieses Bekenntnis zu einem intelligenten
Christentum für ein strategisches Manöver hielte. Montesquieu
war ohne Zweifel ein Christ, aber ein Christ mit einem starken
Interesse an der rationalen Theologie, und das heißt u.a., daß er
manches an den christlichen Traditionen für unsinnig und re-
formbedürftig hielt, weil es nur unter bestimmten geschichtlichen
Bedingungen Sinn gab, aber nicht unter allen. Die Verabsolutierung von nur relativ Gültigem sah er als Gefahr für die Religion:
„Dans les lois qui concernent les pratiques de culte, il faut peu de
détails; par exemple, des mortifications, et non pas une certaine
mortification. Le christianisme est plein de bon sens: l'abstinence
est de droit divin; mais une abstinence particulière est de droit de
police, et on peut la changer."[29] Aber das ändert nichts daran, daß
er von der Überlegenheit der christlichen Welt gegenüber den orientalischen Despotien völlig überzeugt war. Montesquieu ist deswegen kein Relativist, weil er sich nicht damit begnügt, Systeme
bedingter Gebote für die einzelnen Regierungsformen zu entwerfen; er bewertet eindeutig den moralischen Gehalt der jeweiligen
Prinzipien der einzelnen Regierungsformen. So ist es für ihn offenkundig, daß die Furcht das niedrigste der Prinzipien und daher
die Despotie die schlechteste aller Staatsformen ist; und einer,
wenn auch nicht der einzige der Gründe für die Überlegenheit des
Christentums ist nach ihm, daß diese Religion aufgrund der Moral des Evangeliums eher politische Mäßigung fördere und den
Despotismus verhindere als der Islam.[30] Allerdings scheint er
hinsichtlich der zwei anderen Staatsformen keine eindeutige Prä-
ferenz zu haben, sondern der Ansicht zu sein, daß je nach Größe
des Staatsgebietes und der gerade dominierenden christlichen
Konfession eine Monarchie oder eine Republik sinnvoller sei.[31]
Ferner gibt sich Montesquieu darüber Rechenschaft, daß für eine
Verfassung ein bestimmter Volksgeist erforderlich ist; freilich sind
es nach ihm nicht nur die Sitten, die die Gesetze beeinflussen,[32]
sondern auch die Gesetze, die die Sitten prägen. Mit der Analyse
des englischen Volksgeistes, den er als Ausfluß jener Verfassung
deutet, die unter den Bedingungen der Neuzeit seines Erachtens
am besten gelungen ist,[33] endet der zweite Teil seines Werkes.[34]

Während Vicos und Montesquieus Frömmigkeit in ihrer – bei dem ersten expliziten, bei dem zweiten mehr impliziten – Konzeption der rationalen Theologie gründet, ist Alexis de Tocquevilles Religiosität von unvergleichlich größerer emotionaler Kraft. Der dem abstrakten Rationalismus entsprungene Terror der Französischen Revolution, dem ein großer Teil seiner aristokratischen Familie zum Opfer fiel, hat schon bei dem jungen Tocqueville ein tiefes Mißtrauen gegenüber dem Menschen und eine innere Distanz vom geschichtsphilosophischen Optimismus erzeugt, dem zwar nicht Vico, aber doch die größere Hälfte des 18. Jahrhunderts huldigte (etwa Condorcet, obgleich er selbst Opfer der Französischen Revolution wurde). Eine eigenwillige Melancholie kennzeichnet Tocquevilles Werk und hebt es wohltuend vom triumphalistischen Optimismus des späten 19. Jahrhunderts ab, in dem es fast ganz vergessen wurde; erst die Katastrophe zweier Totalitarismen hat in der zweiten Hälfte des 20. Jahrhunderts das Interesse an Tocqueville wieder geweckt. Es ist offenkundig, daß für Tocqueville Montesquieu das prägende Vorbild ist. Wie Montesquieu, ja mehr noch als diesen fasziniert ihn innerhalb der sozialen Welt die politische Dimension, und von allen politischen Kulturen zieht auch ihn am meisten die angelsächsische an. Allerdings sind es die Vereinigten Staaten von Amerika, und nicht Großbritannien, die er am gründlichsten studiert hat. „De la démocratie an Amérique" von 1835 und 1840 unterscheidet sich von Vicos und Montesquieus Entwürfen dadurch, daß nicht mehr ein Vollständigkeit erstrebendes Panorama der ganzen sozialen Welt geboten werden soll; Tocqueville begrenzt sich, ganz im Sinne der nun entstehenden empirischen Wissenschaften von der sozialen Welt, auf einen einzigen Gegenstand. Allerdings beherrscht er erstens noch nicht die statistischen Methoden, die etwa gleichzeitig von L. A. J. Quetelet begründet wurden, und sein philosophischer Sinn manifestiert sich zweitens darin, daß er einen Gegenstand auswählt, an dem Grundsätzliches deutlich gemacht werden kann. (Dasselbe gilt natürlich auch für sein späteres Buch „L'Ancien Régime et la Révolution".) Ist Vico primär an archaischer Vergangenheit, Montesquieu an den zeitgenössischen Differenzen zwischen Orient und Abendland interessiert, geht es Tocqueville eigentlich um die Zukunft (weswegen man ihn wie Vico zu den Soziologen der diachronen und nicht der synchronen

Differenz rechnen sollte). Für Tocqueville nämlich sind die USA das Land der Zukunft; und man kann auf ihre Analyse teils Prognosen über die Zukunft Europas gründen, teils normative Lehren ziehen über das, was man tun, und das, was man vermeiden sollte. Denn darin kommt Tocqueville mit Vico und Montesquieu überein, daß er ständig Stellung bezieht; sowohl staatsrechtliche Institutionen als auch die gesellschaftlichen Konsequenzen der neuen Regierungsform werden keineswegs nur beschrieben, sondern deutlich bewertet. Auch wenn Tocqueville über keine theologisch begründete Wissenschaftstheorie à la Spinoza, Leibniz und Vico verfügt, hat er keine Schwierigkeiten, vom Gang der göttlichen Vorsehung in der Geschichte zu sprechen. So wie die Naturgesetze Ausdruck des Willens Gottes seien, so erkenne man in geschichtlichen Entwicklungstendenzen, die über einen langen Zeitraum andauerten, seinen Fingerzeig, ohne einer expliziten Offenbarung zu bedürfen. „Il n'est pas nécessaire que Dieu parle lui-même pour que nous découvrions des signes certains de sa volonté; il suffit d'examiner quelle est la marche habituelle de la nature et la tendance continue des évènements; je sais, sans que le Créateur élève la voix, que les astres suivent dans l'espace les courbes que son doigt a tracées", heißt es in der „Introduction"[35]. Allerdings ist Tocqueville wesentlich skeptischer als Vico hinsichtlich der Erkennbarkeit der göttlichen Vorsehung, aber diese Skepsis gründet in einem Mißtrauen gegenüber den eigenen geistigen Kräften, keineswegs in einem Zweifel an der moralischen Substanz Gottes. „Penserai-je que le Créateur a fait l'homme pour le laisser se débattre sans fin au milieu des misères intellectuelles qui nous entourent? Je ne saurais le croire: Dieu prépare aux sociétés européennes un avenir plus fixe et plus calme; j'ignore ses desseins, mais je ne cesserai pas d'y croire parce que je ne puis les pénétrer, et j'aimerai mieux douter de mes lumières que de sa justice."[36] Jedenfalls wird aus diesen Stellen ersichtlich, warum man Tocqueville mit Vico und Montesquieu zusammennehmen muß – auch seine Theorie ist ein Ausläufer der politischen Theologie der göttlichen Vorsehung, die Vico entworfen hatte, auch wenn das metaphysische Fundament brüchig geworden ist, auf dem sie ursprünglich ruhte. Aber zumindest ein religiöser Schrecken ist als Ausgangspunkt der politischen Soziologie Tocquevilles geblieben: „Le livre entier qu'on va lire a été écrit sous l'impression d'une sorte de terreur religieuse produite dans l'âme de l'auteur par la vue de cette révolution irrésistible qui marche depuis tant de siècles à travers tous les obstacles, et qu'on voit encore aujourd'hui s'avancer au milieu des ruines qu'elle a faites."[37] Zwar verschwindet im Zusammenhang mit den Detailanalysen der US-amerikanischen Verfassung der Verweis auf die göttliche Vorsehung wieder; aber das Wort „Providence" erscheint im letzten Satz des ersten Bandes erneut, dort, wo Tocqueville jenen Zeitpunkt vorhersagt, in dem das Schicksal des Globus zur Hälfte in den Händen der USA, zur Hälfte in den Händen Rußlands liegen werde[38] – ein Zeitpunkt, der 1945 in der Tat eingetreten ist, aber heute schon wieder überholt ist.

Aber es ist nicht nur die geringere Klarheit in der Theorie der Vorsehung, die Tocquevilles größere Modernität begründet. Seine größere Modernität ergibt sich vielmehr daraus, daß seine Wertungen durch eine qualvolle Unsicherheit ausgezeichnet sind. Sicher hatte schon Vico auf den Preis verwiesen, den die Durchsetzung des Zeitalters des Menschen kostet – die größere soziale Gerechtigkeit geht auf Kosten dichterischer Inspiration, emotionaler Herzlichkeit und heroischer Tugenden. Aber der Sohn eines armen Buchhändlers ließ keinen Zweifel daran, daß das Zeitalter der Menschen dem wahren Gott der einen Vernunft näher sei als das Zeitalter der Götter. Die Vorbehalte des französischen Aristokraten gegenüber der modernen Massendemokratie, die Vico zum Zeitalter der Menschen gerechnet hätte, sitzen hingegen tief. Zwar ist Tocqueville voller aufrichtiger Bewunderung für die Vereinigten Staaten und ihre Verfassung: Er erkennt zu Recht, daß die der Demokratie inhärente Gefahr der Tyrannei der Mehrheit über die Minderheit durch Mechanismen der Gewaltenteilung behoben sei, von denen Europa nur lernen könne. Die USA seien vorbildlich als liberale Demokratie, während nichts garantiere, daß innerhalb des weiteren Demokratisierungsprozesses in Europa die Demokratie sich mit dem Prinzip der Achtung vor den Grundrechten des Individuums verbinde und nicht in den Despotismus umschlage. Aber trotz aller Vorzüge der US-amerikanischen Verfassung, die Tocqueville im ersten Band seines Werkes analysiert, seien mit der demokratischen Staatsform Umbrüche in der Mentalität der Menschen verbunden, die Tocqueville nicht geheuer sind und die das Thema des zweiten Bandes bilden, der von den

Einflüssen der Demokratie auf die Art der Intellektualität, der Gefühle und schließlich der Sitten im engeren Sinne, also der Beziehungen zwischen den Menschen, sowie umgekehrt von dem Einfluß dieser auf die Politie handelt. Ich will mich mit drei Beispielen begnügen, die ich jeweils den ersten drei Teilen entnehme. In dem Kapitel I xiv „De l'industrie littéraire" analysiert Tocqueville die Folgen der Ausbreitung und Universalisierung literarischer Interessen, die mit der Demokratie notwendig verbunden ist. Schon der Titel des Kapitels deutet an, daß Tocquevilles Einstellung gegenüber dem neuen Kulturbetrieb ambivalent ist: Nicht nur interessieren sich nun industrielle Klassen für die Literatur, sondern umgekehrt dringt nun auch der industrielle Geist in die Literatur ein. Nur außerordentliche Anstrengungen könnten in einer aristokratischen Gesellschaft einen literarischen Erfolg begründen, weil es nur wenige und anspruchsvolle Leser gebe; in einer Demokratie könne man dagegen sehr viel verdienen, wenn man dem Geschmack der Massen schmeichle, die ihre populären Autoren dabei keineswegs zu achten brauche. „Les littératures démocratiques fourmillent toujours de ces auteurs qui n'aperçoivent dans les lettres qu'une industrie, et, pour quelques grands écrivains qu'on y voit, on y compte par milliers des vendeurs d'idées.[39] Ein zweites Beispiel betrifft das neue Phänomen des Individualismus, das Tocqueville scharf vom Egoismus unterscheidet (II ii). Dieser sei so alt wie die Welt, während jener in einer Tendenz des modernen Menschen bestehe, sich aus dem öffentlichen Leben herauszureflektieren und sich auf seine Familie und seine Freunde zurückzuziehen. Während die Aristokratie auf der Anerkennung der generationenübergreifenden Institution der Familie basierte, ist in der Massendemokratie jeder auf sich selbst geworfen; man träumt davon, sich der Sache der Menschheit zu widmen, aber man opfert sich nicht mehr, wie in der aristokratischen Gesellschaft, für einzelne Menschen. „Ainsi, non seulement la démocratie fait oublier à chaque homme ses aïeux, mais elle lui cache ses descendants et le sépare de ses contemporains; elle le ramène sans cesse vers lui seul et menace de le renfermer enfin tout entier dans la solitude de son propre cœur."[40] Dies zeige sich etwa an der Beziehung zwischen Herr und Diener (III v). In der Aristokratie gebe es unverrückbare Abhängigkeiten, aber umgekehrt oft auch eine Identifikation des Dieners mit der Welt seines

Herrn, die es ihm leichter mache, seine untergeordnete Stellung zu ertragen; ja, manchmal sei er noch stolzer auf den Reichtum seines Herren als dieser selbst – was gleichzeitig rührend und lächerlich sei.[41] In der Demokratie dagegen sei es allein der Vertrag, der eine temporäre Ungleichheit begründe – aber auf der Grundlage einer fundamentalen Gleichheit, die auch innerhalb der Gruppe der Diener bestehe. Der Herr erwarte vom Diener nur eine Erfüllung der Vertragspflichten, weder Anhänglichkeit noch auch nur Respekt. Bezeichnend an diesem Kapitel ist es, daß Tocqueville es völlig offen läßt, welcher der beiden Typen von Beziehung besser ist – auch wenn ihm *dies* eindeutig erscheint, daß der Übergangszustand zwischen beiden am schlimmsten ist, weil beide Parteien nicht mehr wissen, was sie dürfen und was sie sollen. Aber die stabilen Zustände haben beide ihre, obzwar unterschiedene Ordnung. „Je n'ai point ici à rechercher si cet état nouveau que je viens de décrire est inferieur à celui qui l'a précédé, ou si seulement il est autre. Il me suffit qu'il soit réglé et fixe; car ce qu'il importe le plus de rencontrer parmi les hommes, ce n'est pas un certain ordre, c'est l'ordre."[42] Die Stelle ist deswegen interessant, weil sich hier Tocqueville zu einer Position bekennt, die hinsichtlich der Sitten das genaue Pendant des Rechtspositivismus ist. Und er tut das deswegen, weil er sich in dieser Frage, anders etwa als mit Bezug auf den Individualismus, zu einer Wertung nicht durchzuringen vermag. Der feinsinnige Mensch, der er offenbar war, kann nicht zugeben, daß die auf Dauer gestellten Ungleichheiten der aristokratischen Welt besser seien als die temporären Anstellungsverhältnisse; aber gerade weil er als feinsinniger Mensch mit seinen Dienern verantwortungsvoll umging, kann er auch nicht ohne weiteres die Überlegenheit einer Gesellschaft einräumen, in der allein der Markt über Unterordnungsverhältnisse entscheidet. Diese Verlegenheit wird im achten und letzten Kapitel des vierten Teils des zweiten Buches noch einmal explizit artikuliert. Im Laufe des zweiten Bandes hat sich immer mehr Unbehagen an der Massendemokratie angesammelt, aber Tocqueville erkennt gleichzeitig an, daß das Gleichheitsprinzip, das ihr zugrunde liegt, letztlich alle anderen Nachteile aufwiege, ja das sei, was vom Standpunkte Gottes aus eigentlich zähle. Sicher führe die Demokratie zur Abstumpfung von Extremen, zur Überwindung von großen Lastern wie von großen Tugenden und zur Ausbreitung einer allgemeinen Durchschnittlichkeit, was für einen irdischen Betrachter, der in der aristokratischen Welt der Ungleichheiten immer auf die Privilegierten geblickt habe, wenig erfreulich sei. Aber Tocqueville räumt ein, daß der Blick des irdischen Betrachters selektiv gewesen sei, weil er von den Unterprivilegierten abgesehen habe, und daß dies nicht der Blickpunkt Gottes sein könne. „Il est naturel de croire que ce qui satisfait le plus les regards de ce créateur et de ce conservateur des hommes, ce n'est point la prospérité singulière de quelques-uns, mais le plus grand bien-être de tous: ce qui me semble une décadence est donc à ses yeux un progrès; ce qui me blesse lui agrée. L'égalité est moins élevée peut-être; mais elle est plus juste, et sa justice fait sa grandeur et sa beauté." Und er fügt hinzu: „Je m'efforce de pénétrer dans ce point de vue de Dieu, et c'est de là que je cherche à considérer et à juger les choses humaines." Es ist dieses Bemühen, den Standpunkt Gottes einzunehmen, das Tocqueville radikal von den späteren wertfreien Soziologen unterscheidet. Aber seine Position leitet insofern zu ihnen über, als seine Vision der sozialen Welt und ihrer geschichtlichen Entwicklung tragisch ist: Der Triumph der Gerechtigkeit geht auf Kosten so vieler anderer Werte, daß derjenige, der wie Tocqueville diese Werte in seiner Kindheit aufgesogen hatte, sich an ihm nicht recht zu erfreuen vermag. Ja, ein neu aufkeimender grundsätzlicher Zweifel, ob der neue Zustand wirklich besser sei, beschließt das Werk. Tocqueville äußert in diesem Zusammenhang nicht nur die schon von Vico und Montesquieu her vertraute systemtheoretische Einsicht, daß die aristokratischen Tugenden in einer demokratischen Gesellschaft keinen Halt und keine Funktion mehr haben; er antizipiert vielmehr die Inkommensurabilitätsthese, nach der es keinen übergreifenden Maßstab gibt, um unterschiedliche Gesellschaftsformationen zu vergleichen, so daß Werturteile immer nur relativ auf ein gegebenes soziales System möglich sind. Er spricht von „deux humanités distinctes" und schreibt: „Il faut donc bien prendre garde de juger les sociétés qui naissent avec les idées qu'on a puisées dans celles qui ne sont plus. Cela serait injuste, car ces sociétés, différant prodigieusement entre elles, sont incomparables."[43] Freilich spielt Tocqueville nur mit diesem Gedanken; es ist sein Glauben an Gott, der ihn davor bewahrt, in den Relativismus zu verfallen. Wo dieser Glauben oder sein funktionales Äquivalent aufgegeben wird, ist eine normative Kommunikation zwischen den sozialen Systemen schwer vorstellbar.

II.

Bevor wir uns denjenigen Soziologen zuwenden, die jenen Glauben verloren haben, will ich mich sehr rasch mit zwei Denkern auseinandersetzen, die insofern in der Mitte zwischen beiden Gruppen stehen, als sie den metaphysisch-theologischen Rahmen der ersten Soziologen aufgeben und doch gleichzeitig an absoluten, die sozialen Systeme übergreifenden Wertmaßstäben festhalten. Es handelt sich um Auguste Comte und Karl Marx; den ihnen in der Denkform, wenn auch nicht in den politischen Optionen nahestehenden Herbert Spencer muß ich ignorieren, obwohl er unter anderem wegen seiner Beziehungen zu Darwin interessant ist (der im übrigen ebenfalls in die Mitte einzuordnen ist zwischen jenen von Aristoteles beeinflußten Morphologen, die in den Organismen einen Ausdruck werthafter Schönheit erkannten, und den Neodarwinisten, die sich von jeder Bewertung etwa des Evolutionsprozesses verabschiedet haben). Zwar sind Comte und Marx als Persönlichkeiten ebenso wie in ihren gesellschaftspolitischen Ansichten denkbar verschieden voneinander (der mit vielen Lastern der bürgerlichen Welt ausgestattete Marx wollte die Revolution, während der fast mönchische Asket Comte die bestehende Ordnung reformieren, aber in ihrer Substanz aufrechterhalten wollte); zwar hat die von Comte in allen Details entworfene positivistische Religion kaum Geschichte gemacht (allerdings in Lateinamerika einen gewissen Einfluß ausgeübt – man denke an die brasilianische Flagge), während die sowjetische Säkularreligion, die nicht von Marx ausgearbeitet wurde, aber ihn doch als Heiligen benutzte, das 20. Jahrhundert entscheidend prägte. Und dennoch gibt es eine wesentliche Gemeinsamkeit beider: Sie haben mit großem Pathos eine immanentistische Weltanschauung ausgearbeitet, innerhalb deren die Soziologie eine zentrale Rolle spielt, und gleichzeitig den Anspruch erhoben, auf ihrer Grundlage alle normativen Fragen zu lösen. Auch wenn ihr Anspruch noch im 19. Jahrhundert einer vernichtenden Kritik unterworfen wurde und Durkheim und Weber mit ihm gebrochen, Pareto über ihn

Hohn und Spott ausgegossen hat, ist es dieser Anspruch, der auf Teile der Öffentlichkeit und auf Generationen von Soziologiestudenten bis in die 1970er Jahre einen fast religiösen Reiz ausgeübt hat. Die Rätsel der Welt und der individuellen und kollektiven Lebensführung sollten nicht mehr durch Religion und Theologie, sondern durch eine neue Wissenschaft namens Soziologie gelöst werden.

Es ist Comte, der diesen Namen geprägt hat. Sein Versuch, nach dem Verlust seines religiösen Glaubens eine, wie er meinte, rationale Weltanschauung zu entwickeln, die zugleich die Gesellschaft politisch stabilisieren könne, fand Ausdruck in seinem enzyklopädischen Projekt, das das Wissen seiner Zeit zu ordnen und zu sammeln versuchte, dem „Cours de philosophie positive". Während Hegel in seiner „Encyklopädie der philosophischen Wissenschaften" freilich die Grundbegriffe und Grundannahmen der Einzelwissenschaften zu prinzipiieren versucht, begnügt sich Comte größerenteils mit der Wiedergabe der Ergebnisse der Wissenschaften; daher ist sein Œuvre philosophisch wesentlich weniger interessant als das Hegelsche. Wie teilt Comte die Wissenschaften ein? Nach ihm gibt es sechs Grundwissenschaften, nämlich Mathematik, Astronomie, Physik, Chemie, Physiologie und soziale Physik oder Soziologie. Es fällt auf, daß in diesem System weder eine Erste Philosophie (Metaphysik oder rationale Theologie) noch eine Psychologie figurieren. Das erste ergibt sich daraus, daß Comte Metaphysik und Theologie überwinden will (und auch seine erkenntnistheoretischen Bedürfnisse sind bescheiden, da ihm der gesunde Menschenverstand als Grundlage der Wissenschaften auszureichen scheint); das zweite hat damit zu tun, daß die damalige französische Psychologie im wesentlichen auf der Methode der Introspektion gründete, die Comte für unwissenschaftlich hält. Jedenfalls fehlen in diesem System Gott und die einzelne Person. Sein philosophisches Programm hat Comte am bündigsten im „Discours sur l'esprit positif" (von 1844) zusammengefaßt. Er beginnt diese Eröffnungsrede zu seinem populären Jahreskurs über Astronomie mit der Skizzierung seines Dreistadiengesetzes, nach dem die Geschichte der Menschheit zuerst das theologische, dann das metaphysische und schließlich das positive Stadium durchlaufe – eines Gesetzes, das er neben seiner Einordnung der Einzelwissenschaften in ein enzyklopädisches

System für seine wichtigste Leistung hielt. Das theologische Stadium sollte besser „religiöses Stadium" heißen, weil es in ihm nicht zu wissenschaftlicher Reflexion über die Götter kommt; es zerfällt in die drei Phasen des Fetischismus, Polytheismus und Monotheismus, die Comte auch den drei Rassen zuordnet. Formal erinnert dieses Dreistadiengesetz an Vicos Theorie von den drei Zeitaltern (und in der Tat hat Vico mit Montesquieu Eingang in den Positivistischen Kalender gefunden,[44] auf den ich noch kurz zu sprechen kommen werde). Aber die inhaltlichen Unterschiede sind beträchtlich. Erstens fehlt die zyklische Einbindung der drei Stadien – was einerseits ein Vorteil ist, andererseits auch bedeutet, daß Comtes Bewußtsein von den den Fortschritt bedrohenden Gefahren unterentwickelt ist. Zweitens wird das metaphysische Denken in das zweite, zu überwindende Stadium versetzt, während es nach Vico den Kern des Vernunftbegriffs des Zeitalters der Menschen ausmacht. Drittens avanciert zum dritten Stadium eine Epoche, die nach Comte zwar in den exakten Naturwissenschaften schon seit einigen Jahrhunderten besteht, aber in der Soziologie erst noch ihrer Entfaltung bedarf. Während Vicos Zeitalter der Menschen schon in der Blütezeit der griechischen Philosophie ausgeprägt war, ist Comtes drittes Stadium zu gutem Teil eine Aufgabe der Zukunft – und bei der Gestaltung der Zukunft dieses letzten Stadiums schreibt Comte sich selber eine wichtige Rolle zu. Der philosophische Positivismus ist nach Comte durch die Ablehnung metaphysischer Abstraktionen gekennzeichnet – als fundamentales Sinnkriterium gilt, „que toute proposition qui n'est pas strictement réductible à la simple énonciation d'un fait, ou particulier ou général, ne peut offrir aucun sens réel et intelligible".[45] Der Begriff der Faktizität erreicht somit eine geistesgeschichtlich neue Aufwertung. Man müsse sich mit einer bloßen Annäherung an die Wahrheit begnügen, allerdings die bloße Anhäufung von Fakten ebenso vermeiden wie den Mystizismus; es gehe um die Entdeckung von Gesetzen, die den Fakten zugrunde liegen. Der unhaltbare Begriff Gottes und der vage metaphysische Begriff der Natur müßten durch den Begriff der Menschheit abgelöst werden, der, weil der Mensch ein soziales Wesen sei, notwendig einen sozialen Gesichtspunkt nach sich ziehe.[46] Der Begriff des Ich solle durch den Begriff des Wir ergänzt werden.[47] Es ist hier nicht der Ort, Comtes Wissenschaftstheorie im Detail zu betrachten – sie ignoriert das Induktionsproblem ebenso wie das Verbot des naturalistischen Fehlschlusses; auch lehnt sie die Diskussion der eigenen Prinzipien ab. Kurz, sie ist von einem so naiven Dogmatismus bestimmt, wie er selbst der traditionellen Metaphysik fremd war und wie er nach Hume besonders schwer zu akzeptieren ist. Interessanter sind Comtes geschichtsphilosophische Überlegungen. Sein Ziel ist es – wie schon bei Vico –, die früheren Formen des sozialen Lebens in ihrer Notwendigkeit zu begreifen. Es gehe darum, sich jeder „négation absolue" zu enthalten, „même quand il s'agit des doctrines les plus antipathiques à l'état présent de la raison humaine chez les populations d'élite."[48] Da der Positivismus überall das Absolute der Metaphysik durch das Relative ersetze, könne er den relativen Wert aller, auch der ihm entgegengesetzten Theorien anerkennen.[49] Aber das ändert nichts daran, daß Comte davon überzeugt ist, daß die positivistische Soziologie die für den Menschen endgültige Wahrheit sei und daß sie dazu berufen sei, die Antwort auf die Legitimitätskrise der Moderne zu geben – eine Antwort, die besonders bei den Proletariern auf fruchtbaren Boden fallen werde.[50] Comte hält den Positivismus, der Fortschritt und Ordnung verbinden will, für den legitimen Erben des Katholizismus,[51] und ein großer Teil seiner späten Aktivität galt der Ausbildung einer Esperantoreligion mit einem eigenen Katechismus, eigenen Sakramenten und einem eigenen Kalender, in dem die Heiligen des Christentums durch die seiner Ansicht nach wichtigsten Figuren der menschlichen Geschichte ersetzt werden. Er bemühte sich auch um eine Allianz mit der römischen Kirche, um die zentrifugalen Kräfte aufzuhalten, die die Institutionen von Privateigentum und Monogamie bedrohten, an denen er unbedingt festhielt.[52]

In dieser Einstellung zur Religion und zu den tradierten Institutionen besteht ein offenkundiger Unterschied zu Marx. Doch die Ähnlichkeiten sind überwältigend: Auch dieser hat den Anspruch, das Entwicklungsgesetz der menschlichen Geschichte erkannt zu haben; auch dieser gründet darauf eine neue Weltanschauung, die besonders den Proletariern Orientierung geben soll; auch dieser will Theologie und Metaphysik abstreifen und statt dessen der Soziologie eine zentrale Stellung im Kosmos der Wissenschaften geben; auch dieser will eine Synthese von immanentistischem Humanismus und Wissenschaft. Während Marx anders als Comte keine mathematisch-naturwissenschaftliche Ausbildung genossen hat, ist er diesem an nationalökonomischem Wissen sicher überlegen, und in der Integration der Volkswirtschaft in eine historisch arbeitende Soziologie besteht eine seiner größten Leistungen, die ihn freilich mit der historischen Schule verbindet. Am stärksten ist der Ökonom Marx von der Politischen Ökonomie Ricardos beeinflußt (die gegen Ende seines Lebens entstehende Grenznutzenschule hat er nicht mehr rezipiert); freilich hat er deren Ergebnisse in der Sprache der Hegelschen Dialektik vorzutragen versucht. Evidenterweise kann es hier nicht um eine Auseinandersetzung mit der Marxschen Theorie gehen;[53] denn auch wenn sie zweifelsohne von vielen überschätzt wurde, hat sie durch die Kraft ihrer Phänomenanalysen, die virtuose Verbindung mehrerer Ansätze des 19. Jahrhunderts sowie schließlich das Pathos ihres Veränderungswillens eine ganz andere Dichte und Wucht als die Philosophie Comtes. Worum es mir hier allein geht, ist zu klären, warum Marx einen weiteren Schritt auf dem Wege zur Bildung einer wertfreien Soziologie darstellt. Wie Comte geht es ihm um die Erforschung der sozialen Welt in ihrer geschichtlich gewordenen Faktizität; da er aber mit Hegel auf frühere Gesellschaften und, anders als dieser, auch auf die gegenwärtige Gesellschaftsformation die Kategorie des Widerspruchs anwendet, entwertet er die Wirklichkeit in ganz anderem Maße als Comte. Hinzu kommt, daß Marx ein Meister der Methode der Ideologiekritik ist – hinter den unterschiedlichsten Sinnsystemen erkennt er latente Motive, deren Aufdeckung diese Sinnsysteme in den Augen der Öffentlichkeit weit fragwürdiger macht als ihre immanente Widerlegung. Von der gegenwärtigen Gesellschaft möchte Marx möglichst viel überwinden, und zwar auch um den Preis der Gewalt. Die Ablehnung der Religion ist besonders auffällig – kaum ein Satz der Philosophie des 19. Jahrhunderts ist in unserem Jahrhundert häufiger zitiert worden als jener berühmte aus „Zur Kritik der Hegelschen Rechtsphilosophie": „Die Religion ist der Seufzer der bedrängten Kreatur, das Gemüt einer herzlosen Welt, wie sie der Geist geistloser Zustände ist. Sie ist das *Opium* des Volkes."[54] Zwar hat sich die Unverwüstlichkeit des religiösen Bedürfnisses u. a. in der sowjetischen Zivilreligion gezeigt; aber es ist natürlich leicht zu erklären, warum Marx' Ansatz eine ganz andere Anziehungskraft besessen hat als derjenige Comtes: Wenn man der Ansicht ist, daß die Religion einer überholten geschichtlichen Stufe angehört, dann ist es nicht plausibel, sie aus nur sozialen Gründen zu stützen; wenn man die Sakramente der christlichen Kirche ablehnt, dann kann man auch getrost auf die neun Sakramente der Positivisten verzichten. Moderner als Comte ist Marx auch deswegen, weil er zwar wie dieser eine geschichtsphilosophische Legitimation der normativen Instanz anstrebt, aber doch futuristischer denkt als dieser. Der positive Geist existiert nach Comte, wenn auch seine Ausbildung in Soziologie und Philosophie noch Aufgabe der Zukunft ist, in den Naturwissenschaften immerhin schon seit Jahrhunderten; die klassenlose Gesellschaft ist ein reines Gebilde der Zukunft. Darin kommen freilich Comte und Marx überein, daß sie der futuristischen Variante des normativen Fehlschlusses anhängen: Da sie sich von dem metaphysischen, normativ aufgeladenen Seinsbegriff der Tradition verabschiedet haben und eine die Welt der Faktizität transzendierende Sollenssphäre ablehnen, kann nur ein Teil der erfahrbaren Welt die legitimierende Instanz sein; da sie die Vergangenheit und die Gegenwart kritisieren wollen, kann das aber nur die Zukunft sein. Daß freilich damit der naturalistische Fehlschluß nicht überwunden ist, liegt auf der Hand: Auch die Zukunft gehört zur Faktizität, und auch unwiderstehliche Entwicklungen können unter moralischen Hinsichten entsetzlich sein – das Recht liegt keineswegs immer auf seiten der siegreichen Bataillone. Zudem ist das Problem zu erwähnen, daß die Zukunft nicht ganz so leicht vorherzusehen ist, wie der wissenschaftliche Sozialismus geglaubt hat, dessen Prognosen nicht gerade erfolgreich gewesen sind.

III.

Insofern eine Wissenschaft erst durch ein klares Methodenbewußtsein ihr Selbstverständnis vollendet und dadurch gleichsam erwachsen wird, läßt sich sagen, daß die neuzeitliche Philosophie mit Descartes' „Regulae ad directionem ingenii" und die Soziologie mit Émile Durkheims „Les règles de la méthode sociologique" von 1895 erwachsen geworden ist. In der Tat kann kein Zweifel daran bestehen, daß Durkheims Werk einen der größten

Einschnitte in der Geschichte der Soziologie darstellt. Erstmals werden hier in umfassendem Maße statistische Methoden verwendet, um soziologische Fragen zu beantworten; und erstmals wird die Soziologie deutlich von der Philosophie getrennt. Der Rationalismus, zu dem er sich bekenne, dürfte nicht mit der positivistischen Metaphysik Comtes und Spencers verwechselt werden, schreibt Durkheim einleitend[55] – ohne freilich zu begreifen, daß der Begriff Rationalismus eine ziemlich komplexe Lehre über das Verhältnis von Sein und Denken voraussetzt. Im ersten Kapitel versucht Durkheim, die sozialen Fakten, also den Gegenstandsbereich der Soziologie, zu definieren. Zwei Merkmale zeichnen die sozialen Fakten aus – einerseits ihre Äußerlichkeit gegenüber dem individuellen Bewußtsein, andererseits der Zwang, den sie über das Bewußtsein ausüben. Daß die Eigenlogik des Sozialen nicht auf das Psychische zurückführen sei, ist eine der zentralen Aussagen der Soziologie Durkheims, die sie von den methodologisch-individualistischen Soziologien scharf trennt. Es ist unter anderem diese Autonomie des Sozialen, die Durkheim im zweiten Kapitel dazu führt, die sozialen Fakten als Dinge („choses") zu bezeichnen. Mit Nachdruck hält er daran fest, daß man sich von den vorgefaßten Ideen des vorwissenschaftlichen Bewußtseins lösen und sich direkt mit den Dingen beschäftigen müsse, wenn man wissenschaftlich denken wolle; das gelte für die Sozial- nicht weniger als für die Naturwissenschaften. Wenn etwa Comte von einem Fortschritt in der Menschheitsgeschichte rede, so handle es sich dabei um eine Idee, nicht um ein Faktum. „Ce qui existe, ce qui seul est donné à l'observation, ce sont des sociétés particulières qui naissent, se développent, meurent indépendamment les unes des autres. ... Car la suite des sociétés ne saurait être figurée par une ligne géométrique; elle ressemble plutôt à un arbre dont les rameaux se dirigent dans des sens divergents. En somme, Comte a pris pour le développement historique la notion qu'il en avait et qui ne diffère pas beaucoup de celle que s'en fait le vulgaire."[56] Ja, selbst wenn es eine Entwicklungstendenz gäbe, garantiere nichts, daß sie sich auch in der Zukunft fortsetzt.[57] Ähnlich setzten die Wirtschaftswissenschaften – keineswegs immer zu Recht, jedenfalls ohne ausreichende empirische Grundlage – voraus, daß die Menschen ökonomisch rational handelten, und gründeten auf diese Annahme ihre Gesetze: „Mais cette nécessité toute logique ne ressemble en rien à celle que présentent les vraies lois de la nature. Celles-ci expriment les rapports suivant lesquels les faits s'enchaînent réellement, non la manière dont il est bon qu'ils s'enchaînent."[58] Dagegen gelte es, die sozialen Daten gleichsam von außen zu betrachten, so wie man auch in der Psychologie dabei sei, sich von der Methode der Introspektion zu verabschieden. Es sei z. B. unsinnig, wenn man den sogenannten primitiven Völkern eine Moral abspreche, nur weil sie von der unseren abweiche – das einzige relevante Kriterium müsse sein, ob es bestimmte Regeln gebe, gegen die zu verstoßen bestimmte negative Sanktionen nach sich ziehe.[59] Allerdings versucht Durkheim im dritten Kapitel eine gewisse Normativität doch wieder einzuführen – nämlich über die Unterscheidung zwischen dem Normalen und dem Pathologischen. Zwar weist er diverse Versuche der Abgrenzung beider zurück, aber er bringt selbst einen vor – die pathologischen Zustände seien die außergewöhnlichen, die von den durchschnittlichen, d. h. normalen abwichen. Diese Definition stehe nicht im Widerspruch zu der positiven Bewertung des Normalen und der negativen des Pathologischen, denn im allgemeinen sei das, was sich allgemeiner durchsetze, auch nützlicher.[60] Aber es liegt auf der Hand, daß dieser Versuch, die schließlich doch noch eingeführten normativen Begriffe naturalistisch zu definieren, zum Scheitern verurteilt ist – wer überdurchschnittlich gesund, begabt, erfolgreich usw. ist, müßte nach dieser Definition ein pathologischer Fall sein, und das ist schwerlich sinnvoll. Durkheim setzt sich mit diesem Einwand nicht auseinander, aber er vertritt die für viele Zeitgenossen schockierende These, die Kriminalität sei kein pathologisches, sondern ein normales Phänomen, weil jede Gesellschaft es kenne, ja, so fügt er hinzu, weil einige Verbrechen wie dasjenige des Sokrates die Menschheit auf eine neue Stufe geführt hätten. Nun ist es sicher richtig, daß das, was einige Gesellschaften als Verbrechen ansehen, später manchmal als große Tat gefeiert wird; aber bedeutet das nicht, daß wir eines die Gesellschaft transzendierenden Kriteriums bedürfen, um Fehlurteile als solche zu erkennen? Der Verweis auf die weitere Entwicklung ist schwerlich ausreichend, denn auch eine spätere Umwertung muß nicht immer gerecht sein. Nach der Festlegung der für die Konstitution der sozialen Typen einschlägigen Regeln im vierten Kapitel geht es in den beiden letzten Kapiteln um die Regeln kausaler Erklärung und um diejenigen des Beweises soziologischer Aussagen. Von besonderem Interesse ist dabei, daß Durkheim ganz wie Darwin finale Erklärungen nur dann zuläßt, wenn sie in Erklärungen mittels der causa efficiens transformiert werden können. „Faire voir à quoi un fait est utile n'est pas expliquer comment il est né ni comment il est ce qu'il est. Car les emplois auxquels il sert supposent les propriétés spécifiques qui le caractérisent, mais ne le créent pas."[61] Die für die Soziologie entscheidende Methode ist nach ihm der Vergleich – „la sociologie comparée n'est pas une branche particulière de la sociologie; c'est la sociologie même, en tant qu'elle cesse d'être purement descriptive et aspire à rendre compte des faits."[62] In der „Conclusion" betont Durkheim, die Soziologie, wie er sie konzipiere, sei völlig unabhängig von der Philosophie – die Trennung der zwei Disziplinen werde beiden zum Nutzen gereichen und trage zur Objektivität der Soziologie bei. Die philosophische Neutralität der Soziologie gelte auch hinsichtlich praktischer Fragen; sie sei weder individualistisch noch kommunistisch. – Die Stellen, die ich angeführt habe, belegen deutlich, warum Durkheim als Begründer der Wertfreiheit der Soziologie angesehen werden kann – ein Prozeß, der gleichzeitig in der Jurisprudenz mit dem Abschied vom Naturrecht und dem Triumph des Rechtspositivismus und etwas später in den Wirtschaftswissenschaften mit der Aufgabe des Wertbegriffes abläuft. Und dennoch gilt dieses Urteil nur mit zwei wichtigen Einschränkungen. Erstens meint Durkheim zwar nicht, wie Comte und Marx, in Theoremen über ein Gesetz der Entwicklung der Menschheit, die er ablehnt, aber doch in seinen Ausführungen zum Normalen und Pathologischen eine normative Orientierung zu besitzen, die sogar für die Politik nützlich sein soll: „Notre méthode a, d'ailleurs, l'avantage de régler l'action en même temps que la pensée."[63] Zwar haben wir schon gesehen, daß dieser Anspruch unbegründet ist, aber es ist für Durkheim sehr bezeichnend, daß er ihn nicht fallenläßt. Und zweitens hat Durkheim dem Sozialen Prädikate zugesprochen, die fast göttlicher Natur sind. Es ist charakteristisch, daß er, der aus einer frommen jüdischen Familie stammte, sich nach dem Bruch mit der Religion in seiner Jugend später zunehmend mit religionssoziologischen Fragen befaßte, insbesondere in „Les formes élémentaires de la vie religieuse". Natürlich ist

Durkheims Religionssoziologie nicht selbst religiös fundiert – für ihn sind Religionen letztlich nichts anderes als eine Selbstvergötterung der Gesellschaft. Aber für diesen Akt der Selbstvergötterung des Sozialen empfindet Durkheim eine fast religiöse Scheu – man könnte bei ihm von einem Sozial-Pantheismus sprechen.

Wohl kein anderer Soziologe kann beanspruchen, eine derartige Fülle von Material gesichtet und geordnet zu haben wie Max Weber. Allein die Arbeitsleistung dieses Mannes gebietet Ehrfurcht, auch wenn wir immer mehr die enormen seelischen Anspannungen erkennen, die ihr zugrunde lagen. Hinter der ungeheuren Gelehrsamkeit Webers und seinem Bemühen um logische Klarheit steht die Erfahrung des Zusammenbruchs des tradierten Orientierungssystems des Abendlandes, des Christentums. Der Versuch verschiedener Denker des 19. Jahrhunderts, unter ihnen Comtes und Marx', eine alternative immanentistische Weltanschauung auszuarbeiten, war unter den Hammerschlägen Nietzsches kollabiert, der keine Möglichkeit sah, nach dem Tode Gottes am Gedanken einer objektiven Ethik festzuhalten. Man sollte Nietzsches Einfluß auf Weber nicht unterschätzen, auch wenn zwischen dem expressiven Subjektivismus des ersteren und dem Pathos strenger Wissenschaftlichkeit des letzteren Welten zu liegen scheinen.[64] Aber was Weber in seinen klassischen wissenschaftstheoretischen Aufsätzen unternimmt, ist letztlich nichts anderes als der Versuch, trotz Anerkennung von Nietzsches Überzeugung der Unmöglichkeit objektiver Werturteile eine wissenschaftliche Soziologie zu fundieren. In „Die ‚Objektivität' sozialwissenschaftlicher und sozialpolitischer Erkenntnis" von 1904 hält Weber mit Nachdruck daran fest, „daß es niemals Aufgabe einer Erfahrungswissenschaft sein kann, bindende Normen und Ideale zu ermitteln, um daraus für die Praxis Rezepte ableiten zu können."[65] Der wissenschaftlichen Betrachtung seien nur Mittel-Zweck-Beziehungen zugänglich; dabei sei sie durchaus auch in der Lage, die Folgekosten der Erreichung eines Zweckes in Gestalt der Verletzung anderer Werte anzugeben.[66] Ferner könne die Sozialwissenschaft den Sinngehalt fremder Wertsysteme verstehen; ja, sie könne durchaus prüfen, wieweit dieses Wertsystem in sich konsistent sei. Gewiß würde der einzelne die Werte, die er annehme, als objektiv ansehen; sonst könnte er sich ihnen kaum verschreiben. „A b e r : die G e l t u n g solcher Werte zu beurteilen, ist Sache des Glaubens, daneben vielleicht eine Aufgabe spekulativer Betrachtung und Deutung des Lebens und der Welt auf ihren Sinn hin, sicherlich aber nicht Gegenstand einer Erfahrungswissenschaft in dem Sinne, in welchem sie an dieser Stelle gepflegt werden soll."[67] Zwar betont Weber zu Recht, daß die bloße geschichtliche Vielfalt moralischer Werte noch kein Argument sei gegen den Anspruch eines Wertsystems auf unbedingte Geltung; denn auch unser sicherstes mathematisches Wissen sei geschichtlich geworden. Aber trotz der vagen Anspielung auf die Möglichkeit einer spekulativen Betrachtung besteht für ihn kaum ein Zweifel daran, daß eine verbindliche Erkenntnis von Werten nicht möglich ist. Kant und die Neukantianer würden Weber sicher zugeben, daß Werterkenntnis nicht Erfahrungserkenntnis ist; allerdings würden sie daran festhalten, daß Erfahrungserkenntnis nicht die einzige Form legitimer Erkenntnis ist, sondern daß es daneben auch synthetische Erkenntnis a piori gibt. Aber sowenig sich Weber mit dieser Erkenntnisform auseinandersetzt, so richtig ist seine Kritik an allen Versuchen à la Comte und Durkheim, das Geltungsproblem erfahrungswissenschaftlich zu lösen. So kritisiert er zu Recht die Auffassung, die mittlere Linie sei eher wissenschaftliche Wahrheit als die extremsten Parteiideale von rechts oder links.[68] Nun bestreitet Weber nicht, daß jeder Sozialwissenschaftler wertet; als wollender Mensch könne er gar nicht umhin, dies zu tun. Aber dieses Werten sei eben von seiner wissenschaftlichen Arbeit zu trennen. – Zwar sei es ferner richtig, daß auch der Sozialwissenschaftler qua Sozialwissenschaftler in einem bestimmten Sinne des Wortes werten müsse. Aber dieses Erkenntnisinteresse, das aus der Fülle sozialer Phänomene eine bestimmte Klasse herausgreife, sei eben noch keine normativ bewertende Stellungnahme. Gewiß relativiere dies in einem gewissen Sinne die „Objektivität" der Sozialwissenschaften: „Es gibt keine schlechthin „objektive" wissenschaftliche Analyse des Kulturlebens ... unabhängig von speziellen und „einseitigen" Gesichtspunkten."[69] Aber das bedeute keineswegs, „daß auch die kulturwissenschaftliche Forschung nur Ergebnisse haben könne, die „subjektiv" in dem Sinne seien, daß sie für den einen gelten und für den andern nicht. Was wechselt, ist vielmehr der Grad, in dem sie den einen interessieren und den andern nicht."[70] In diesem Zusammenhang präzisiert Weber seinen Begriff des Idealtyps dahingehend, daß er ausschließlich als unverzichtbares logisches Hilfsmittel gedacht sei, nicht als Ideal, nach dem eine Erscheinung beurteilt werden solle. Es sei eine elementare Pflicht wissenschaftlicher Selbstkontrolle, „die logisch v e r g l e i c h e n d e Beziehung der Wirklichkeit auf Ideal t y p e n im logischen Sinne von der wertenden B e u r t e i l u n g der Wirklichkeit aus I d e a l e n heraus scharf zu scheiden."[71] – In „Der Sinn der „Wertfreiheit" der soziologischen und ökonomischen Wissenschaften" von 1917 setzt sich Weber mit einigen Einwänden gegen seine Konzeption auseinander. Einleitend erörtert er die Frage, wieweit man sich im akademischen Unterricht zu seinen Werten bekennen solle, und meint zu Recht, daß eine Beantwortung dieser Frage selbst schon bestimmte moralische Werte voraussetze. Aber diese Frage steht nicht im Zentrum des Aufsatzes. Daß der Sozialwissenschaftler wertvolle im Sinne von richtigen und wichtigen Resultaten anstrebe, steht für Weber außer Frage.[72] Aber das impliziere noch keine Werturteile im eigentlichen Sinne. Anders als im früheren Aufsatz versucht Weber, die rationale Unlösbarkeit ethischer Streitfragen, und zwar am Gegensatz zwischen Gesinnungs- und Verantwortungsethik bzw. an der unterschiedlichen Bewertung der Absolutheit erotischer Beziehungen, deutlich zu machen; der Vorbehalt, der früher in jenem „v i e l l e i c h t" angedeutet war, ist nun verschwunden. Die Metaphysik der Ethik, die Weber jetzt vorschwebt, ist die „des absoluten Polytheismus"[73] – auch wenn man durchaus der Ansicht sein kann, daß zur Begründung seiner Position eine etwas gründlichere Auseinandersetzung mit der ethischen Tradition nötig gewesen wäre.[74] Von besonderem Interesse ist Webers Kritik an allen Versuchen einer geschichtsphilosophischen Lösung der normativen Frage. Zwar akzeptiert er einen Fortschritt im Sinne einer zunehmenden Differenzierung der Gesellschaft; und er akzeptiert auch einen Fortschritt der Technik. Aber ob damit ein wirklicher ästhetischer oder ethischer Fortschritt einhergehe, das sei ein Frage, die sich der wissenschaftlichen Bewertung entziehe. Und einer wissenschaftlichen Bewertung entzieht sich nach Weber auch die Frage, ob die Wissenschaft selber einen letzten Sinn habe. Daß Weber an ihr festhält, kann er nur damit rechtfertigen, daß sie eben sein Dämon sei.[75]

Daß Weber sein ganzes Leben einer Wissenschaft widmete, an deren objektiven Sinn er anders als die Väter der modernen Wissenschaft nicht mehr glauben konnte, verleiht ihm eine tragische Würde, die vielleicht mehr noch als die Fülle seiner Erkenntnisse den Zauber seines Werkes begründet. Aber man kann in dieser Würde auch den zwanghaften und insofern vielleicht sogar komischen Rest eines calvinistischen Arbeitsethos sehen, das gleichsam automatisch weiterwirkte, auch nachdem seine Grundlage wegerodiert war. Vermutlich hätte sich Vilfredo Pareto das Phänomen Weber so erklärt, also jener Soziologe, der auf den Zusammenbruch des Glaubens an eine rationale Ethik nicht mit deutschem Ernst wie Weber und auch Nietzsche (denn dessen Fröhlichkeit ist ganz offenbar gekünstelt), sondern mit romanischem Lachen, ja, mit lautem und fröhlichem Zynismus reagierte. Pareto ist unter den Klassikern der Soziologie sicher derjenige, der am wenigsten gelesen und diskutiert wird, und daran ist nicht nur der Umfang und, mehr noch, der ungelenke Aufbau des „Trattato di sociologia generale" von 1916 schuld. Pareto ist, seien wir offen, kränkend für unsere Befindlichkeit. Einerseits läßt dieser Mann, der, obwohl er nur Naturwissenschaften studiert und lange Zeit in leitender Position für die italienischen Eisenbahnen gearbeitet hatte, auf dessen Wunsch plötzlich die Nachfolge des wohl größten Nationalökonomen seiner Zeit, nämlich L. Walras', antrat, weil er wie kein anderer dessen Gleichgewichtsmodell mathematisch zu vervollkommnen vermochte, immer wieder durchblicken, daß er nicht sehr viel von jenen Professoren hält, die ohne seine mathematische Kompetenz über volkswirtschaftliche Probleme reden. (Marx ist da einfacher – die Beherrschung der vier Grundrechenarten ist die ganze Mathematik, die man braucht, um seine Theorie zu verstehen.) Gleichzeitig gießt Pareto seinen Spott nicht nur über die christlichen Kirchen aus, aus deren Kritik mancher moderner Intellektueller seine Identität bezieht, sondern im gleichen Atemzug über diese selben Intellektuellen, deren Anliegen ihm ebenso irrational scheint wie dasjenige der Kirchen. In der Tat ist dies die Grundthese des Soziologen Pareto, die ihn mit Marx und Freud verbindet, daß menschliches Handeln nur zu einem sehr geringen Teil rational ist. Zu diesem Ergebnis kam Pareto wohl besonders aufgrund seiner enttäuschenden Erfahrungen bei dem Versuch, seine freihändlerischen und liberalen wirtschaftspolitischen Ideen einem größeren Publikum zu vermitteln; und in der Tat ist Pareto deswegen kein Relativist, weil er an der unbedingten Wahrheit des Wirtschaftsliberalismus bis zum Ende entschieden festgehalten hat (trotz aller Sympathien für den italienischen Faschismus). Nach ihm ändert der Bestandteil der irrationalen Residuen im menschlichen Handeln sich nicht wesentlich im Laufe der Geschichte; nur ihre Derivationen, ihre Ausdrucksformen, nehmen eine neue Gestalt an. Wenn etwa Pareto schreibt, die Prozessionen des Katholizismus seien fast verschwunden, aber sie seien ersetzt worden durch politische und soziale Demonstrationen,[76] dann verletzt er Katholiken wie Demonstranten, aber auch diejenigen, die sich zwar selber selten an Demonstrationen beteiligen, aber an einen Fortschritt der Menschheit glauben. Pareto hat keinen Zweifel daran, daß derartige irrationale Faktoren trotz oder gerade wegen ihrer Irrationalität die menschliche Geschichte bestimmen, weswegen sie ein Soziologe gründlich studieren muß. So klassifiziert er, um ein eindringliches Beispiel zu geben, die Politiker danach, ob sie nach Idealen oder nach ihrem und ihrer Klienten Interesse streben; die zweite Gruppe lasse sich weiter danach unterteilen, ob die betreffenden Politiker sich mit Macht und Ehre zufrieden geben und es ihren Klienten überlassen, zu stehlen, oder ob sie es selbst tun. Pareto fügt mit seinem intelligenten Zynismus hinzu, die zweite Untergruppe würde das Land in der Regel weniger kosten als die erste, weil die erste Untergruppe unter dem Deckmantel der Ehrlichkeit für ihre Klienten mehr tue – und das sei, so wird wohl unterstellt, teurer, als wenn man nur für sich selbst stehle.[77] Es würde den Rahmen dieser Arbeit sprengen, Paretos Klassifikation der Residuen und der Derivationen wiederzugeben. Worauf es mir hier allein ankommt, ist, daß Paretos Ansatz zwar noch nicht das Ende, aber doch den Anfang vom Ende der klassischen Soziologie bedeutet. Von einer Selbstentfaltung der Vernunft in der Geschichte ist nicht die Rede; ja, selbst der abstrakte Vernunftbegriff wird fraglich, weil er wissenssoziologisch aufgeweicht wird. Zwar ist die Wissenssoziologie, wie sie dann von Karl Mannheim ausgearbeitet wurde, eine nützliche Disziplin, aber sie suggeriert nur zu leicht (auch wenn sie das nicht wirklich impliziert), daß im Geflechte kausaler Abhängigkeiten, in die auch die Vernunft verstrickt ist, eine reine Selbstbegründung des Denkens unmöglich ist. Dann aber läßt sich

natürlich eine externe Betrachtung auch gegenüber Paretos Soziologie vornehmen – wie kann man sich davon überzeugen, daß sie
mehr ist als der Ausdruck irrationaler Kräfte? Woher wissen wir,
daß die Ideologiekritik mehr ist als Ideologie zweiter Potenz,
wenn hinter jedem Argument ein Residuum lauert und wir über
keine absoluten Kriterien der Vernünftigkeit verfügen?

IV.

Daß Niklas Luhmann die Entwicklungsrichtung fortsetzt, die in
diesem Aufsatz verfolgt wurde, liegt auf der Hand. Während Paretos Zynismus ein letztliches Unbehagen an der eigenen Position
andeutet, ist Luhmann nicht einmal mehr zynisch. Die Geltungsfrage scheint ihn, falls er das Problem überhaupt versteht, nicht zu
interessieren, und zwar weder im Bereich der praktischen noch
auch im Bereich der theoretischen Geltungsansprüche. Es findet
bei ihm kein Versuch mehr statt, die eigenen Aussagen wissenschaftstheoretisch zu rechtfertigen, und daher ist es schwierig
festzustellen, wieweit die systemtheoretischen Vernetzungen, die
er in der Wirtschaft, dem Recht, der Kunst, der Religion der Gesellschaft entdeckt haben will, wirklich bestehen. Ich bestreite
keineswegs, daß die systemtheoretische Analyse gesellschaftlicher
Systeme nützlich ist: Talcott Parsons verdanken wir wichtige Erkenntnisse; so ist der Versuch, die Evolution sozialer Systeme mit
denselben Kategorien zu deuten wie diejenige von Organismen,
sicher fruchtbar. Aber es wäre wünschenswert, über Kriterien zu
verfügen, die die Aussagen der Luhmannschen Systemtheorie
entweder empirisch zu testen gestatten würden oder aber erlaub-
ten, den Prozeß seiner Begriffsbildung zu kontrollieren; und auch
wenn ich nicht zweifle, daß die Forderung nach derartigen Kriterien systemtheoretisch erklärt werden kann (auch Luhmann-
Kritiker sind ein Teil der Gesellschaft), fände ich die Befriedigung
dieser Forderung interessanter als die Absorption eines weiteren
sozialen Phänomens, das die Kritik an Luhmann eben auch ist,
durch den Staubsauger der Systemtheorie. Luhmanns Sprache übt
ähnlich wie diejenige Heideggers eine Sogwirkung auf seine
Adepten aus und erschwert die Kontrolle seiner Theorie beträchtlich. Übersetzt man eine seiner zentralen Aussagen in nor-

males Deutsch, dann lautet sie, daß Moralisieren gefährlich ist, weil es erstens diejenigen ausgrenze, die als unmoralisch gelten, und weil zweitens aus guten Absichten schlimme Folgen hervorgehen können.[78] Allerdings kennt die Ethik das letztere Argument seit der frühen Neuzeit und hat sich mit ihm, wie mir scheint, im Laufe ihrer Geschichte recht produktiv auseinandergesetzt. Sie hat auch Regeln für das Handeln unter Risiko bzw. unter Unsicherheit entwickelt und in ihren intelligenten Varianten immer betont, daß man sich bemühen muß, die wahrscheinlichen Konsequenzen des eigenen Handelns in Rechnung zu stellen. Sie weiß, daß sie dazu auf die Zusammenarbeit mit den Einzelwissenschaften angewiesen ist. So ist es sicher besser, eine gutgemeinte wirtschaftspolitische Maßnahme zu unterlassen, die Gegenreaktionen auslöst, die sie kontraproduktiv werden lassen; aber um zu lernen, welche Maßnahmen diesem Schicksal verfallen, muß man die auf die Spieltheorie gegründete moderne neoklassische Wirtschaftstheorie studieren; die Luhmannsche Theorie sagt einem diesbezüglich wenig Konkretes. Allgemein kann eine Kritik am Moralisieren, wenn sie ernst genommen werden will, nicht umhin, selbst einen normativen Geltungsanspruch zu erheben; um mit dem ersten Einwand fertigzuwerden, brauchen wir daher eine normative Theorie darüber, wann bestimmte normierende Sprechakte unklug oder gar unmoralisch sind, also eine Ethik der Ethik, aber keinen Abschied von der Ethik, der dort erfolgt, wo die Ethik rein extern betrachtet wird oder gar als Theorie der faktischen Sittlichkeit definiert wird.[79] Daß Werturteile unvermeidbar sind, zeigt sich etwa an Luhmanns scharfer Polemik gegen die ökologische Bewegung in „Ökologische Kommunikation"[80] – einer Polemik, die durchaus manches Richtige sagt, aber eigenwillig ist im Kontext eines Buches, dessen zentrale Botschaft ist, daß man moralische Werturteile im Kontext der Umweltdebatte gefälligst unterlassen solle, und dessen Beitrag zur Konzeption konstruktiver institutioneller Vorschläge zur Einschränkung der Umweltzerstörung recht gering ist. Insofern zu vermuten ist, daß Luhmann gegen eine soziologisch-reduktionistische Analyse seines Ansatzes wenig einzuwenden hätte, da er Reflexivität liebt (und zwar auch dann, wenn sie nicht zur Selbstbegründung taugt, sondern eine Selbstaufhebung tätigt), darf abschließend festgehalten werden, daß Luhmann nicht nur der konsequente Endpunkt einer Soziologie ist, die jede Normativität beseitigt und am Ende auch den eigenen Geltungsanspruch von außen betrachtet, sondern daß er zum Zeitgeist einer Generation glänzend paßt, die sich beim Versuch, die soziale Welt aus den Angeln zu heben, ziemlich übernommen hat und nun ihren politischen Katzenjammer auf eine höhere, nämlich systemtheoretische Weise zu kompensieren vermag, indem sie mit allgemeinen Begriffen über alles redet, ohne die harte Arbeit auf sich nehmen zu müssen, in die spezifische Logik z. B. volkswirtschaftlicher, kunst- und literaturwissenschaftlicher oder auch ethischer Argumentation einzudringen. Selten ist ein theoretisches Omnipotenzgefühl bei gleichzeitiger Legitimation des Verzichtes auf jede moralische Stellungnahme so billig zu haben gewesen wie bei den Luhmann-Adepten (denen Luhmann selbst natürlich haushoch überlegen ist).

Luhmanns Rivale Jürgen Habermas ist einen anderen Weg gegangen.[81] Aufgrund der Einsicht, daß das aufklärerische Programm der Kritischen Theorie ohne klare normative Kriterien nicht zu retten ist, die im Rahmen der These vom universellen Verblendungszusammenhang nicht verfügbar sind, hat er sich um eine Fundierung des Geltungsanspruchs seiner normativen Sozialwissenschaft bemüht. Dabei verdankt er seine begründungstheoretischen Ideen im wesentlichen Karl-Otto Apel, verbindet diese aber mit einem umfassenden soziologischen Programm. Die internationale Rezeption dieses Ansatzes belegt, wie sehr Habermas' Projekt einem Desiderat entspricht. Evidenterweise kann es hier nicht darum gehen, Habermas' äußerst komplexe „Theorie des kommunikativen Handelns"[82] näher zu diskutieren, die theoriegeschichtliche Betrachtungen mit einem eigenen systematischen Entwurf in den zwei Zwischenbetrachtungen und in der Schlußbetrachtung verschränkt und die unter anderem eine normative Theorie der Moderne bietet. Auch wenn ich die Leistung Habermas' für in jeder Beziehung imponierend halte, will ich hier drei Mängel hervorheben, die meines Erachtens zeigen, daß diese Theorie zwar einen großen Fortschritt, aber eben nicht eine Lösung des Sein-Sollens-Problems in der Soziologie darstellt. Was erstens die normative Fundierung angeht, so ist sie teils zu empirisch, teils zu schmal. Daß eine Begründung der Ethik nicht heteronomer Natur sein kann, ist richtig; und es ist ebenso richtig, daß die Reflexion auf die Bedingungen der Möglichkeit der Argumentation in diesem Zusammenhang zentral ist. Wahrheit, Wahrhaftigkeit und normative Richtigkeit sind unhintergehbare Geltungsansprüche jedes argumentierenden Wesens. Aber dies erkennen wir durch strenge transzendentale Reflexion, nicht durch empirische Sprechakttheorie. Und ferner reichen diese formalen Ansprüche, so wichtig sie auch sind, nicht aus, um auch nur einen geringen Teil unserer moralischen Intuitionen zu rekonstruieren. Der Preis des Formalismus in der Ethik zeigt sich in Habermas' rechtsphilosophischem Werk „Faktizität und Geltung",[83] das sich dem Rechtspositivismus stark annähert, dasjenige bei weitem unterbietet, was schon die Naturrechtslehre Kants, Fichtes und Hegels geleistet hatte, und etwa zu den drängenden Fragen intergenerationeller und internationaler Gerechtigkeit wenig zu sagen hat. Auch gegenüber den Gefahren der modernen Demokratie, deren Legitimation sein eigentliches Anliegen ist, ist Habermas weniger scharfsichtig als Tocqueville. Immerhin hat Habermas in der „Theorie des kommunikativen Handelns" eine Quelle materialer normativer Gehalte, nämlich die Lebenswelt, die die Verselbständigung des Systems zu kritisieren gestatten soll. Aber die Lebenswelt ist kein normativer, sondern ein deskriptiver Begriff – zu ihr gehören so unerfreuliche Dinge wie Kriege, wirtschaftliche Ausbeutung und Manipulationen. Freilich liegt es in der Logik der Sache – und damit kommen wir zu dem zweiten Einwand –, daß man dieses Unerfreuliche ausblenden muß, wenn man die Lebenswelt als normativen Begriff braucht. In der Tat ist die deskriptive Soziologie von Habermas nicht realistisch genug. Die brutale Logik von Machtkämpfen, überhaupt von realem Dissens kommt bei dem primären Interesse an Konsens kaum in den Blick. Die Einsichten Machiavellis und seiner modernen Erben sind in Habermas' großer Theorie nicht aufgehoben – der Name Paretos figuriert weder in der Bibliographie noch im Namenregister der „Theorie des kommunikativen Handelns". Natürlich sind die normativen Vorstellungen Paretos keine Alternative zu denen Habermas', aber das heißt nicht, daß von Pareto nichts zu lernen wäre. Drittens fehlt bei Habermas wie bei der großen Mehrzahl der Denker unserer Zeit nicht nur eine Theorie des idealen Seins, das bei ihm im sozialen Sein gründet; dagegen ließe sich freilich vorbringen, Habermas' Pointe sei gerade die Leugnung eines solchen Seins. Es fehlt auch eine Theorie der

Natur, und deren Existenz ist schwerer zu bestreiten. Die Kontinuität zwischen natürlicher und sozialer Evolution, die die Systemtheorie zu Recht erörtert hat, spielt bei Habermas keine Rolle, und das ist nicht nur deswegen bedauerlich, weil dadurch eine realistischere Anthropologie zu erarbeiten gewesen wäre, sondern auch weil ohne eine Theorie der Natur eine angemessene Antwort auf die Probleme der Umweltkrise nicht zu geben ist.

Aber diese Kritik ändert nichts daran, daß Habermas beanspruchen kann, den Entwicklungstrend in der Geschichte der Sozialwissenschaften gebrochen zu haben, den es hier zu analysieren galt. Ob und wie eine Theorie der sozialen Welt möglich ist, die deren Eigendynamik akzeptiert und gleichzeitig an einem archimedischen normativen Punkt festhält, der nicht in der sozialen Welt gründet, aber durchaus mit ihr vermittelt werden kann, weil er sie und die Natur prinzipiiert – was allein eine brauchbare Politische Ethik ergeben würde –, ja, ob es denkbar ist, auf der Grundlage eines Bewußtseins von der logischen Unabhängigkeit des Sollens vom Sein zu einem Ansatz à la Vico, Montesquieu und Tocqueville zurückzukehren, das zu untersuchen ist nicht mehr Thema dieses Aufsatzes.

Philosophische Grundlagen eines zukünftigen Humanismus

Eine philosophische Besinnung auf den Humanismus ist heute aus zwei Gründen ein philosophisches Desiderat. Einerseits bildet Selbstreflexion geradezu das Wesen des Menschen, und auch eine potenzierte Selbstreflexion, wie sie eine Besinnung auf jene menschliche Selbstdeutung darstellt, die man als Humanismus bezeichnet, verbleibt durchaus im Zentrum des menschlichen Wesens. Andererseits gibt es nicht nur einen allgemein menschlichen, sondern auch einen besonderen, sich aus dem gegenwärtigen geschichtlichen Augenblick ergebenden Grund für eine derartige Reflexion. Humanismus im weiteren Sinn kann man zwar jede geistige Bewegung nennen, die in ihrer Deutung der Wirklichkeit und in ihrer Wertlehre dem Menschen eine ausgezeichnete Stellung einräumt; als Humanismus im engeren Sinne bezeichnet man jedoch im besonderen jene Bewegung, die im späten Mittelalter und in der frühen Neuzeit aufgrund einer Rezeption der griechischen und römischen Antike entscheidend zur Entstehung des Projekts der Moderne beitrug. Die Anzeichen mehren sich, daß dieses Projekt in eine Krise geraten ist, und daher ist eine Auseinandersetzung mit jener konkreten geschichtlichen Bewegung zugleich eine Stellungnahme zu den Aufgaben der Gegenwart und der Zukunft. Dies gilt um so mehr, als es nicht bloß eine einzige humanistische Bewegung in den Anfängen der Neuzeit gegeben hat; es ist auch im späten 18. und 19. Jahrhundert zu einem zweiten und in der ersten Hälfte des 20. Jahrhunderts zu einem dritten Humanismus gekommen, weil die neuere europäische Geistesgeschichte eben immer wieder das Bedürfnis nach einer Erneuerung jener für sie konstitutiven Bewegung gespürt hat. Allerdings hat der dritte Humanismus, ungeachtet der bedeutenden Persönlichkeiten, die ihn unterstützt haben, bei weitem nicht mehr die Vitalität und Breitenwirkung der beiden früheren humanistischen Bewegungen gehabt; und seine relative Schwäche ist symptomatisch für jene Krise des humanistischen Denkens, die eine erneute

Reflexion auf das, was an ihm aufrechterhalten und was an ihm aufgegeben werden muß, so dringlich macht.[1]

Da, wie gesagt, zum Humanismus im engeren Sinne ein besonderes Verhältnis zu der griechisch-römischen Antike gehört, scheint das Schwinden der Vertrautheit mit den alten Sprachen und der griechisch-römischen Kultur, wie es besonders seit dem Zweiten Weltkrieg auch in Westeuropa festzustellen ist, eine der Ursachen für den Niedergang humanistischer Bildung und Denkweise in der Gegenwart. In Wahrheit ist aber jenes Schwinden selbst Symptom einer viel älteren und grundlegenderen Krise: Weil die Prämissen des Humanismus an Glaubwürdigkeit verloren haben, werden die Humanistischen Gymnasien weniger besucht und können sich weniger und weniger Menschen davon überzeugen, daß sich der mit dem Erlernen der alten Sprachen verbundene Aufwand lohnt. Denn ein solches Erlernen ist nicht Selbstzweck, sondern dient – zwar nicht ausschließlich, aber doch vorrangig – dem Erwerb der Befähigung, die wichtigsten Texte der griechischen und römischen Literatur im Original zu lesen, und wenn sich die Auffassung durchgesetzt hat, daß diese Texte keine besondere Bedeutung haben, ist es nur konsequent, sich beim Sprachenstudium auf jene Sprachen zu konzentrieren, die man auch heute noch reden kann, die also Mittel einer symmetrischen Kommunikation sind. Der Name „Klassische Philologie" setzt einen besonderen Stellenwert jener Kulturen voraus, mit denen sich die so titulierte Philologie beschäftigt; ist der Glaube daran zusammengebrochen, dann muß der Name durch einen neutraleren (wie den freilich ebenfalls mißverständlichen der „Altertumswissenschaften") ersetzt werden.

Aber der Niedergang des Glaubens an die paradigmatische Bedeutung der Klassischen Philologie ist nicht der wichtigste Grund, warum es ein humanistisches Glaubensbekenntnis in unserer Zeit so schwer hat. Daß die griechische und die römische Antike nicht mehr jene Ausstrahlung haben, die jahrhundertelang von ihnen ausging, ist gewiß zu bedauern. Die Konsequenzen von Traditionsbrüchen sind nie zu unterschätzen, und der Traditionsbruch, der in den letzten Jahrzehnten im abendländischen Bildungssystem stattgefunden hat, ist vermutlich sogar der größte seit dem 15. Jahrhundert – denn es ist nun wieder möglich geworden, zu den Gebildeten zu zählen, ohne etwas von Homer, Platon,

Vergil oder Livius gelesen zu haben. Dennoch könnte unsere Kultur vermutlich damit irgendwie fertig werden. Das Beunruhigende an der Krise des Humanismus ist jedoch, daß die Gegenwart nicht nur den Glauben an die überzeitliche Geltung der von der griechisch-römischen Kultur vermittelten Normen verloren hat, sondern auch den Glauben – an den Menschen selbst. Man mache sich nichts vor – die triumphierende Bejahung des Menschen, die sich im Neuhumanismus Goethes oder Schillers ausspricht, ist dem gegenwärtigen Lebensgefühl denkbar fremd, und humanistische Schlagworte wirken eigentümlich hilflos in einer Zeit, deren Mißtrauen gegenüber der menschlichen Natur dasjenige des Mittelalters bei weitem übertrifft, weil auch der Glaube an das Erlösungswerk eines Heilands, das im Mittelalter ein bedeutendes Gegengewicht zur pessimistischen Anthropologie darstellt, teils explizit aufgegeben wurde, teils zumindest nicht mehr den tragenden Grund der modernen Kultur bildet. Oft genug sind z. B. gegenwärtige Inszenierungen von Schillerdramen nur von dem Wunsche getragen, die Distanz des modernen Regisseurs von den humanistischen Prämissen Schillers deutlich werden zu lassen – eventuell sogar dadurch, daß das Freiheitspathos von Schillers Helden, und zwar nicht immer auf geistvolle Weise, lächerlich gemacht wird. Nichts zeigt die Krise des Humanismus anschaulicher, als daß man die Dichtungen eines seiner größten Repräsentanten heute geradezu als komisch empfindet. Der Sinn für edle Einfalt und stille Größe ist, so wird man nüchtern feststellen müssen, derzeit eher unterentwickelt, und gar Settembrinis säkularer Humanismus kann einem heutigen Leser des „Zauberbergs" in der Regel nur ein mitleidiges Lächeln abgewinnen. So unsympathisch einem Naphta auch ist, nach den Erfahrungen des 20. Jahrhunderts erscheint einem sein Menschenbild weniger abgeschmackt als dasjenige seines Antipoden.

Im folgenden will ich versuchen, in schematischer Vereinfachung erstens das Neue und weltgeschichtlich Folgenreiche am ersten abendländischen Humanismus darzustellen (I), zweitens ganz knapp die konzeptionellen Änderungen im Neuhumanismus deutlich zu machen (II) und drittens die Ursachen und Gründe für den Kollaps der zentralen, erstem und zweitem Humanismus gemeinsamen Grundüberzeugungen aufzudecken (III). Viertens will ich mich tastend zur Frage vorwagen, inwiefern aus den

Trümmern der humanistischen Tradition, die die geistige Bühne der Gegenwart bedecken, ein neues Denken wiederentstehen könnte, das dasjenige am Humanismus weiterführt, was in der Tat auf überzeitliche Geltung Anspruch erheben kann (IV).

I.

Ein für den ersten Humanismus symptomatischer Text, an dem sich manche Eigentümlichkeiten dieser geistigen Bewegung deutlich machen lassen, ist Gianozzo Manettis „De excellentia et dignitate hominis" von 1452.[2] Es handelt sich dabei nicht um das erste Werk, das die Sonderstellung und die Würde des Menschen preist – so ist es stark von Bartolomeo Facios „De excellentia et praestantia hominis" von 1447 beeinflußt; und erst recht handelt es sich dabei nicht um das berühmteste Beispiel dieses für den Humanismus so typischen Abhandlungstyps: Dieses Prädikat gebührt natürlich Pico della Mirandolas „De hominis dignitate" von 1486. Dennoch will ich den Aufbau gerade von Manettis Werk kurz skizzieren, weil er in ganz besonderer Weise lehrreich ist. Das erste Buch des Werkes behandelt den menschlichen Körper, der als von Gott geschaffener Mikrokosmos gedeutet wird, der sowohl schön als auch für die Aufgaben des Menschen nützlich sei. Im zweiten Buch geht es um die menschliche Seele, und zwar zunächst um ihre Definition, dann um ihre Unsterblichkeit, schließlich um ihre drei natürlichen Vermögen, nämlich Intelligenz, Gedächtnis und Willen. Im Zentrum des dritten Buches stehen der Mensch als leibseelische Einheit und verschiedene seiner Leistungen; besonderes Gewicht wird auf die Fähigkeit des Menschen gelegt, in Nachahmung Gottes schöpferisch tätig zu werden. Das vierte und letzte Buch wendet sich schließlich gegen die pessimistische Anthropologie des Mittelalters, insbesondere die Schrift „De miseria humanae conditionis" von Lothar von Segni, des späteren Papstes Innozenz III. (die freilich unvollendet geblieben ist – eine Ergänzung um einen die Würde des Menschen behandelnden Teil war geplant). Dieser Papst habe das Elend des Menschen erstens überschätzt und zweitens nicht erkannt, daß ohne das Leiden, dessen Existenz keineswegs geleugnet wird, es auch keine Freude geben könne. Ein Ausblick auf die Auferstehung des wiederhergestellten, schönen Leibes und auf das himmlische Jerusalem beschließt das Buch.

Allein aus der Inhaltsangabe dürfte etwas Wichtiges deutlich geworden sein: Das Werk verbindet in ganz eigentümlicher Form Weiterführung und Überwindung des mittelalterlichen Menschenbildes. Zunächst fallen diejenigen Momente auf, die sich teils explizit gegen das Mittelalter wenden, sich teils implizit von ihm unterscheiden. So weicht die Sprache des Werkes beträchtlich vom mittelalterlichen Latein ab – Vorbild ist das klassische Latein besonders Ciceros. Nicht nur die Sprache der alten Römer, auch ihre Texte genießen einen exemplarischen Charakter: Sie werden immer wieder zitiert, und zwar als Ersatz für Argumente; sie gelten als Autoritäten. Die Vertrautheit mit der antiken Kultur ist beträchtlich größer als im Mittelalter. Zu den Sprachen, deren Kenntnis als erwünscht gilt, rechnet neben Latein und Griechisch auch das Hebräische; Innozenz' Irrtümer werden u. a. auf seine mangelhaften Kenntnisse des Hebräischen zurückgeführt.[3] Entscheidend sind die inhaltlichen Unterschiede: Der Mensch wird positiv bewertet; auch sein Leib wird primär als affirmativer Ort herausgestellt, in dem sich Schönheit manifestiert. Daß der Mensch nackt geboren werde, solle nicht als Zeichen seiner Hilflosigkeit gedeutet werden, sondern geschehe aus ästhetischen Gründen: Die Natur wolle nicht die Schönheit des Menschen mit Hüllen bedecken.[4] Dem Verweis auf die Häßlichkeit seiner Ausscheidungen wird ihre Nützlichkeit entgegengehalten.[5] Auch die Gewalt der menschlichen Triebe, die diejenige der tierischen manchmal übersteige, diene höheren Zwecken: Der menschliche Sexualtrieb sei stärker als der tierische, teils weil Gott eine besonders große Menschenzahl wolle, teils weil er damit der Tugend die Chance gebe, durch Überwindung der Triebe ihre Macht zu zeigen.[6] Der ganze Kosmos sei auf den Menschen hin geschaffen; zahlreiche Bibelbelege sollen die These stützen, daß auch die Engel Diener des Menschen sein sollten.[7] A fortiori gilt der Herrschaftsanspruch des Menschen gegenüber der restlichen Natur.[8] Insofern hätten völlig zu Recht Hermes Trismegistos und Platon die menschliche Form göttlich, Cicero den Menschen einen sterblichen Gott genannt.[9] In Picos berühmter Rede schließlich bestimmt der Mensch selbst seinen Ort im Universum: Er kann auf das Niveau des Tieres herabsinken oder sich zu demjenigen

Gottes erheben; sein ontischer Ort ist nicht festgelegt, sondern hängt von seinen eigenen Entscheidungen ab.

Und dennoch: Auch wenn dem Werk eine kritische Wendung gegen ein früheres Menschenbild eigentümlich ist, wie es etwa der spätere Innozenz III. vertritt, steht es doch in einer großen Kontinuität zur christlichen Tradition. Die neuhumanistisch inspirierte Erforschung von Humanismus und Renaissance, wie sie im 19. Jahrhundert beginnt,[10] hat verständlicherweise zunächst einmal den Bruch mit der mittelalterlichen Tradition hervorgehoben; immer mehr hat aber die spätere Forschung erkannt, daß hinter allen Brüchen weitaus mehr Gemeinsamkeiten mit dem mittelalterlichen Christentum bestehen, als es auf den ersten Blick den Anschein hatte. Nicht nur der Glaube an Gott, auch derjenige an die Unsterblichkeit der Seele und die leibliche Auferstehung ist für Manetti völlig selbstverständlich; ja, es ist gerade von diesem Glauben her, daß Manetti die von Innozenz hervorgehobenen Krankheiten und die Sterblichkeit des menschlichen Leibes relativieren kann. Ja, selbst die für die meisten humanistischen Anthropologien so charakteristische Hervorhebung der schöpferischen Fähigkeiten des Menschen,[11] die in der antiken Anthropologie noch weitgehend fehlt, gibt Sinn nur vor dem Hintergrund des Glaubens an einen Schöpfergott (und spielt deswegen auch bei einem subtilen metaphysischen Spekulationen zugeneigten und daher nur zum Teil dem Humanismus zugehörigen Denker wie Cusanus eine riesige Rolle).[12] In der Tat ist das Lebensgefühl des frühneuzeitlichen Humanismus dem antiken geradezu entgegengesetzt, wie ihm wenigstens zum Teil durchaus bewußt war; Manetti muß sich nicht nur mit Innozenz, sondern auch mit jenen antiken Autoritäten auseinandersetzen, die nicht geboren zu werden für das höchste, möglichst bald zu sterben für das zweithöchste Gut hielten.[13] Denn die antike Literatur ist voller Stellen, die auf die Gebrechlichkeit des Menschen als auf die Kehrseite seiner ungewöhnlichen Macht verweisen: Eines Schatten Traum wird der Mensch von Pindar genannt.[14] Daß der tragische Grundton der menschlichen Existenz vom frühen Humanismus, anders als vom klassischen Griechentum, eher abgeblendet wird, hängt an der christlichen Erlösungsgewißheit, die noch nicht brüchig geworden ist.

Die Werte und Denkformen des ersten Humanismus sind für

das Abendland bis ins 20. Jahrhundert prägend geblieben. Zumal in den romanischen Ländern ist ein Menschentyp, der mit Manettis Denkweise manches gemeinsam hat, noch heute gelegentlich anzutreffen: Antiklerikale Affekte gehen bei ihm einher mit einer nicht immer konsistenten Verbindung antiker und, allerdings weitgehend säkularisierter, christlicher Gedanken, aus denen sich insbesondere seine moralischen Vorstellungen speisen. Klassische Zitate ersetzen in seiner Rhetorik, und vermutlich auch in dem Prozeß seiner eigenen Entscheidungsfindung, explizite Argumente; sein Sinn für abstrakte Beweisführung ist, ungeachtet seiner Überlegenheitsgefühle, demjenigen der mittelalterlichen Scholastiker deutlich unterlegen. Dennoch kann in einem Punkt der Humanismus in der Tat beanspruchen, einen Fortschritt über das Mittelalter hinaus darzustellen, der an Bedeutung den Entdeckungsreisen der Neuzeit in nichts nachsteht: Seit dem Humanismus verfügt das abendländische Bewußtsein über eine Kontrastfolie zur gegenwärtig dominanten Kulturform; haben jene Reisen es räumlich, so hat der Humanismus es zeitlich grundsätzlich erweitert, ja, in die Lage versetzt, sich aus der eigenen Gegenwart herauszureflektieren. Freilich ist der erste Humanismus von jedem Kulturrelativismus noch weit entfernt – die antike Kultur gilt, wenigstens soweit sie mit den zentralen Dogmen des Christentums vereinbar gemacht werden kann, durchaus als normative Instanz.

II.

Die Wiederbelebung des Humanismus in der deutschen Klassik setzt einen Prozeß voraus, der zur allmählichen Korrosion der kulturellen Prämissen geführt hatte, die die frühhumanistische Synthese von Antike und Christentum so attraktiv hatten erscheinen lassen – einen Prozeß, der paradoxerweise u. a. durch den Humanismus selbst in Gang gesetzt oder jedenfalls ermöglicht wurde. Was war in der Zwischenzeit geschehen? Mindestens vier Faktoren sind zu nennen. An erster Stelle ist die Reformation zu erwähnen. Auch wenn eine ihrer Voraussetzungen ein besonders intensives, philologisch abgestütztes Interesse an einem Text war – und insofern eine gewisse Gemeinsamkeit mit dem Humanismus bestand –, war doch der Text, für den sich die Reformatoren interessierten, eben kein heidnischer. Die antihumanistischen Affekte Luthers sind offenkundig, und auch wenn Melanchthon zeigt, daß die humanistische Bewegung mit dem Protestantismus vermittelt werden konnte, ist die Abwertung der Tradition im „sola scriptura" doch der labilen Synthese von Antike und Christentum abträglich, die im Humanismus versucht worden war: Denn die Kirchenväter standen einer solchen Synthese viel näher als die Verfasser der meisten Bücher des Neuen Testaments (um von denjenigen des Alten Testaments zu schweigen). Ferner ist die protestantische Hervorhebung der eigenen Subjektivität mit dem antiken Wertsystem nicht ohne weiteres kompatibel. Es bleibt bezeichnend, daß der größte Humanist, Erasmus, eben doch nicht zur Reformation übertrat.

Nicht minder wichtig ist zweitens die Herausbildung der neuen Naturwissenschaft, die sich von der antiken ganz grundsätzlich unterscheidet, u. a. weil sie sich mit der Technik verbindet und den Herrschaftsauftrag von Genesis 1,28 wörtlich nimmt.[15] Zwar gehörten manche Väter der modernen Wissenschaft zur humanistischen Tradition (man denke an Francis Bacon); und auch die Kritiker der humanistischen Tradition unter ihnen, wie besonders Descartes, verdanken etwa dem Studium der antiken Mathematik viel. Aber eines ist klar: Wer den Bildungsweg auf sich nimmt, den das Studium z. B. von Newtons Mechanik und Optik erfordert, wird die Klassizität (im Sinne eines überzeitlichen Wahrheitsanspruchs) zumindest der naturwissenschaftlichen und naturphilosophischen Schriften der Antike nicht mehr vertreten können, und auch der bloße Arbeitsaufwand, der mit jenem Studium verbunden ist, wird es ihm, wenn er nicht über eine ausgezeichnete Intelligenz verfügt, schwer machen, sich so gründlich mit den alten Texten zu befassen, wie das den Humanisten noch möglich war. Die Spaltung zwischen den zwei Kulturen beginnt sich im 18. Jahrhundert herauszubilden. Ja, das Methodenideal der neuen Naturwissenschaft strahlt auf alle epistemischen Systeme aus. Mit Hobbes beginnt sich auch die Staatslehre nach dem modernen Vorbild umzugestalten, und auch hier hat dies die Folge, daß die Klassizität der Antike eine Einbuße erleidet – nach der Lektüre von Hobbes' „Leviathan" kommen einem Platons und Aristoteles' staatsphilosophische Schriften leicht unwissenschaftlich vor.

Am bedeutsamsten aber ist drittens die subtile Veränderung des Philosophiebegriffs, die auf die wissenschaftliche Revolution des 17. Jahrhunderts teils folgt, teils diese hervorbringt. Descartes' „Meditationes de prima philosophia" stellen einen unvergleichlich größeren Bruch mit der philosophischen Tradition des Mittelalters dar als alle Werke der humanistischen und Renaissancephilosophie, inhaltlich wie methodisch; und auch wenn die Philosophien Spinozas und Leibniz' die großartigen Versuche darstellen, die cartesischen Prinzipien mit Momenten der antiken Metaphysik zu verbinden, setzt doch ihr Verständnis voraus, daß man Fragestellungen nachzugehen vermag, die dem Humanismus wesensfremd sind. Die neuere Philosophiehistorie hat in den letzten Jahrzehnten zu Recht auf die Bedeutung der lange vernachlässigten Renaissancephilosophie hingewiesen; aber deren Anerkennung kann nichts an der offenkundigen Zäsur ändern, die Descartes für die Geschichte des Denkens bedeutet. Er ist die grundsätzliche Wasserscheide, die ein irreduzibles Eigenrecht der modernen Philosophie zur Folge hat; er hat die Ansprüche an das, was „Begründung" heißen kann, ähnlich gesteigert wie im 20. Jahrhundert die analytische Philosophie. Man mag in Manetti oder in Pico mehr Weisheit finden als in Descartes – an Originalität und Schärfe des Denkens kommen sie ihm bei weitem nicht gleich. Den meisten derjenigen, die seine Herausforderung ernst genommen und aufgegriffen haben, ist die humanistische Denkform schal geworden, die ja nur eine Autorität – die Scholastiker – durch eine andere ersetzte, aber sich nie zur Autonomie der Vernunft erhob. In der *querelle des anciens et des modernes* wurde auch für die Kunst deutlich, daß die Moderne durchaus über eigene Vorzüge verfügt.

Während die Entstehung der modernen Naturwissenschaft nur zum Teil durch den Humanismus erleichtert wurde, ist die vierte Ursache des Niedergangs des Humanismus vollständig hausgemacht. Je gründlicher man sich mit der Antike befaßte, desto mehr erkannte man, daß ihr keineswegs ein einheitliches Wertsystem zugrunde lag, sondern daß sie sich selbst im Laufe ihrer Geschichte grundsätzlich gewandelt hatte. Der lange Weg von den Zwölf Tafeln zum Corpus Iuris Civilis wurde seit dem 16. Jahrhundert erforscht, und auch wenn das rechtshistorische Interesse sich immer wieder mit praktischen, rechtspolitischen

Fragen verquickte, weil das römische Recht nach seiner Rezeption geltendes Recht war – ebenso geltend, wie die antiken Werte es sein sollten –, liegt doch in diesen Forschungen einer der Keime für das moderne geschichtliche Bewußtsein. Stand am Anfang des Humanismus die römische Epoche im Zentrum des Interesses und wurde erst seit dem 15. Jahrhundert die griechische Welt systematisch erforscht, so war innerhalb dieser am Anfang der Neuzeit die hellenistische Welt besonders interessant – man denke an den Neustoizismus und Neuepikureismus des 17. Jahrhunderts. Der Grund dafür ist denkbar einfach: Diese Philosophie war weniger fremdartig als diejenige etwa der Vorsokratiker, die erst im 19. Jahrhundert ein breiteres Interesse auf sich zog. Eines ist freilich klar: Je mehr man die einzelnen Epochen der Antike studierte, desto mehr wurde man der Unterschiede zwischen ihnen gewahr – Vico besitzt völlige Klarheit darüber, daß die moralischen Vorstellungen von Sokrates von denjenigen Homers beträchtlich abweichen. Damit aber verliert die Antike ihren paradigmatischen Charakter; denn die Frage drängt sich auf: Welche Antike? Und wenn man einmal erkannt hat, daß manche der eigenen Wertvorstellungen, die man für selbstverständlich hält, der Antike durchaus fremd waren, verliert sie fast zwangsläufig manches von ihrer Attraktivität.

Dennoch war die Weise der geisteswissenschaftlichen Erforschung der Antike um 1800 noch vereinbar mit jenem erneuten Versuch, die humanistische Bildung in das Zentrum des Erziehungssystems zu rücken, der gerade in Deutschland von führenden Denkern und Dichtern unternommen wurde. Das, was diesen Versuch zu weitaus mehr als einem bloß epigonalen Ansatz macht, ist, daß er seinen Ausgangspunkt von den in der Zwischenzeit eingetretenen weltgeschichtlichen Veränderungen nimmt. Gerade weil die moderne Gesellschaft sich so markant von der antiken unterscheide, sei ein Rückgriff auf deren zentrale Gehalte erforderlich. Diese neue Argumentation unterbietet somit keineswegs das inzwischen erreichte historische Bewußtsein von den Unterschieden zwischen Antike und Moderne, und sie basiert durchaus auf einer nüchternen Einschätzung der durch die moderne Wissenschaft und Technik verursachten Veränderungen. Zwei Argumente finden sich für die Bedeutung der humanistischen Erziehung: einerseits das formale, daß die Vertrautheit mit einer anderen Kultur eine kritische Distanz zur eigenen erzeuge, zweitens das materiale, daß gerade die griechische (und in geringerem Maße die römische) Kultur das dringend benötigte Antidot gegen die Fehlentwicklungen der Moderne darstelle. Die Begründung für diese zweite These besteht in dem Verweis auf den ganzheitlichen Menschentypus, der in der Antike noch möglich war und den der Modernisierungsprozeß zunehmend gefährde. „Der Künstler ist zwar der Sohn seiner Zeit, aber schlimm für ihn, wenn er zugleich ihr Zögling oder gar noch ihr Günstling ist. Eine wohltätige Gottheit reiße den Säugling beizeiten von seiner Mutter Brust, nähre ihn mit der Milch eines bessern Alters und lasse ihn unter fernem griechischen Himmel zur Mündigkeit reifen. Wenn er dann Mann geworden ist, so kehre er, eine fremde Gestalt, in sein Jahrhundert zurück; aber nicht, um es mit seiner Erscheinung zu erfreuen, sondern furchtbar wie Agamemnons Sohn, um es zu reinigen. Den Stoff zwar wird er von der Gegenwart nehmen, aber die Form von einer edleren Zeit, ja jenseits aller Zeit, von der absoluten unwandelbaren Einheit seines Wesens entlehnen", heißt es an einer bezeichnenden Stelle von Schillers Briefen „Über die ästhetische Erziehung des Menschen".[16]

Die Werte der griechischen Kultur gelten bei Schiller als zeitlos. Doch nicht nur ihre ideale, ewige Geltung begründet ihre Tragweite, sondern auch und gerade ihr Gegensatz zu den Tendenzen der Moderne, die als zerstörerisch empfunden werden. Schillers philosophisches Gedicht „Die Götter Griechenlands" will natürlich nicht den Glauben an die griechischen Gottheiten wiederbeleben; wohl aber verweist es auf die Verluste in der Weltwahrnehmung, die mit der Neuzeit, insbesondere mit der neuzeitlichen Naturwissenschaft, Hand in Hand gehen. Die Natur wird nicht mehr als lebendig, sondern als Maschine erfahren, und daher kann die Rückbesinnung auf die griechische Religion Anregungen zu einem neuen Naturverhältnis geben. Dennoch ist Schiller Realist genug, um zu wissen, daß der Prozeß der Moderne irreversibel ist. Ja, Schiller gibt sich durchaus darüber Rechenschaft, daß die Sehnsucht nach der Natur selbst gar nicht natürlich ist[17] – in anderen Worten, er weiß sehr wohl, daß seine eigene Dichtung sentimentalisch und nicht naiv und daher in ihrem Kern von derjenigen Griechenlands unterschieden ist. Denn Schillers Weltanschauung ist in einem zentralen Punkte durch und durch modern

– in ihrem Kantianismus. Anders als die Griechen erkennt der Kantianer Schiller als letzten normativen Maßstab etwas an, was nicht zur Natur gehört, sondern sie grundsätzlich transzendiert – das Sittengesetz, das empirisch nicht zu begründen ist. Daran ändern auch die Kritik am Kantischen Rigorismus und die den Dualismus von theoretischer und praktischer Philosophie überwindende Rolle, die er der Schönheit zuweist, nichts. Erst innerhalb eines kantianischen, und d. h. eines modernen, Rahmens, der vom frühen Christentum viel weiter entfernt ist als derjenige des frühen Humanismus, kann Schillers Rechtfertigung einer humanistischen Option adäquat verstanden werden. Zwar ist es richtig, daß nicht alle Vertreter des zweiten Humanismus Kantianer waren – Goethe war es sicher nicht; aber an der Modernität des Spinozisten Goethe ist ebensowenig zu zweifeln wie an derjenigen Schillers, und ebenso klar ist, daß Goethes Abstand zum Christentum nicht geringer ist als derjenige Schillers.

III.

Warum ist auch der zweite Humanismus zusammengebrochen? Einerseits ist im 19. und 20. Jahrhundert eine Verstärkung aller vier Faktoren festzustellen, die zur Krise schon des ersten Humanismus geführt haben; andererseits sind neue Faktoren hinzugekommen, die eine Erneuerung humanistischen Denkens außerordentlich erschwert haben. Ich will mit einer Analyse der Verstärkung jener Faktoren beginnen und alsdann die neuen Faktoren behandeln. Was erstens die Reformation betrifft, so sind im frühen 18. Jahrhundert die letzten Hoffnungen auf eine Einigung der beiden westeuropäischen christlichen Konfessionen, die ein Denker wie Leibniz noch gehegt hatte, zusammengebrochen, und zwar u. a. aufgrund eines weltgeschichtlich ganz neuen Phänomens, des Pietismus, der die Subjektivität in einer Weise aufwertete, die noch für Luther undenkbar gewesen wäre. Die Abkopplung von der Tradition der rationalen Theologie, die ein wichtiges Bindeglied zwischen griechischer Philosophie und christlichem Offenbarungsglauben gewesen war, erreicht im 20. Jahrhundert ihren Höhepunkt in der sog. dialektischen Theologie: So verständlich die Revolte gegen den Kulturprotestantismus war, so wenig ist im Rahmen dieses neuen Theologiebegriffes ein ungebrochenes Anknüpfen an die vorchristliche Antike möglich.

Zweitens ist der weitere Triumphzug der Naturwissenschaften zu erwähnen, deren technische Anwendung die Lebenswelt des normalen Menschen immer stärker umgestaltete, so daß die unmittelbare Anschaulichkeit etwa der griechischen Dichtung beträchtlich nachließ. Aber auch unabhängig von ihrer technischen Verwertung ist die moderne Naturwissenschaft von der antiken weit entfernt: Die begriffliche Grundstruktur von Relativitäts- und Quantentheorie weicht, wenigstens auf den ersten Blick, von der antiken Wissenschaft noch mehr ab, als dies die Newtonsche Theorie tat; ihre mathematische Komplexität ist sehr hoch, und ein Denken, das sich ihr widmet, immer seltener auch noch zu jenen kognitiven Leistungen in der Lage, die das Studium der Antike erfordert – und natürlich umgekehrt ebenso. Die Lebensbedeutung der modernen Naturwissenschaften erscheint unvergleichlich größer als diejenige der Geisteswissenschaften – das mußte das Prestige der „humanities" zwangsläufig mindern. Aber nicht nur die Form, sondern auch der Inhalt wenigstens einer neuen wissenschaftlichen Theorie erwies sich für den Niedergang des Humanismus als äußerst folgenreich – ich meine natürlich die Darwinsche Evolutionstheorie. Innerhalb ihrer schien die Sonderstellung des Menschen, die besonders für den christlichen Humanismus (weitaus weniger für die antike Wissenschaft, die den Menschen durchaus als ein Tier neben anderen betrachtete) axiomatischen Charakter besaß, fragwürdig zu werden. Die Beseitigung teleologischen Denkens widersprach darüber hinaus durchaus einer elementaren Grundannahme wenigstens des größten Teils antiken wissenschaftlichen Denkens. Seit Darwin müssen wir uns der Frage stellen, wieviel am menschlichen Verhalten Wurzeln in der früheren Evolution hat, und das ist, zumindest auf den ersten Blick, einer Weltanschauung abträglich, die den Menschen ins Zentrum rückt. War die vorurteilsfreie Analyse jener Züge der menschlichen Natur, die nicht gerade anziehend sind, etwa bei den französischen Moralisten noch von normativen und insbesondere theologischen Prämissen getragen, ist der soziobiologische Blick auf den Menschen kalt, wenn nicht offen zynisch – der Mensch erscheint als eine besonders komplexe, von seinen Genen programmierte Überlebensmaschine, in der etwas Göttliches zu erkennen schwerfällt.

Die moderne Philosophie hat drittens eine entscheidende Grundlage des ersten wie des zweiten Humanismus untergraben – die Überzeugung, daß es objektive, ideal geltende Werte gebe. Nach dem Zusammenbruch der rationalen Theologie und der sie tragenden Platonischen Metaphysik ist es nicht einfach, an der Auffassung festzuhalten, daß Werte mehr seien als psychische oder soziale Entitäten; der Glaube an eine radikale Geschichtlichkeit des menschlichen Daseins läßt zudem den Rückgriff auf frühere Epochen unplausibel erscheinen – denn ohne anthropologische Konstanten, ohne überzeitlich geltende Normen ist ein solcher Rückgriff kaum mehr als eine antiquarische Schrulle. Ferner ist nicht ohne weiteres einzusehen, wie man ohne die Annahme von Werten, die unabhängig vom faktischen menschlichen Willen gelten, der Konsequenz aus dem Wege gehen kann, daß die Sieger der Geschichte auch in letzter Instanz recht haben. Gewiß hat das 19. Jahrhundert rein immanentistische Geschichtsmetaphysiken hervorgebracht (die marxistische ist die bekannteste), die ohne die Annahme eines die Welt transzendierenden normativen Bezugspunktes das Sich-Abfinden mit der gegenwärtigen Wirklichkeit zu vermeiden beanspruchten – und zwar dank des Anspruchs, die zukünftige Geschichte vorhersehen zu können. Aber dieser Anspruch ist unhaltbar, und daher sind machtpositivistische Konsequenzen für eine immanentistische Weltanschauung äußerst naheliegend. Nicht minder fragwürdig und in unserem Zusammenhang erörterungsbedürftig ist der weitergehende Anspruch dieser Theorien, mit dem Humanismus wirklich ernst zu machen. Zwar kann man zugeben, daß das sozialistische Programm der Überwindung bildungsbürgerlicher Schranken, die große Schichten der Bevölkerung von dem Zugang zu dem als paradigmatisch geltenden Wissen ausschlossen, verdienstvoll und sachlich berechtigt war, gerade wenn man sich zu universalistischen moralischen Idealen bekannte. Aber ob die Eliminierung Gottes den Humanismus in seine Wahrheit gebracht hat, das kann füglich bestritten werden. Nicht der grundsätzliche Bruch mit dem christlichen Humanismus der frühen Neuzeit ist das, was eigentlich beunruhigt (Traditionsbrüche können, wie gesagt sinnvoll, ja unvermeidlich sein); beängstigend ist vielmehr, daß in dem positivistischen und marxistischen Humanismus der Mensch ausschließlich an seinesgleichen ausgeliefert wird, ohne die noch so theoretische Möglichkeit eines Appells an eine höhere Instanz. Die Situation wird um so gefährlicher dadurch, daß der Mensch, an den der Mensch im nachchristlichen Zeitalter ausgeliefert wird, nicht mehr der antike Mensch ist, der um seine Endlichkeit und Gefährdetheit durchaus wußte, sondern ein Mensch, der dank der neuzeitlichen Wissenschaft und insbesondere der durch sie ermöglichten Beherrschung von Natur und Gesellschaft, was seine Macht angeht, und leider: nur was seine Macht angeht, gleichsam die Stelle Gottes angetreten hat. In die Hände eines solchen Menschen zu fallen, ist aber nun wahrhaft fürchterlich. Der explizite Machtpositivismus des späten Nietzsche scheint mir auf jeden Fall konsequenter als die Halbheiten des immanentistischen Humanismus, wenn man sich einmal gegen den Platonismus entschieden hat.

Nietzsche ist nicht nur als Philosoph bedeutsam, sondern auch als Klassischer Philologe und als Theoretiker und Kritiker der Klassischen Philologie. In der Tat ist die Neubestimmung der Klassischen Philologie im 19. und 20. Jahrhundert, die Nietzsche früh gespürt hat, eine der subtilsten, wenn auch paradoxesten Ursachen des Niedergangs des Humanismus. Hatte man schon in der frühen Neuzeit den geschichtlichen Wandel der Antike erkannt, so nimmt die Klassische Philologie des 19. und des 20. Jahrhunderts an der durch den eben erwähnten philosophischen Prozeß mitbedingten Umwandlung der *studia humaniora* in, wenigstens dem Anspruch nach, wertfreie Geisteswissenschaften teil. Für die Sozialwissenschaften ließe sich dieser Vorgang anhand der Positionen Vicos, Montesquieus, Tocquevilles, Comtes, Marx', Durkheims, Webers und Paretos sehr genau nachzeichnen:[17b] Am Ende steht eine Position, die alle sozialen Systeme, auch das eigene, gleichsam von außen betrachtet und keine wertende Stellungnahme mehr abgibt, ja, Werte als Illusionen durchschaut zu haben glaubt. Auch wenn die Klassische Philologie sich nicht zu den Abstraktionshöhen der theoretischen Sozialwissenschaften erhoben hat und daher der analoge Prozeß mehr unbewußt als bewußt abgelaufen ist, läßt sich doch im 19. Jahrhundert eine Verlagerung des Interesses deutlich feststellen: Man will nicht mehr *von* der als klassisch empfundenen Vergangenheit lernen, wie das letztlich noch Theodor Mommsen, zweifelsohne einer der Begründer der kritischen Geschichtsschreibung, aber gleichzeitig eben auch ein politisch, u. a. rechtspolitisch engagierter Bürger seines Staates, mit der „Römischen Geschichte" will, sondern nur *über* sie lernen: Sie wird zu einem Forschungsgegenstand, der dem Forscher letztlich genauso fremd bleibt wie der Käfer dem Entomologen. Gewiß erlaubt dieses Gefühl der Fremdheit die Erforschung auch der Schattenseiten des Forschungsgegenstandes, die eine normativ ausgerichtete, idealisierende Betrachtung nahezu zwangsläufig ignoriert. Das Faszinierende, wenn auch höchst Widersprüchliche an der Position Nietzsches ist nun folgendes. Einerseits erkennt und verurteilt er mit großer Klarsicht diesen subtilen Veränderungsprozeß in der Klassischen Philologie, an deren Ende ihre gegenwärtige Schrumpfform steht, deren Lebensbedeutung für die Gesellschaft sehr gering ist; andererseits hat er die Methoden objektivierender Forschung, ungeachtet aller mit „Die Geburt der Tragödie" einsetzenden Verstöße gegen sie, so gründlich gelernt, daß sein Griechenlandbild von demjenigen der früheren Humanisten beträchtlich abweicht: Nietzsche weiß durchaus um die abstoßenden Aspekte der griechischen Kultur – ich nenne nur die Sklaverei. In der Tat ist das Griechenlandbild der Philologie des 19. Jahrhunderts unvergleichlich präziser als dasjenige früherer Jahrhunderte; und diese Präzision ist auch für das bildungsbürgerliche Bewußtsein nicht ohne Folgen geblieben: Das zentrale „Schnee"-Kapitel des „Zauberbergs" vermittelt eine Vision von Griechenland, die in ihrer Zwiespältigkeit und Abgründigkeit von Schillers Hellasvorstellungen beträchtlich abweicht – eben weil sie eine nachnietzschesche Konzeption ist. Aus dieser deutlichen Erkenntnis der grundsätzlichen Andersartigkeit der moralischen Vorstellungen Griechenlands gegenüber denjenigen der christlich geprägten Neuzeit ergibt sich das zweite Dilemma in Nietzsches Umgang mit der Antike: Einerseits hat Nietzsche teil an dem modernen Prozeß der Relativierung aller Werte, ja, er hat ihn vorangetrieben wie kein zweiter, hat also nur das radikal expliziert, was seine von ihm gehaßten philologischen Kollegen implizit bewirkten; andererseits will sich Nietzsche nicht mit der Gleichgültigkeit von allem und jedem abfinden, sondern strebt im Gegenteil eine Umwertung der Werte und damit den Ersatz der zu seiner Zeit geltenden mit neuen an. Seine Option für die neuen Werte kann Nietzsche aufgrund seiner erkenntnistheoretischen und metaphysischen Voraussetzungen natürlich nicht begründen; die Strategien, die er zum Zwecke ihrer Vermittlung befolgt, sind mannigfacher Art: Er spielt den Propheten, wobei die Schrillheit seines Tons über den Mangel an Argumenten hinwegtäuschen soll; er bedient sich virtuos diverser Kunstformen; und er beruft sich auf die Antike. Darin zeigt sich in bemerkenswerter Weise der humanistische Rest, der bei Nietzsche noch verbleibt; ja, paradoxerweise läßt sich sagen, daß der Wertrelativist Nietzsche an dem paradigmatischen Charakter der Antike viel strenger festhält als seine biederen philologischen Kollegen, die sich nie dazu verstiegen hätten, sich zu einem Wertrelativismus zu bekennen, sondern aus lauter Gewohnheit, ohne jedes Bewußtsein des Widerspruchs zu ihrer eigenen Tätigkeit, weiterhin humanistische Topoi im Munde führten. (Man denke an Ulrich von Wilamowitz-Moellendorff.) Allerdings unterscheidet sich sein Humanismus von dem früheren ganz grundsätzlich: Aufgrund des Bewußtseins vom geschichtlichen Wandel innerhalb der Antike wendet er sich, schon in seinem ersten Buche, mit Schärfe gegen manche der antiken Denker und Schriftsteller; insbesondere Platon, das wichtigste Bindeglied zwischen antiker und christlicher Kultur, ist ihm verhaßt. Gleichzeitig sieht und akzeptiert er gerade diejenigen Momente der griechischen Kultur, in denen diese am deutlichsten von der neuzeitlichen, durch das Christentum geprägten abweicht – also den voruniversalistischen Charakter ihrer Sittlichkeit, mit dem die Sklaverei ebenso vereinbar war wie die Unterdrückung anderer Völker. Nietzsches Moralphilosophie ist freilich nicht voruniversalistisch, sondern, da er mit dem Christentum vertraut war, antiuniversalistisch, und dies ist, zumindest wenn man eine universalistische und intentionalistische Ethik zugrunde legt, wesentlich schlimmer als selbst die ärgsten Exzesse der voruniversalistischen Kulturen. Sein Humanismus ist insofern der absolute Gegenpol zu dem christlichen, vorhistoristischen Humanismus der frühen Neuzeit, und es kann nicht verwundern, daß nach den Aporien, die in Nietzsche deutlich geworden sind, eine Verbindung von Philosophie und Klassischer Philologie es besonders schwer hat,[18] ja, daß die Tradition des Humanismus überhaupt fragwürdig geworden ist: Vielleicht ist es mehr als ein Zufall, daß gerade eine Nation mit einer so starken humanistischen Tradition wie Deutschland – aber eben einem nachnietzscheschen Humanismus – 1933 bis 1945 zum Subjekt der antiuniversalistischsten Politik der Weltgeschichte wurde.

Damit ist der Übergang zu den ausschließlich modernen Faktoren gemacht, die, neben der Verstärkung jener älteren Entwicklungstendenzen, zur Unterhöhlung des Humanismus beigetragen haben. Der säkulare Humanismus, der nicht mehr theologisch oder metaphysisch begründet war, stand und fiel mit einer eschatologischen Gesichtsphilosophie, die davon ausging, daß am Ende des Industrialisierungsprozesses das Paradies auf Erden eintreten und somit die Transzendenz vollständig in die Immanenz eingeholt werden werde. Diese Hoffnung hat sich nicht erfüllt – am Ende des 20. Jahrhunderts kommt uns vielmehr der Geschichtsoptimismus des 19. Jahrhunderts geradezu gespenstisch vor, und dies aus mindestens drei Gründen. Erstens spottet das Ausmaß an moralischen Übeln, die unser Jahrhundert hervorgebracht hat, jeder Beschreibung. Zwei Weltkriege und zwei Totalitarismen sind sicher nicht das einzige, aber doch vermutlich das Wesentliche, was die Nachwelt aus der Vogelperspektive mit unserem Jahrhundert verbinden wird. Angesichts dessen, was in den sowjetischen Gulags, in den nationalsozialistischen Vernichtungslagern, in Kambodscha und Rwanda Menschen einander zugefügt haben, hat der Glaube, der Mensch sei von Natur aus gut oder werde es jedenfalls im Laufe der Geschichte werden, etwas Irres, zumindest etwas Verantwortungsloses. An den Menschen zu glauben, fällt angesichts seines moralischen Versagens, das keineswegs mit der Zunahme seiner Macht zurückgeht, sondern nur gefährlichere Formen annimmt, außerordentlich schwer.

Dies gilt um so mehr, als keineswegs eine begründete Hoffnung darauf besteht, das nächste Jahrhundert werde besser ausfallen – für die gegenteilige Annahme sprechen leider die weitaus besseren Argumente. Zwei Problemkreise stützen die pessimistische Vision. So ist zunächst die ökologische Krise zu nennen, die sich in den nächsten Jahrzehnten zu einer ökologischen Katastrophe zuzuspitzen droht. Nicht nur verletzt unser Umweltverhalten elementare Prinzipien intergenerationeller Gerechtigkeit; viel spricht dafür, daß das Aussterben einer Art oder das Leiden eines Tiers an sich ein moralisches Übel ist, ganz unabhängig von dessen Folgen für den Menschen. Der Mensch ist aber dann nicht das einzige Wesen mit einem intrinsischen Wert, und sofern der Humanismus dies unterstellt haben sollte, müßte er überwunden werden, wenn wir zu einem neuen, weniger desaströsen Naturverhältnis finden wollen. Zwar gehörte Descartes nicht zu der humanistischen Bewegung seiner Zeit, aber sein maßloser Anthropozentrismus, der die Tiere in empfindungslose Maschinen verwandelt, war sicher für die Neuzeit und für spätere Formen des Humanismus folgenreich.

Außer durch die ökologische Krise wird das Überleben der Menschheit durch den zunehmenden Abstand zwischen reichen, zu einem guten Teil westeuropäisch geprägten, und armen Ländern gefährdet. Die Hoffnung auf eine einheitliche Weltentwicklung hat sich nicht erfüllt, und dies bringt große Risiken für den Weltfrieden mit sich. Doch so wie hinter der ökologischen Krise, wenigstens nach der Meinung mancher, eine falsche Naturwahrnehmung – und zwar eine anthropozentrische, also humanistische – steht, so kann man analog durchaus die These vertreten, daß das rücksichtslose Verfolgen europäischer Interessen durch die humanistische Ideologie erleichtert wurde. Ist nicht, so könnte man fragen, der Humanismus eine zutiefst eurozentrische Bewegung – eine Bewegung, die nicht zufällig im Zeitalter des europäischen Imperialismus ihren Höhepunkt hatte und nun mit ihm ad acta gelegt werden muß? Hat die abendländisch geprägte Menschheit überhaupt ein Recht, ihre eigene Tradition zu einem absoluten Maßstab zu erheben? Vertritt die europäische Menschheit inzwischen nicht bloß einen recht kleinen Teil der Weltbevölkerung, und vielleicht auch nicht einmal den langfristig wirtschaftlich erfolgreichsten, wie die ostasiatischen Länder nahelegen könnten? Hat nicht das Studium anderer Kulturen neben der griechisch-römischen seit dem 19. Jahrhundert deutlich gemacht, über welche geistigen Schätze diese anderen Kulturen verfügen – Schätze, die keineswegs alle im Abendland aufgehoben sind? Und sollten wir, da das Studium dieser fremden Kulturen ohne den Verlust des paradigmatischen Charakters der Klassischen Philologie schwerlich derart vollumfänglich eingesetzt hätte, nicht froh sein über diesen Verlust?

IV.

All diese Fragen und Einwände sind durchaus ernst zu nehmen, ernster als jedes humanistische Gerede, das sich an ihnen vorbeimogelt. Nur wer sich ihnen stellt, hat ein moralisches Recht, den Humanismus in welch modifizierter Form auch immer für eine auch heute noch vertretbare Position zu halten. Im folgenden will ich erstens den theoretischen Gehalt des Humanismus und zweitens seine historische Bezugnahme auf die griechisch-römische Antike in jener Form verteidigen, die m. E. auch heute noch glaubwürdig ist, ja, sogar eine Lebensorientierung geben kann.

Was die Rolle des Menschen im Ganzen des Seins betrifft, so muß jeder zeitgemäße Humanismus von den früher ausgeführten Kritikpunkten folgendes anerkennen. Der Mensch ist erstens ein Teil der Natur, der er durch seine Genese wie durch seine organische Seinsweise verbunden bleibt. So ist der Ausdruck „Naturzerstörung" insofern mißverständlich, als aufgrund der Erhaltungssätze nur eine Umformung von Natur, nicht ihre Vernichtung stattfinden kann; am Ende aber jener Umgestaltungen der Natur, die die industrialisierte Menschheit im hohen Maße bewirkt, wird, wenn sie ungehemmt fortgesetzt werden, die Zerstörung des Menschen, neben derjenigen vieler anderer Arten, stehen. Des weiteren wird eine plausible Ethik anerkennen, daß der Mensch nicht das einzige Wesen mit intrinsischem Wert ist. Nicht nur weil Tierquälerei möglicherweise die Hemmschwelle gegenüber Grausamkeiten an Menschen senkt, ist sie abzulehnen; sie ist an sich unedel und gerade eines Wesens unwürdig, das durchaus zu Recht Anspruch darauf erhebt, eine Sonderstellung innerhalb der Natur wahrzunehmen. Denn darin liegt m. E. die Wahrheit des Humanismus: Der Mensch ist von allen uns bekannten Wesen dasjenige mit dem höchsten intrinsischen Wert – aber eben nicht das einzige mit intrinsischem Wert. So scheint es mir vertretbar, Tiere zu töten, wo dies erforderlich ist, um ein Menschenleben zu retten; die Tötung und gar die Quälerei von Tieren zum Zwecke der Befriedigung eine Appetits, der auch anders gestillt werden kann, ist dagegen durchaus problematisch. A fortiori gilt dies für die Vernichtung einer Art, und zwar auch hier unabhängig von deren Nutzen für den Menschen.

Die Sonderstellung des Menschen ergibt sich daraus, daß er Werte erkennen kann – d.h. aber, daß sie ein von seinem Willen unabhängiges Sein haben müssen. Eine starke Ethik muß einen moralischen Realismus vertreten, und ein solcher ist nicht mit derjenigen Position verträglich, die man „Anthropogenetismus" nennen kann, die also glaubt, daß der Mensch es ist, der die Werte setzt. Was der genaue ontologische Status von Werten ist, wie sie erkannt werden können, kann hier nicht diskutiert werden – mir geht es hier nur darum, daß sie zusammen mit der vormenschlichen Natur jene andere Seinssphäre sind, die neben dem Menschen anerkannt werden muß. Die Religion kreist um diese Sphäre, und so widersprüchlich auch manche Gottesvorstellungen sind, besteht doch die unaufhebbare Bedeutung der Religionen eben in der Anerkennung dieser Sphäre als eines Heiligen, d.h. den menschlichen Willen Bindenden. Zwar hat der Mensch die Fähigkeit, sich von dieser Sphäre zu lösen, aber gerade dadurch kommt es zu jenen Erscheinungen, die den Glauben an den Menschen so schwierig machen. Ein sinnvoller Glauben an den Menschen kann in der Tat nicht darin bestehen, in der Loslösung von jener Seinssphäre den Sinn der Geschichte zu erblicken – ganz im Gegenteil ist diese Loslösung das eigentlich Gefährliche am Menschen. Ein tiefes Mißtrauen gegenüber dem empirischen Menschen, der das intraspezifisch aggressivste Tier ist, das die Natur hervorgebracht hat, ist logisch durchaus kompatibel mit einem Festhalten an der normativen Idee des Menschen, der sich anzunähern dem einzelnen moralisch geboten ist. Der ideale Mensch ist von allen der Welt immanenten Wertträgern der höchste uns bekannte. Natürlich gehört zum idealen Menschen, daß er die aus dieser Wertfülle emanierende Menschenwürde seiner Mitmenschen anerkennt; darüber hinaus wird er außermenschliche Wertträger nicht ohne Not vernichten, sondern ihnen vielmehr dabei helfen, die ihnen mögliche Wertfülle zu verwirklichen.

Insofern geschichtlich kaum zu bezweifeln ist, daß eine universalistische, die Menschenwürde aller anerkennende Ethik und Rechtsphilosophie im abendländischen Kulturkreis eher entstanden ist als in anderen, darf dieser Kulturkreis ein besonderes Interesse beanspruchen – nicht weil es sich dabei zufälligerweise gerade um unseren Ursprung handelt, sondern weil auf der Grundlage dieser Kultur ein Interesse und ein Respekt für andere möglich geworden sind, die sich keineswegs von selbst verstehen. Daß die abendländische Kultur diesem Ideal nicht immer gerecht geworden ist, ist leider wahr – aber wer die europäische Geschichte unter diesem Gesichtspunkt, durchaus zu Recht, kritisieren will, sollte sich nicht den Maßstab aus der Hand schlagen lassen, den er für seine Kritik braucht. Gerade wer die Idee allgemeiner Menschenrechte ernst nimmt, sollte sich nicht nur mit jedem Menschen, dem er begegnet, sondern auch mit jeder Kultur mit dem aufrichtigen Interesse beschäftigen, nicht nur über sie, sondern auch von ihr zu lernen, und es ist nicht zweifelhaft, daß durch das Studium außereuropäischer Kulturen Alternativen zu den Fehlentwicklungen der Gegenwart entdeckt werden können – ich erinnere nur an den Naturbegriff archaischer Kulturen. Allerdings dürfen wir uns keinen Illusionen hingeben: Das Projekt der Moderne, wie es in der westeuropäischen Neuzeit konzipiert wurde, ist, zum Guten wie zum Bösen, das Schicksal des ganzen Planeten geworden, und daher hat seine Analyse eine besondere Dringlichkeit. Das Großartige an der griechisch-römischen Kultur ist aber deren ganz eigentümliche Nähe und Ferne zur Neuzeit. Wer nur klassischer Philologe ist, wird die Gegenwart nicht begreifen, zu deren Verständnis eine gewisse Vertrautheit mit der modernen Philosophie und Wissenschaft unabdingbar ist, und erst recht wird er die Zukunft nicht gestalten helfen. Aber wer überhaupt nichts von der griechisch-römischen Vergangenheit weiß, wird ebensowenig der Zukunft einen Weg weisen können. Denn das Faszinierende an der klassischen Antike, im Unterschied etwa zu den vorderasiatischen Hochkulturen, besteht darin, daß sie wesentliche Momente der Neuzeit vorwegnimmt, wenn auch meist in Form einer konkreten Alternative: Wer die griechische Mathematik und die römische Rechtswissenschaft kennt, kann in deren moderne Äquivalente schneller eindringen und gleichzeitig ihre problematischen Aspekte rascher begreifen. Außerdem wird man zugeben müssen, daß es zeitlose Wahrheiten gibt, die die Antike erfaßt hat – von besonderer Bedeutung ist dabei die zeitlose Wahrheit, daß es zeitlose Wahrheiten gibt. Für jene oben skizzierte ethische Position stellt der Platonismus weiterhin die beste metaphysische Grundlage dar, die es gibt. Den weltgeschichtlich einschneidenden Wendepunkt in der Sittlichkeit der Menschen stellen die Universalreligionen, insbesondere die monotheistischen Religionen, dar, die eine notwendige, wenn auch nicht hinreichende Bedingung für die Idee der Menschenrechte bedeuten, die durch die christliche Bestimmung des Verhältnisses von Gott und Mensch sicher weiter begünstigt wurde.[19] Auch wenn wir in Anbetracht des Wahrheitsbegriffs der modernen Philosophie und Wissenschaft sowie angesichts der offenkundigen Mängel der westeuropäischen Kultur im Umgang mit der Natur und mit anderen Kulturen uns mit dem christlichen Humanismus, wie er geschichtsmächtig geworden ist, nicht vollständig identifizieren können, bleibt doch die Verbindung von Platonismus und universalistischer Ethik die – gewiß zu konkretisierende und zu modifizierende, aber eben nicht aufzugebende – Grundlage für jeden neuen Humanismus.

Religion, Theologie, Philosophie

Kaum eine Zeit braucht eine Neubesinnung auf das Verhältnis von Theologie und Philosophie dringender als die unsere. Die offenkundige Krise, in der die christliche Theologie seit einigen Jahrzehnten steckt, ist teils eine Folge der Umbrüche, die seit dem späten 19. Jahrhundert im Philosophiebegriff erfolgt sind und die auf alle Wissenschaften, also auch auf die Theologie einen nicht immer raschen und unmittelbaren, aber unterschwellig um so wirksameren Einfluß ausgeübt haben; teils ist sie selbst eine Ursache für die Stagnation, ja den Niedergang der Philosophie. Die Krise der Theologie und Philosophie ist um so betrüblicher, als die Intensität der religiösen Bedürfnisse keineswegs nachgelassen hat; ganz im Gegenteil bleibt der Mensch unheilbar religiös, und diese religiösen Bedürfnisse suchen unweigerlich nach Formen der Befriedigung – Formen, die um so abwegiger und irrationaler, ja gefährlicher werden können, je stärker sie sich von jener wenigstens partiell rationalen Durchdringung religiöser Erfahrungen absetzen, die in der Theologie geleistet wurde.

Religion

Eine plausible Bestimmung des Verhältnisses von Religion, Theologie und Philosophie kann nur erfolgen, wenn zunächst einmal Klarheit über die drei genannten Phänomene je für sich erzielt worden ist. Wenn man vereinfacht, kann man dabei von folgenden Begriffsbestimmungen ausgehen. Religion ist zwar notorisch schwer zu definieren,[1] schon weil die unterschiedlichsten Religionen existiert haben, die, was ihren Glaubensinhalt angeht, nur sehr wenige Gemeinsamkeiten haben, aber zur Religion gehört wohl in jedem Falle das Gefühl der Bindung an eine Macht, die als letztes Kriterium der eigenen Lebensführung anerkannt und in religiösen Handlungen, im Kult, verehrt wird, auch wenn sie nicht als Teil der wissenschaftlich erfahrbaren Welt angesehen werden kann. (Damit ist nicht gesagt, daß alle Religionen ein die Welt transzendierendes Prinzip anerkennen – die Überschreitung der Immanenz, innerhalb deren die Götter des Polytheismus angesiedelt sind, setzt vielmehr komplexe intellektuelle Vollzüge voraus, zu denen die Menschheit nur spät, und nicht überall, fähig geworden ist.) Dieses Gefühl der Bindung ist eine psychische Realität, die sich mit anderen Momenten des menschlichen Geistes verschränken kann, wie Gefühlen ganz anderer Natur, aber auch volitiven und intellektuellen Akten. Nicht bei allen, aber doch bei vielen religiösen Menschen ist dieses Gefühl anderen menschlichen Interessen, z.B. wirtschaftlicher Art, aber auch der gewöhnlichen Alltagssittlichkeit, übergeordnet (vgl. Joh. 12,1 ff.). Daß die motivatorische Kraft der Religion beträchtlich ist, besagt in der Tat noch nicht, daß ihr Einfluß moralisch zu begrüßen ist. Mutter Teresas Taten der Nächstenliebe waren ohne jeden Zweifel religiös motiviert, aber religiöse Motive lagen, neben solchen anderen Ursprungs, auch den Kreuzzügen zugrunde. Zwar ist für den Anhänger einer Religion religiöses Verhalten per definitionem moralisch zu billigen; aber man kann dieses Verhalten auch von außen beobachten und einer wertenden Stellungnahme unterwerfen, die von derjenigen in der Binnenperspektive stark abweicht. Freilich muß auch diese Wertung, wenn sie ernst genommen werden will, an ein letztes Bewertungskriterium appellieren – sie bewegt sich daher selbst im Rahmen von Religion im weitesten Sinne des Wortes.

Die Situation kompliziert sich dadurch, daß religiöser Glauben und religiöse Praxis aufgrund der unaufhebbaren Sozialität des Menschen nach intersubjektiver Anerkennung streben. Der Mensch wird in religiöse Traditionen hineingeboren, die ihm mit autoritativem Anspruch gegenübertreten. Soziale Gebilde sind in der Regel nur als Verbände entscheidungsfähig und stabil; daher organisieren sich Religionen oft in Form hierokratischer Verbände, innerhalb deren ein Priesterstand eine ausgezeichnete Rolle spielt. Der Wirkungskreis, den die einzelnen Religionen anstreben, ist je nach Epoche und Kultur unterschiedlich: Erst die Universalreligionen wollen die ganze Menschheit zu den eigenen Überzeugungen bekehren (teilweise aus altruistischen Gründen), während die traditionellen Volksreligionen im eigenen Volke ihre anerkannte Grenze haben; erst mit den Universalreligionen kann der hierokratische Verband „Kirche" genannt werden. Freilich braucht sich der einzelne nicht damit zu begnügen, an einer tradierten religiösen Sittlichkeit zu partizipieren; er mag den Willen spüren, den er als Berufung deuten wird, die überlieferte Religion zu ändern oder gar durch eine neue zu ersetzen. In solchen Fällen entwickelt sich nahezu zwangsläufig ein Konflikt zwischen der überlieferten Religion und den sie repräsentierenden hierokratischen Verbänden auf der einen und dem Neuerer und seinen Jüngern auf der anderen Seite. Freilich ergibt sich aus der Unhintergehbarkeit des Strebens nach Konsens – sei dieser ein Kriterium für Wahrheit, sei er ein aus der Erkenntnis der Wahrheit folgendes, als moralisch geboten empfundenes Ziel – die Unmöglichkeit eines religiösen Solipsismus; und das heißt, auch der Neuerer wird versuchen, seinen neuen Glauben zu institutionalisieren und zu intersubjektivieren.

Theologie

Der Begriff der Theologie ist auf denjenigen der Religion nicht reduzierbar: Zwar gibt es keine Theologie ohne Religion, aber nicht jede Religion hat eine Theologie hervorgebracht. Natürlich kann man den Begriff der Theologie so weit verwenden, daß jedes Reden über den Gegenstand der Religion, also über Gott und die Götter, als „Theologie" bezeichnet wird, und dann ist jeder Mythos per definitionem Theologie. Selbst Aristoteles gebraucht den Begriff der Theologie gelegentlich so, z. B. wenn er in seiner „Metaphysik" (1000a9) Hesiod und andere mythologische Schriftsteller „Theologen" nennt. Gewiß ist Hesiods theogonische Systematisierungsleistung beeindruckend, aber von einer wissenschaftlichen Qualität seines Werkes wird man nicht sprechen wollen, während dieses Prädikat der theologischen Philosophie gebührt, die nach Aristoteles (Metaphysik 1026a19) den dritten und höchsten Teil der theoretischen Philosophie ausmacht. Ähnlich verbindet Platon mit dem von ihm erstmals geprägten Begriff der τεολογία (Republik 379a) Wissenschaftlichkeit: Theologie ist nicht das bloße Reden von Gott, sondern die Wissenschaft von Gott, und eine der Hauptaufgaben der von Platon konzipierten Theologie ist die Kritik der von den antiken Dichtern tradierten

Gottesauffassungen, die vor der philosophisch ausgebildeten Vernunft nicht bestehen können. In der stoischen Konzeption der dreigeteilten Theologie wird die philosophische, d.h. die sogenannte natürliche Theologie der poetischen der Dichter-Mythologen und der politischen des Staatskultes entgegengesetzt; „Theologie" bedeutet hier somit jedes Reden über Gott, sowohl in vorwissenschaftlicher als auch in wissenschaftlicher Form. Im folgenden will ich wie Platon unter „Theologie" nur die Wissenschaft von Gott (oder den Göttern) fassen. Es versteht sich, daß eine Theologie in diesem Sinne voraussetzt, daß eine Kultur sich zu dem Niveau wissenschaftlichen Denkens erhoben hat, woraus unmittelbar folgt, daß nicht alle Religionen eine Theologie haben können: Denn während die Religion eine universale anthropologische Konstante ist, ist es die Wissenschaft sicher nicht. Entstanden ist die Wissenschaft im strengen Sinne des Wortes nur in Griechenland, und daher verfügen über eine explizite Theologie nur die griechische Kultur und jene Kulturen, die sie rezipiert haben. So gibt es sicher spätestens seit Philon von Alexandrien eine jüdische Theologie, und auch der Islam kann beanspruchen, zwar nicht schon mit Mohammed, aber doch relativ bald nach der Begegnung mit der griechischen Wissenschaft eine Theologie ausgearbeitet zu haben. Aber von einer Theologie des Hinduismus kann man schwerlich sprechen.

Die Theologien der drei monotheistischen Religionen unterscheiden sich von der Theologie im Sinne Platons und Aristoteles', also von der philosophischen oder natürlichen Theologie, dadurch, daß sie im Rahmen einer Offenbarungsreligion entwickelt wurden. Ein zentraler Bezugspunkt ist für sie der als geoffenbart angenommene Text, der die letzte Richtschnur ihrer theologischen Bemühungen ist. Zwar kann sich die Theologie als Wissenschaft nicht mit der Rezitation der heiligen Texte begnügen – sie muß sich um ihre Interpretation, ihre Anwendung auf neue Situationen bemühen, die im heiligen Text noch nicht vorgesehen waren. Aber sosehr bei dieser Interpretation meist der Text transzendiert wird, sosehr in ihn Dinge hineingelesen werden, die der *mens auctoris* (unter *auctor* sei hier der endliche, geschichtlich lokalisierte Verfasser des entsprechenden Textes gemeint) durchaus fremd waren, sosehr geht das religiöse Bewußtsein des naiven Offenbarungstheologen davon aus, daß er seine Interpretamente aus dem Text nur herausgelesen hat, und auch wenn er sich nicht scheut, weitgehende Implikationen des Textes zu entwickeln, wird er doch stets davor zurückschrecken, dem heiligen Text ausdrücklich zu widersprechen. Dies ist allerdings dort in geringerem Maße der Fall, wo der heilige Text, etwa weil er nicht von einem einzigen Verfasser stammt, sondern vielleicht sogar über viele Jahrhunderte hinweg entstanden ist, selbst Widersprüche enthält; hier kommt der Theologe um eine Stellungnahme gegen eine Stelle aus dem heiligen Text nicht herum, auch wenn er sich bemühen wird, seine Stellungnahme mit einem formalen hermeneutischen Kriterium zu stützen (etwa: Der spätere Text setze den früheren außer Kraft). Die Arbeit des Theologen ist der des Juristen vergleichbar, der sich ebenfalls an geltenden Texten orientiert, ohne die Frage nach der Legitimität ihrer Geltung zu stellen, aber durchaus mit wissenschaftlichen Methoden, insbesondere mit logischen und hermeneutischen Mitteln, die Anwendung der Texte auf gegenwärtige Problemlagen leistet. Eine Besonderheit der christlichen Theologie gegenüber derjenigen der anderen monotheistischen Religionen sind die Beziehungen zwischen dieser Theologie und der Kirche, und zwar aus dem einfachen Grunde, daß etwa der Islam nicht über eine Kirche verfügt, die der christlichen vergleichbar wäre. Christliche, insbesondere katholische Theologie ist nicht nur an die geoffenbarten Texte, sondern auch an das kirchliche Lehramt gebunden, wenn sie autoritative Geltung beanspruchen will. Nicht jede Bibelinterpretation gilt als legitime Theologie, sondern nur die von der jeweiligen Kirche anerkannte. Zwei markante Unterschiede zwischen der katholischen Theologie und den protestantischen Theologien bestehen nun darin, daß die katholische Theologie neben der Heiligen Schrift auch der patristischen und scholastischen Tradition einen autoritativen Status zuweist und daß sie gleichzeitig aufgrund der hierarchischeren und monokratischeren Struktur der Katholischen Kirche strenger kontrolliert werden kann: Das erste Moment garantiert, weil es die Fülle der autoritativen Texte erweitert, ein größeres Reservoir an legitimen geistigen Denkformen, das zweite setzt der individuellen Freiheit, aber auch der Willkür des einzelnen Theologen Schranken.

Doch das, was die gegenwärtige christliche Theologie von der Theologie der anderen monotheistischen Religionen am radikalsten unterscheidet, ist die Übernahme des *modernen* Wissenschaftsbegriffs durch die neuzeitliche Theologie (auf breiter Front seit dem 19. und 20. Jahrhundert). Zwar haben schon die Griechen, und damit auch die mittelalterlichen Araber, die Methoden der Wissenschaft im allgemeinen gekannt, aber es ist von äußerster Wichtigkeit zu begreifen, daß die Welt *zwei* wissenschaftliche Revolutionen hervorgebracht hat – diejenige des 5. Jahrhunderts vor Christus und diejenige des 17. Jahrhunderts nach Christus. Auch wenn die Produkte beider Revolutionen als Wissenschaft bezeichnet werden können, sind die Unterschiede zwischen den beiden Wissenschaftstypen immens: Die tiefgreifende Verwandlung der Wirklichkeit in den letzten Jahrhunderten konnte nur durch die *moderne* Wissenschaft in Gang gebracht werden. Über die Veränderungen im Begriff der Naturwissenschaft ist oft gesprochen worden, und auch wenn sie zu einer starken Veränderung in der Natur der philosophischen Theologie geführt haben, sollen sie hier unberücksichtigt bleiben. Wesentlich wichtiger für die auf einen Offenbarungstext sich beziehende Theologie sind die Umwandlungen in den Geisteswissenschaften, etwa in den Geschichtswissenschaften, die in der gegenwärtigen Wissenschaftsgeschichte – die zumal in Deutschland meist Geschichte der Mathematik und der Naturwissenschaften ist – stark vernachlässigt worden sind. Die Entwicklung z.B. der quellenkritischen Methode oder die Unterscheidung von Schichten innerhalb eines Textes erzeugten ein Bewußtsein von der großen historischen Distanz zwischen den einzelnen Epochen. Wer durch die historische Schule hindurchgegangen ist, kann Texte aus einer früheren Zeit nicht mehr ohne weiteres für historisch bare Münze nehmen oder gar auf die Gegenwart anwenden; er muß davon ausgehen, daß ihr Verfasser von grundsätzlich anderen Denkkategorien geleitet war als die Menschen von heute. Der Humanismus ist paradoxerweise gerade wegen der Entwicklung der Klassischen Philologie zur modernen Geisteswissenschaft kollabiert, weil man erkannte, daß es nicht *eine* Antike gab, sondern eine Fülle divergenter moralischer Vorstellungen, die sich im Laufe der Geschichte gewandelt hatten. Ähnlich hat etwa die Anwendung literaturwissenschaftlicher Kategorien auf die heiligen Texte, ja die Übernahme des Verfahrens des Vergleichens nach dem Vorbild von Kulturwissenschaften, die sich als wertfrei verstehen und die Fülle des positiv

Gegebenen vor das Auge des Betrachters bringen wollen (man denke etwa an die vergleichende Religionswissenschaft), die historische Theologie in eine Krise gestürzt, die sie bei weitem noch nicht überwunden hat. Wenn namhafte, kirchlich legitimierte Exegeten lehren, daß der historische Jesus keine Ideen über die Trinität gehabt habe und wahrscheinlich über den zweiten Teil des Credo verblüfft gewesen wäre, daß seine (nicht erfüllte) Naherwartung die Gründung einer Kirche wenn nicht geradezu ausschließe, so doch sehr unwahrscheinlich mache u. v. a. m., dann gerät nicht nur das traditionelle Selbstverständnis der christlichen Religion, sondern auch und gerade dasjenige der christlichen Theologie in Gefahr. Denn eine Theologie, die mehr sein will als deskriptive Religionswissenschaft und auf Offenbarung Anspruch erhebt, kann schwerlich den autoritativen Charakter der heiligen Texte preisgeben, der jedoch durch die historische Analyse zunächst einmal gefährdet ist. Aber es ist klar, daß die Verurteilung derartiger exegetischer Befunde nach Art des Dekrets des Hl. Offiziums „Lamentabili" vom 3. Juli 1907 oder des Antimodernisteneids das Problem nicht löst, denn jene Exegeten argumentieren, wenn auch immer nur mit größerer oder geringerer Wahrscheinlichkeit, auf der Grundlage der modernen Geisteswissenschaft, und hinter deren Methode kann man schlecht zurück.

Seit der Herausbildung einer Methode, die die Entdeckung der *mens auctoris* erlaubt, kommt der moderne Theologe ebensowenig wie der Religionswissenschaftler darum herum, immer wieder festzustellen, daß in den heiligen Texten Irrtümer vorkommen, zumindest: daß sich die Vorstellungen ihrer Verfasser geschichtlich gewandelt haben. Die vormoderne Hermeneutik (man denke an die Lehre vom vierfachen Schriftsinn) erlaubte es, den heiligen Text etwa allegorisch zu deuten, wenn er dem widersprach, was der Interpret selbst für richtig hielt – als ein Beispiel unter Legionen sei auf Meister Eckharts Predigt „Intravit Jesus in quoddam castellum, et mulier quaedam, Martha nomine excepit illum" (zu Luk. 10,38; Pfeiffer Nr. IX) verwiesen, in der Eckhart zu beweisen sucht, daß Jesus Martha der Maria vorgezogen habe. Die Predigt ist großartig und enthält eine Fülle bedeutender Gedanken – aber es wäre abwegig zu bestreiten, daß sie die *mens auctoris* von Lukas nicht gerade trifft. Wahrscheinlich hat kein Werk die Grundgedanken der modernen Hermeneutik klarer und innovativer zum Ausdruck gebracht als Spinozas „Tractatus theologico-politicus". Besonders die Auseinandersetzung mit Maimonides am Ende des siebten Kapitels „De Interpretatione Scripturae" ist bedeutsam. Während Maimonides, hierin ein klassischer Vertreter der vormodernen Hermeneutik, eine Übereinstimmung aller Autoren des Alten Testaments erstens untereinander und zweitens mit der Vernunft lehrt, verwirft Spinoza beide Annahmen. Der Sinn der Heiligen Schrift könne nur aus ihr selbst entnommen werden, und es gebe nicht den geringsten Anlaß, den Autoren des Alten Testaments, die einander durchaus widersprächen, eine Vertrautheit mit der Philosophie des Maimonides zu unterstellen, die sie nicht gehabt haben könnten. „Supponit denique nobis licere secundum nostras praeconceptas opiniones Scripturae verba explicare, torquere, & literalem sensum, quamquam perspectissimum sive expressissimum, negare, & in alium quemvis mutare."[2] Die neue Hermeneutik des Spinoza erlaubt zwei Reaktionen: einerseits die fundamentalistische Rückkehr zum heiligen Text bei Ablehnung aller späteren Entwicklungen, auch wenn für sie gute Argumente sprechen, andererseits die Abwertung des heiligen Texts als eines Ausdrucks einer früheren Entwicklungsstufe der Vernunft, wie sie Spinoza selbst beabsichtigt. Was mit Spinoza verlorengeht, ist eines der Erfolgsgeheimnisse vormoderner Kulturen: die Weiterentwicklung der Tradition bei dem für die kollektive Identität der entsprechenden Kultur zentralen Gefühl, immer noch zu ihr zu gehören. Die Durchsetzung der neuen Hermeneutik im theologischen Bereich hat lange gedauert; noch Hume mußte aus den Fahnen von „The Natural History of Religion" Bemerkungen entfernen, die heute zum Gemeingut jeder theologischen Grundvorlesung über das Alte Testament gehören, etwa über die allmähliche Umwandlung der frühen Monolatrie Israels in einen reinen Monotheismus.[3]

Philosophie

Angesichts der Entwicklung des Historismus, der eine der beiden Grundlagen der Theologie stark unterhöhlt hat, gewinnt die andere Basis der Theologie, die philosophische, an Bedeutung. Was aber ist Philosophie? Abwegig ist eine inhaltliche Definition der

Philosophie – die Philosophie unterscheidet sich von den anderen Wissenschaften gerade dadurch, daß sie kein abgegrenztes Themengebiet hat: Es gibt eine Philosophie des Lebendigen und der Musik, aber keine Biologie der Musik oder Musikwissenschaft des Organischen. Insbesondere ist die im Mittelalter anzutreffende Begriffsbestimmung abzulehnen, die die Philosophie als Wissenschaft vom *ens creatum* der Theologie als Wissenschaft von Gott gegenüberstellt. Nach dieser Konzeption wäre der schon von Aristoteles geprägte Begriff einer theologischen Philosophie und analog auch derjenige einer philosophischen Theologie widersprüchlich; das Projekt einer Religionsphilosophie verlöre weitgehend seinen Sinn. Vielmehr wird man Philosophie als die alleine auf die Vernunft gegründete Wissenschaft von den Prinzipien des Seins und des Erkennens definieren müssen. Dann aber ist die Frage nach Gott geradezu das Zentrum der Philosophie; denn Gott ist das Prinzip allen Seins und allen Erkennens. Allerdings ist die Methode der philosophischen (oder rationalen oder natürlichen) Theologie von derjenigen der Theologie der Offenbarungsreligionen unterschieden. Die Philosophie darf nicht Argumente durch Autoritäten ersetzen; Texte, auch heilige Texte, dürfen in ihr keine Begründungsfunktion übernehmen. Während der Jurist die Geltung der Verfassung nicht hinterfragt, sondern auf ihrer Grundlage strittige Fragen zu beantworten sucht, stellt sich der Rechtsphilosoph der Frage, ob die Verfassung gerecht ist. Ähnlich akzeptiert die Theologie die heiligen Texte und das kirchliche Lehramt als Ausgangspunkt der eigenen Untersuchungen, während die Religionsphilosophie nach von der Offenbarung unabhängigen Argumenten für die Wahrheit der grundlegenden Aussagen der Religion sucht.

Doch gibt es nicht weniger Philosophien als Religionen; und gerade bei der Frage nach der Bewertung der Religion finden sich zwischen den einzelnen Philosophien mannigfache Differenzen. Einige Philosophien lehnen den Wahrheitsanspruch der Religion ebenso wie ihr soziales Wirken vollständig ab; andere lehren den sozialen Nutzen der Religion, der unabhängig sei von ihrem nicht zu verteidigenden Wahrheitsanspruch; noch andere meinen, die zentralen Inhalte ihrer Religion ließen sich durch die Vernunft begründen; schließlich findet sich die Position, es gebe rationale Argumente, die Wahrheit der Religion auch dann anzuerkennen, wenn es keine vernünftigen Gründe für ihre inhaltlichen Aussagen gebe. Die letztere Position hebt einerseits auf die Unzulänglichkeit der menschlichen Vernunft ab, andererseits stützt sie sich in der Regel auf historische Argumente zugunsten der Offenbarung. Derartige Argumente, wie sie etwa in Pascals apologetischer Schrift eine Rolle spielen, können freilich nie mehr als Plausibilitätsargumente sein; und insbesondere seit der Entwicklung der modernen historischen Theologie haben sie auch an Plausibilität verloren. Daher wird eine philosophische Theologie, die die Religion ernst nimmt, in der Regel eine inhaltliche Rechtfertigung ihrer Aussagen anstreben und in diesen Bemühungen selbst ein Wirken Gottes bzw. des Heiligen Geistes erkennen. Der Prozeß der rationalen Durchdringung der Religion erscheint in dieser Perspektive geradezu als Fortsetzung des Offenbarungsprozesses, in dem Gott sich den Menschen zu erkennen gibt. Lessing hat in „Die Erziehung des Menschengeschlechts" diese intellektuelle Durchdringung der Religion als deren Vollendung angesehen und gleichzeitig die These verteidigt, daß am Anfang die positive Offenbarung stehen müsse. „Die Ausbildung geoffenbarter Wahrheiten in Vernunftswahrheiten ist schlechterdings notwendig, wenn dem menschlichen Geschlechte damit geholfen sein soll. Als sie geoffenbaret wurden, waren sie freilich noch keine Vernunftswahrheiten; aber sie wurden geoffenbaret, um es zu werden." (§ 76) Diese Position mag radikal klingen, aber sie ist gar nicht so weit entfernt vom anselminischen Programm der *fides quaerens intellectum*, das die mittelalterliche Theologie weitgehend bestimmt, auch wenn schon Thomas von Aquin vom Rationalismus des 11. und 12. Jahrhunderts seinen Abschied nimmt und eine Konzeption ausarbeitet, die zwischen dem Rationalismus und dem Fideismus eine Mittelstellung einnimmt und die in der Folgezeit für das Selbstverständnis der katholischen Theologie kanonisch wurde. Danach lassen sich einige, aber nicht alle Glaubensartikel beweisen. Immerhin hat der partielle Rationalismus von Thomas die katholische Theologie vor jenem Fideismus und Offenbarungspositivismus bewahrt, der zumal im 20. Jahrhundert große Teile der protestantischen Theologie bestimmt.

Beziehungen

Wie verhalten sich also – so können wir nach dem Versuch einer Begriffsbestimmung der drei Relata unsere Frage wiederholen – Religion, Theologie und Philosophie zueinander? Die Frage läßt sich sowohl auf der deskriptiven als auch auf der normativen Ebene beantworten. Um mit der deskriptiven zu beginnen, so versteht es sich, daß zwischen den drei geistigen Mächten Spannungen existieren können. Es gibt viele Religionen ohne Theologie und *a fortiori* ohne Philosophie; es gibt atheistische und antireligiöse Philosophien; und es gibt fideistische Theologien, die jeder Philosophie feindlich gesinnt sind, ja, es gibt sogar Theologien, die areligiös sind. Letztere Aussage mag überraschen, weil doch oben gesagt wurde, daß eine Theologie eine faktische Religion voraussetzt. Aber wenn man unter „Religion" nicht nur ein soziales Subsystem versteht, sondern eine innere Gesinnung, die das emotionale Leben eines Menschen bestimmt, dann kann man sehr wohl sagen, daß areligiöse Theologen denkmöglich sind – Verwalter des Lehramtes einer Religion (oder einer wissenschaftlichen Stelle), die ihrem Amt aus äußeren Rücksichten nachgehen, aber nicht teilhaben an der vitalen Kraft, aus der die Religiosität sprudelt. Doch ist ebenso klar, daß eine Einheit von Religion, Theologie und Philosophie denkmöglich ist, und nicht minder klar ist, daß es eben diese Einheit ist, die normativ ausgezeichnet ist: Denn da es nur einen Gott gibt, müssen die unterschiedlichen Weisen, ihn zu erfahren und zu erkennen, letztlich miteinander kompatibel sein; die Lehre von der doppelten Wahrheit ist ganz offenkundig unsinnig. So kann auf die motivationale Macht religiöser Impulse nicht verzichtet werden. Wer bar jeden Gefühls für das Absolute ist, der mag interessante Gedankengebäude entwerfen; aber es ist wenig wahrscheinlich, daß es ihm gelingen wird, ein gottgefälliges Leben zu führen, daß es ihm glücken wird, seine Einsichten seine Lebensgestaltung bestimmen zu lassen. Man kann z.B. nicht aufgrund eines Entschlusses, der sich nur abstrakten Überlegungen verdankt, Priester werden wollen. Ein Enthusiasmus für das, was man als Wahrheit *empfindet*, muß einer wahrhaften Berufung zugrunde liegen. Aber so unerläßlich die religiöse Erfahrung als Ausgangspunkt auch ist, sowenig kann es bei ihr sein Bewenden haben. Die Ausbildung des religiösen Menschen zum Priester findet zu Recht im Rahmen eines Theologiestudiums statt, in dem die religiöse Empfindung gleichsam diszipliniert und mit konkreten dogmatischen und moralischen Inhalten vertraut gemacht wird, die die Unbestimmtheit des Empfindens transzendieren. Die Kontrolle der Religion durch die Kirche, und zwar durch eine Kirche, die über eine theologische Tradition verfügt, kann zwar dazu führen, daß großartige religiöse Erfahrungen unterdrückt werden, aber sie hat ihre letzte Legitimation in der Notwendigkeit, anarchischer und unmoralischer religiöser Impulse Herr zu werden. Die Theologie ist der Versuch einer Rationalisierung der Religion, und auch wenn die Verstandestätigkeit die Reinheit des Herzens nicht ersetzen kann, ist sie doch unabdingbar, um reine Herzen von weniger reinen zu unterscheiden.

Doch die Theologie sollte nicht nur mit der Religion, sie sollte auch mit der Philosophie eine Verbindung eingehen. Warum? Ich erwähnte schon, daß die historischen Argumente für die Wahrheit der christlichen Religion seit der Entwicklung des Historismus zunehmend an Glaubwürdigkeit verloren haben, bis zu dem Punkte, daß ein Studium der Exegese nicht selten zu einem völligen Zusammenbruch naiver religiöser Überzeugungen führt, was an sich keine Tragödie sein müßte, wenn sie durch reflektiertere ersetzt würden, dann aber entsetzlich wird, wenn jener Zusammenbruch in einem Atheismus endet, der es sich aus ökonomischen Gründen weiterhin in der Kirche bequem machen will. Die motivatorische Kraft des historisch legitimierten Glaubens ist gering, schon weil dieser Glauben stark zurückgegangen ist. Um so wichtiger ist es, alle rationalen Argumente zugunsten der zentralen Dogmen des Christentums und der Grundprinzipien seiner Ethik zu entwickeln, auch und gerade in der Theologenausbildung. Auch wenn es nicht Thema dieses Aufsatzes ist, dies näher auszuführen, darf hier zuversichtlich behauptet werden, daß die Gottesbeweise durchaus stärker sind, als viele Nicht-Theologen, aber leider auch Theologen heutzutage glauben. Zwar ist es richtig, daß populäre Versionen des teleologischen Arguments seit Darwin an Anziehungskraft verloren haben; aber der kosmologische Beweis bliebe auch in einem Universum à la Hawking ohne Anfangsbedingungen triftig, weil – sofern man den Satz vom zureichenden Grund akzeptiert – das System der Naturgesetze selbst eines Grundes bedarf, der die Welt transzendiert. Aber wie könnte diese Begründung aussehen? Logischer Natur, wie der Sponozismus unterstellt, kann sie nicht sein; akzeptabel sind nur teleologische Argumente, die freilich die immanente Kausalität der Welt nicht außer Kraft setzen. Die Welt ist so, wie sie ist, weil nur in dieser oder in einer ihr ähnlichen Welt moralische Entscheidungen treffende Wesen existieren können. Eine derartige Argumentation ist freilich implikativ: *Wenn* es moralische Wesen geben soll, dann sollte die Welt eine bestimmte Struktur haben. Doch kann die Philosophie nur zu einem Ende kommen, wenn sie kategorische und nicht implikative Sätze begründet; sie muß also die Frage beantworten, warum es moralische Wesen geben soll, und zwar schlechthin und an sich, ohne Rücksicht auf weitere Zwecke. Die Kategorizität des Sittengesetzes ist in der Tat die Grundlage des moralischen Gottesbeweises, der mit dem kosmologischen verschränkt werden kann und soll. Der moralische Gottesbeweis, den es in diversen Varianten gibt, besagt, daß das Sittengesetz kein der Welt immanentes Faktum sein kann: Auch wenn die scheußlichsten sozialen Systeme der Welt gesiegt hätten, wäre das, was sie an sozial geltenden Werten durchgesetzt hätten, nicht als gerecht anzusehen. Wenn es aber nicht möglich ist, die Sätze der Ethik auf deskriptive Sätze zurückzuführen, dann ist das Sittengesetz etwas der Welt Transzendentes. Doch wenn es nicht kontingent ist, daß das Sittengesetz eine Wirkung in der Welt haben kann, dann können Sittengesetz und Welt nicht zwei völlig voneinander unabhängige Sphären sein, und da eine Verankerung des Sittengesetzes in der empirischen Welt aus dem besagten Grund undenkbar ist, muß die empirische Welt – wenigstens zum Teil – von dem ihr transzendenten Grund prinzipiiert sein. Aber wie läßt sich die Kategorizität des Sittengesetzes begründen, und was ist sein Inhalt? Hier sind für eine zeitgemäße rationale Theologie m.E. die Überlegungen zur Letztbegründung der Ethik, die etwa von Karl-Otto Apel ausgearbeitet wurden, von nicht zu unterschätzender Bedeutung. Durch eine Reflexion auf die Bedingungen der Möglichkeit jedes rationalen Gesprächs entdecken wir etwas, was nicht mehr hinterfragt werden kann, weil ohne es kein Fragen und Kritisieren möglich wäre. In der Tat sind transzendentale Argumente die Alternative sowohl zu einer intuitionistischen Erkenntnistheorie, die sich mit der nackten Versicherung der eigenen Intuitionen begnügen muß, als auch zu einem deduktiv-hypothetischen Begründungsmodell, das unweigerlich in den infiniten Regreß führt. Es ist völlig abwegig, wenn sich unsere Zeit auf ihre Kultur der Rationalität etwas einbildet und ständig nach Begründungen verlangt, gleichzeitig aber den Gedanken der Letztbegründung verwirft, denn ohne Letztbegründung kann jeder Begründung in den nicht-empirischen Sphären wie der Ethik oder der Erkenntnistheorie eine andere entgegengesetzt werden, die aus anderen Prämissen andere Konklusionen mit dem gleichen Recht ableitet. Der frühneuzeitliche Rationalismus hat mit viel größerer Einsicht als Korrelat des Satzes vom zureichenden Grunde den ontologischen Gottesbeweis aufgestellt, weil jener Satz nur dann einen Sinn hat, wenn es eine letzte, sich selbst begründende Struktur gibt; und zu Recht hat Kant (im dritten Hauptstück des zweiten Buches der Transzendentalen Dialektik der „Kritik der reinen Vernunft") den kosmologischen Gottesbeweis auf den ontologischen zurückführen wollen – die Fragestellung jenes Beweises ist sinnvoll nur, wenn dieser gültig ist. Unrecht haben Kant und Hume allein, wenn sie aufgrund ihrer empiristischen Erkenntnistheorie, die sich selbst nicht zu begründen vermag, ja sich selbst widerspricht, den ontologischen Gottesbeweis ablehnen, der sicher der König unter allen Gottesbeweisen ist. Der Leser des „Proslogion" empfindet noch heute die glückselige Dankbarkeit seines Entdeckers nach, der in der Tat beanspruchen darf, eine der bedeutendsten geistigen Leistungen der Menschheit vollbracht zu haben. Anselm hat dem Programm der rationalen Theologie eine neue Grundlage gegeben, die alle Bemühungen der Griechen, die bedeutsam genug waren, hinter sich läßt. (Wenn mir eine sehr persönliche Bemerkung gestattet ist, würde ich, wenn ich bei dem Brand der letzten Bibliothek nur ein einziges Werk der mittelalterlichen Philosophie retten könnte, ohne eine Sekunde des Zögern das „Proslogion" allen anderen vorziehen.) Allerdings kann man Kant recht geben, daß der Begriff des notwendigen Wesens merkwürdig leer bleibt – und eben hier scheint mir eine Verbindung des ontologischen mit dem moralischen Gottesbeweis unabdingbar. Doch ist mir eine nähere Ausführung dieses Gedankens an dieser Stelle nicht möglich.[4]

Es versteht sich, daß eine rationale Durchdringung des Christentums primär beim Gottesbegriff ansetzen muß. Die Existenz und die Prädikate Gottes sind der Hauptgegenstand einer rationalen Theologie. Eine Konzentration auf diese Fragen wird das Gespräch mit den anderen monotheistischen Religionen bedeutend erleichtern, und gerade in einer multikulturellen Gesellschaft wie der unseren muß der interkonfessionelle Dialog durch den interreligiösen ergänzt werden. Dies heißt nicht, daß die beiden spezifischen Dogmen, die das Christentum von den beiden anderen monotheistischen Religionen unterscheiden, Trinitätslehre und Christologie, einer Rechtfertigung unfähig wären. Deutet man die Trinitätslehre dahingehend, daß sie auf eine triadische Struktur des Prinzips der Welt und damit auch der Welt selbst verweist, dann kann sie sehr wohl einsichtig gemacht werden; eine intersubjektivitätstheoretische Deutung kann auf die zentrale Bedeutung von Intersubjektivität für die Ethik abheben. Eine philosophische Beschäftigung mit der Christologie sollte einerseits die zentralen moralischen Gehalte in der von Jesus Christus ausgehenden Umwälzung der jüdischen Ethik herausstreichen, andererseits die Verbindung von Metaphysik, Ethik und Geschichtsphilosophie, die das Christentum etwa vom Islam unterscheidet und zentral zur Dynamik der abendländischen Kultur beigetragen hat. Daß das Sittengesetz die Wirklichkeit und die Geschichte bestimmt und daß das Opfer des eigenen Lebens für die Wahrheit die höchste Manifestation des Göttlichen in der Welt darstellt, das sind grundlegende Einsichten, um deren rationale Durchdringung sich Kant und Hegel große Verdienste erworben haben. Dieses Urteil gilt auch dann, wenn man Hegels Ablehnung der Eschatologie als kurzschlüssig verwirft und in der nach ihm einsetzenden Einbindung der Eschatologie in den Geschichtsprozeß eine furchtbare Gefahr erkennt, weil sie auf einer Verkennung der menschlichen Natur gründet. Das Dogma von der Erbsünde enthält viel zutreffendere anthropologische Einsichten als aller Rousseauismus, dessen gelegentlich geradezu arglistige Naivität Schuld trägt an manchen Katastrophen des 20. Jahrhunderts. Wird die Christologie von der Pneumatologie her gedacht, spielt es im übrigen keine große Rolle, ob bestimmte moralische und metaphysische Einsichten schon der Person des historischen Jesus oder erst den Aposteln oder Kirchenvätern zugeschrieben werden können. Und vermutlich wird man auch zu dem Ergebnis kommen, daß der Heilige Geist als das Prinzip, das die Erkenntnis der Wahrheit ermöglicht, auch über die Zeit der Kirchenväter und der Scholastiker hinaus in der Geschichte der Kirche, ja der Menschheit wirkt. In der Tat darf das Christentum in den epochalen Umbrüchen, die dem Projekt der Moderne zugrunde liegen, nicht nur etwas Bedrohliches erkennen – auch wenn in ihnen viel Bedrohliches liegt, gegen das die Reservoirs vormoderner Denkformen ein manchmal nützliches Gegengift darstellen können. Die Genialität Thomas von Aquins bestand darin, daß er die nach der Entdeckung des Aristotelischen Corpus entstandene Verunsicherung der Christenheit, die mit einem Wissensschatz konfrontiert wurde, der den eigenen in vielerlei Hinsichten übertraf, ins Produktive wendete und trotz vieler Anfeindungen, die bis zum Verdacht der Häresie gingen, eine großartige Synthese von Christentum und Aristotelismus konzipierte, die das religiöse Bedürfnis ebenso befriedigte wie dasjenige nach Erkenntnis der empirischen Wirklichkeit. Man kann angesichts dieser überwältigenden Leistung durchaus verstehen, warum etwa die Neuscholastik wesentlich an Thomas anknüpfte. Allerdings kann nicht bestritten werden, daß die vollumfängliche Bekanntwerdung des Aristoteles nicht die letzte intellektuelle Krise des Christentums gewesen ist; die Entwicklung der modernen Naturwissenschaft ebenso wie diejenige der modernen Geisteswissenschaften sind weitere Krisen, auf die der Thomismus und die an ihn anknüpfenden neuscholastischen Richtungen nicht immer eine befriedigende, die neuen Strömungen „aufhebende" Antwort darstellen. Vielleicht kann man in Leibniz' und Hegels Philosophien dem thomanischen analoge Versuche erkennen, die damals neuen intellektuellen Herausforderungen ernst zu nehmen und gleichzeitig in eine christlich bestimmte Denktradition zu integrieren. Jedenfalls sollte die katholische Kirche nicht zu einseitig die thomistische Neuscholastik als philosophischen Gesprächspartner privilegieren; die Fülle philosophischer Positionen, die etwa im 17. Jahrhundert innerhalb des französischen Katholizismus Platz hatten (man denke an die traditionelle Scholastik, an den Atomisten Gassendi, an den intellektuellen Revolutionär Descartes, an den antiinteraktionistischen Cartesianer Malebranche, an den Jansenisten Arnauld und an den Kritiker des Rationalismus Pascal), sind ein Zeichen seiner geistigen Vitalität gewesen. Klar ist auf jeden Fall, daß der Legitimitätsgewinn, der der Kirche durch enge Kontakte mit der Philosophie erwachsen kann, voraussetzt, daß die Philosophie frei forscht und nur der Autorität des besten Arguments verpflichtet bleibt.

Umgekehrt ist auch für die Philosophie eine Zusammenarbeit mit der Theologie entscheidend. Die bessere argumentative Schulung, die der Philosoph oft genossen hat, ist erstens nicht immer begleitet von einer ausreichenden Kenntnis der Tradition. Gewiß ist der Verweis auf die Tradition als solcher noch kein Argument, aber zur Tradition gehört durchaus eine Fülle von Argumenten, die als solche genauso ernst genommen werden müssen wie diejenigen, die heute zirkulieren. Eine historische Bildung kann systematische Anstrengungen nicht ersetzen; aber sie kann einen eher dazu befähigen, die Grenzen der eigenen Zeit zu durchschauen. Niemand, der ehrlich ist, kann zweitens bestreiten, daß auch in einer demokratischen Marktgesellschaft durch subtile Formen der Machtausübung, die nicht immer ins Bewußtsein der Machtunterworfenen treten, Diskurse gesteuert werden; und daß etwa klassische metaphysische Fragen und insbesondere die Frage nach Gott im gegenwärtigen akademischen Subsystem, das sich „Philosophie" nennt, tabuisiert werden, liegt auf der Hand. Nun wäre es im Prinzip denkbar, daß man diese Fragen als sinnlos erkannt hätte; aber die wichtigste Theorie, auf deren Grundlage man eine solche Behauptung aufstellen konnte, der Logische Positivismus, ist völlig zusammengebrochen. Es gibt keine hinreichenden Argumente mehr, derartige Fragen aus dem Bereich legitimer Forschungen auszuschließen, ja, wie oben gesagt wurde, der Begriff der Philosophie, und gerade derjenige einer rationalistischen Philosophie, fordert solche Fragen unabweisbar heraus. Der Kontakt mit einer Disziplin, die an derartigen Fragen festhalten muß, auch wenn die Methode ihrer Behandlung nicht diejenige reiner Geltungsreflexion ist, ist für die Philosophie heilsam, ja unverzichtbar. Aufgrund ihrer Bereitschaft, grundsätzlich alles in Frage zu stellen, kann die Philosophie nicht jene für eine Gesellschaft wesentliche Ordnungsfunktion ausüben, die der Kirche und ihrer Theologie auch im Rahmen einer Gesellschaft gebühren, in der sie nur eine Ordnungsmacht neben anderen geworden ist. Ihre ordnende Funktion wird aber die Kirche um so besser ausüben, je mehr sie an die wichtigste Quelle legitimer Geltungsansprüche appelliert, die dem Menschen gegeben ist – die philosophisch erleuchtete Vernunft. Jener Bischof, der das einzige in Deutschland existierende Forschungsinstitut für Philosophie errichtet hat, hat der Theologie wie der Philosophie gleichermaßen einen Dienst erwiesen.

Anmerkungen

Rationalismus, Determinismus und Freiheit

1 Ich möchte meinem verehrten Kollegen Prof. Dr. Richard Schenk OP für zahlreiche Diskussionen über den Gegenstand danken.

2 J. Earman, A primer on determinism, Dordrecht 1986, 250.

3 Op.cit., 33 ff.

4 Ich erinnere an Laplaces berühmtes erstes Kapitel in dem „Essai philosophique sur les probabilités" mit der Anspielung auf eine „Intelligenz", die alles vorherzusagen fähig ist.

5 Zu dieser Frage s. H. Primas, Chemistry, Quantum Mechanics and Reductionism, Berlin 1981.

6 Zur Logik hinter dem antiken Determinismus, den ich in diesem Aufsatz vernachlässigen muß, vergleiche P. M. Schuhl, Le dominateur et les possibles, Paris 1960, und J. Vuillemin, Nécessité ou contingence: l'aporie de Diodore et les systèmes philosophiques, Paris 1984

7 Philebos 26e; Timaios 28 a, c.

8 De consolatione philosophiae V 1: „Nam nihil ex nihilo exsistere vera sententia est, cui nemo umquam veterum refragatus est, quamquam id illi non de operante principio, sed de materiali subiecto hoc omnium de natura rationum quasi quoddam iecerint fundamentum. At si nullis ex causis aliquid oriatur, id de nihilo ortum esse videbitur; quodsi hoc fieri nequit, ne casum quidem huius modi esse possibile est, qualem paulo ante definivimus." Über einen so definierten Zufall heißt es unmittelbar zuvor: „Quis enim cohercente in ordinem cuncta deo locus esse ullus temeritati reliquus potest?"

9 Vgl. schon die Bemerkung bei Descartes, Principia philosophiae I 51.

10 Vgl. J. Bennett, A Study of Spinoza's „Ethics", Indianapolis 1984.

11 „Mihi nondum certum videtur, corpora esse substantias. Secus de mentibus", schreibt Leibniz in seinen Anmerkungen zur „Ethica" (ed. Gerhardt I 145).

12 Monadologie § 31 f., ed. Gerhardt, VI 612.

13 Théodicée § 44, ed. Gerhardt, VI 127.

14 Treatise II.III.I.

15 Enquiry § VIII, Part I.

16 An Essay Concerning Human Understanding, II 21, besonders 16.

17 § 16; Zürcher Ausgabe. Werke in zehn Bänden, Zürich 1977, V 41.

18 Kritik der reinen Vernunft A 189 ff./B. 232 ff.

19 § 14; V 38: „Wer nun einen Beweis, d. i. die Darlegung eines Grundes, für ihn fordert, setzt ihn eben hiedurch schon als wahr voraus, ja, stützt seine Forderung eben auf diese Voraussetzung. Er geräth also in diesen Cirkel, daß er einen Beweis der Berechtigung, einen Beweis zu fordern, fordert."

20 Vgl. § 50; V 172.

21 IV; VI 107. Eine ähnliche Erklärung der antideterministischen Überzeugungen findet sich bei Hume, Treatise II.III.II.

22 Ich unterscheide in diesem Aufsatz nicht zwischen der Proposition P: „Alles kann auf deterministische Weise erklärt werden" und der Proposition Q: „Unsere Welt ist ein deterministisches System". P und Q sind nicht im strengen Sinn äquivalent (vgl. F. von Kutschera, Grundfragen der Erkenntnistheorie, Berlin/New York 1982, 279 ff.), aber man muß nur all die unabhängigen Gesetze, die von P vorausgesetzt werden, als Axiome einer Theorie einführen, um zu Q zu gelangen.

23 Vgl. P. van Inwagen, The Incompatibility of Free Will and Determinism, in: Philosophical Studies 27 (1975), 185–199.

24 Proceedings of the British Academy 48 (1962), 187–211.

25 Dieser Verdacht ist allgegenwärtig in Wittgenstein „Über Gewißheit".

26 Vorträge und Erinnerungen, Darmstadt 1979, 301–317.

27 Frankfurt a. M. 1980. Pothast gab auch wichtige Texte über unser Problem in dem Band heraus: Seminar: Freies Handeln und Determinismus, Frankfurt a. M. 1978. Ich verdanke diesen beiden Büchern viel.

28 „Indeterminism in Quantum Physics and in Classical Physics", in: British Journal for the Philosophy of Science 1 (1950), 117–133 und 173–195.

29 Neben Planck in dem oben erwähnten Aufsatz hat auch St. Hampshire das Argument verteidigt, z. B. in: Freedom of the Individual, London 1965, Kap. 3.

30 Sie wird vertreten z. B. durch A. I. Melden (Free Action, London 1961) und A. Kenny (Will, Freedom and Power, Oxford 1975).

31 Vgl. R. E. Hobart, Free Will as Involving Determination and Inconceivable Without it, in: Mind 43 (1934), 1–27.

32 Einige Philosophen der Kausalität argumentieren, daß es unsere eigene Intervention in die physische Welt ist, die die Idee der Kausalität erzeugt, die nie aus der Beziehung zwischen Körpern deduziert werden könnte, und daß deswegen unsere Selbstbestimmung ein klarerer Begriff ist als derjenige der normalen Kausalität. Nun mag dies zwar genetisch wahr sein, aber es löst noch nicht das Geltungsproblem; zudem hat die angeblich evidentere Idee zu tun mit der Ursache-Wirkung-Verbindung zwischen unserem Körper und einem äußeren Körper, nicht mit der inneren Selbstbestimmung des Selbst.

33 Ein bedeutendes Beispiel ist: R. M. Chisholm, Human Freedom and the Self, Kansas City 1964.

34 Vgl. meine Überlegungen in: Die Krise der Gegenwart und die Verantwortung der Philosophie, München ³1997, 234 ff.

35 H. Rickert, System der Philosophie. Erster Teil: Allgemeine Grundlegung der Philosophie, Tübingen 1921, 302 f.; J. Boyle/G. Grisez/O. Tollefsen, Free Choice, London 1976.

36 Th. W. Adorno – dessen Beitrag zu unserem Problem wortreich und konfus ist – wirft Kant zu Recht ein repressives Strafbedürfnis vor (Negative Dialektik, Frankfurt a. M. 1973, 257).

37 Vgl. meine Überlegungen zur Strafe in: Moral und Politik, München 1997, 833 ff.

38 Théodicée, Preface, ed. Gerhardt, VI 33.
39 Vgl. K.-O. Apel, Das Problem der philosophischen Letztbegründung im Lichte einer transzendentalen Sprachpragmatik, in: Sprache und Erkenntnis, Festschrift für G. Frey, hrsg. von B. Kanitscheider, Innsbruck 1976, 55–82 sowie V. Hösle: Die Krise …, 163 ff.
40 Siehe schon Sextus Empiricus, Adversus mathematicos IX 204.
41 Der Begriff der bestmöglichen Welt setzt ziemlich viel voraus – z. B. daß es nur eine einzige Welt mit einem maximalen axiologischen Wert gibt. Diese Voraussetzung ist sehr stark, aber ich werde hier nicht mögliche Alternativen diskutieren.
42 Théodicée, Discours préliminaire § 37, ed. Gerhardt, VI 71.
43 II 21 § 49 f., ed. Gerhardt, V 184.
44 § 25, ed. Gerhardt, V 168. Dasselbe Argument findet sich bei Schopenhauer: Über die Freiheit des menschlichen Willens, III; VI 82.
45 Stuttgart 1974, 111.
46 Ich nenne nur K. R. Popper/J. Eccles, The Self and Its Brain, Heidelberg 1977 und H. Jonas, Macht oder Ohnmacht der Subjektivität?, Frankfurt a. M. 1981.
47 Siehe schon Spinozas Kritik an Descartes im Vorwort zum fünften Buch der „Ethica".
48 Schopenhauer interpretiert mit einer gewissen Plausibilität parapsychologische Phänomene als eine Ausdehnung der Macht des Geistes über den eigenen Körper auf andere Körper (Über den Willen in der Natur, V 307).
49 Principia philosophiae II 36.
50 Man könnte versuchen zu argumentieren, daß die Erhaltungssätze nur Idealisierungen sind, daß die Veränderungen, die von der res cogitans verursacht werden, minimal sind oder auch, wie Hans Jonas, daß eine Abweichung von den Erhaltungssätzen in beiden Richtungen stattfindet – sowohl im Fall der Wahrnehmung als auch im Fall der Handlung –, so daß die beiden Formen einander aufheben. Aber all diese Lösungen sind völlig unbefriedigend.
51 Vgl. Leibniz' Kritik des Okkasionalismus: Système nouveau de la nature et de la communication des substances, ed. Gerhard, IV 483: „pour resoudre des problemes, il n'est pas assez d'employer la cause generale, et de faire venir ce qu'on appelle Deum ex machina."
52 Vgl. seine Abhandlung: Der Gottesbegriff nach Auschwitz, Frankfurt a. M. 1987.

Der Darwinismus als Metaphysik

* Wir danken Andreas und Christian Spahn für fruchtbare Literaturrecherchen.
1 Vgl. De partibus animalium A 1, 640a10 ff; B 1, 646a8 ff.
2 Zoonomia or the laws of organic life, 2 Bde., London 1794–1796; The Temple of Nature, London 1803.
3 Philosophie zoologique, 2 Bde., Paris 1809.
4 Zur logischen Grundstruktur der Darwinschen Evolution siehe E. Mayr, Evolution und die Vielfalt des Lebens, Berlin 1979.

Ein weiterer entscheidender Baustein der Darwinschen Theorie stammte von Charles Lyell. Dessen Aktualitätsprinzip erlaubte wegen der nur sehr langsamen geologischen Wandlung der Erde, ihr ein sehr viel höheres Alter zuzusprechen als in den vorausgehenden Schöpfungsvortellungen. Damit erst war der zeitliche Rahmen gegeben, welchen Darwin für die Wirksamkeit des Evolutionsmechanismus zugrunde legen mußte.

5 Siehe zu möglichen Gründen: J. Illies, Evolution und Philosophie, in: Hamburger Jahrbuch für Wirtschafts- und Gesellschaftspolitik, 22. Jahr, Tübingen 1977, 241–257, vor allem 241 ff. Zu der Entwicklung der Evolutionsvorstellung vor Darwin siehe dort und auch: H. Glass (Hrsg.), Forerunners of Darwin 1745–1855, Baltimore 1968.

6 So S. F. Mason, Geschichte der Naturwissenschaft in der Entwicklung ihrer Denkweisen, Stuttgart 1974, 512 f.

7 Marx wollte 1880, kurz vor seinem Tode, vermutlich den geplanten zweiten Band des „Kapitals" oder die erste englische Ausgabe Darwin widmen (vgl. S. E. Hyman: The Tangled Bank, New York 1966, 122 f.). In seinem ablehnenden Antwortbrief verweist Darwin als Begründung interessanterweise auf Marx' Religionsfeindlichkeit: „Possibly I have been too strongly influenced by the thought of the concern it might cause some members of my family, if in any way I lent my support to direct attacks on religion." (Zit. nach Hyman, 123.)

8 Was macht Darwin populär?, abgedruckt in: G. Altner (Hrsg.), Der Darwinismus, Darmstadt 1981, 446–453; hier 449.

9 Die Synthetische Theorie der Evolution ist die gegenwärtig dominante Form des Neodarwinismus, welche die Kerngedanken Darwins mit den Erkenntnissen der Genetik (und anderen modernen Forschungsgebieten der Biologie) verbindet. Erstmals wurde sie von J. Huxley formuliert (Evolution. The Modern Synthesis, London 1942); ihr wichtigster gegenwärtiger Vertreter ist E. Mayr. Selbstverständlich ist sie innerhalb der Biologie nicht unumstritten. Da diese Arbeit eine philosophische, keine biologische ist, kann offenbleiben, ob die Erklärungen der Synthetischen Theorie für die Vielfalt der Lebensformen – vor allem in der Makroevolution – ausreichen. Man denke etwa an den abweichenden Ansatz von A. Portmann oder an die Versuche von R. Riedl und F. Wuketits, die Synthetische Theorie durch eine Systemtheorie der Evolution zu erweitern. Siehe auch die Diskussionen bei W. Nagl, Grenzen unseres Wissens am Beispiel der Evolutionstheorie, in: Ethik und Sozialwissenschaften, 4 (1993), 3–102. Alle diese Einwände stellen jedoch ein evolutionäres Selektionsgeschehen – daß unter verschiedenen konkurrierenden Lebewesen das besser angepaßte sich durchsetzen wird – nicht grundsätzlich in Frage.

10 Symptomatisch für die Themenvielfalt, deren sich die Biologie heute annimmt, ist das von W. Nagl und F. M. Wuketits herausgegebene siebenbändige Werk „Dimensionen der modernen Biologie" (Darmstadt 1995): In den einzelnen Bänden werden Gentechnologie, Gehirn, Bewußtsein und Erkenntnis, Entstehung von biologischer Information und Ordnung, Natur und Moral, biologische Grundlagen des Sozialverhaltens, Ökologie, Naturschutz und Umweltschutz sowie Evolutionstheorien behandelt.

11 Im weiteren wird einfachheitshalber der Neodarwinismus bzw. die gegen-

wärtig dominante Form der Evolutionstheorie, wie sie sich aus Darwins großen Einsichten in Verbindung mit der Genetik usw. konsequent entwickelt hat, als „Darwinismus" bezeichnet. Darwin selber war in diesem Sinne nicht in jeder Hinsicht ein „Darwinist" – man denke etwa an seine „Pangenesis-Hypothese" mit den geradezu lamarckistischen Überlegungen zu einer Vererbung erworbener Eigenschaften, welche der Neodarwinismus seit A. Weismann streng ausschließt (vgl. F. Wuketits, Kausalitätsbegriff und Evolutionstheorie, Berlin 1980, 77 ff.), sowie an seine Überlegungen zu einer möglichen Rolle Gottes bei der Erschaffung der Natur mit ihren Gesetzen. (Vergleiche etwa seine Erwiderungen auf Einwände, die er an „On the Origin of Species" anfügte. Dort schreibt er etwa, daß es mit der Idee von einem „Creator" sehr wohl übereinstimme, „that the production and extinction of the past and present inhabitants of the world should have been due to secondary causes" (1968, 458).) Als erste, die den Darwinismus zu einer metaphysischen Konzeption ausweiteten, wird man deswegen T. Huxley und E. Haeckel bezeichnen können.

12 So schreiben zu Recht R. Spaemann und R. Löw: „… der hinter der These des universalen Kausalnexus stehende Materialismus ist nicht ein Gegensatz zur Metaphysik sondern selbst Metaphysik" (Die Frage Wozu?, München/Zürich ³1991, 246). Hier ist auch die Rede von dem Anspruch der Biologie, „die Stelle der prima philosophia einzunehmen" (op.cit., 305).

13 Zum Beispiel in „Der Kampf um den Entwicklungsgedanken", Berlin 1905, 91. Allerdings ist Haeckel ein Mißverständnis Spinozas vorzuwerfen, wenn er dessen Attributendualismus letztlich ignoriert, indem er den Geist als Energie interpretiert – und so doch nicht zu einem Parallelismus der Attribute kommt, sondern nur zwei „Vorgänge" innerhalb des ersten (modifizierten) Attributes unterscheidet (Siehe: Die Welträtsel, Stuttgart 1984, 32/33).

14 1905 (siehe Fußnote 13), 92.

15 In diesem Sinne ist auch der Buchtitel „Moses oder Darwin (eine Schulfrage)" von A. Dodel-Port (Stuttgart 1890) bezeichnend. Ähnlich argumentieren schon frühzeitig T. H. Huxley (Evidences as to man's place in nature, London 1863) und C. Vogt (L'Evolution, Genf 1860).

16 Eine Grenze stellt hier jedoch noch der Kosmos als solcher und die abiotische Welt dar. Zwar werden auch diese evolutionär im Sinne einer deskriptiven Theorie gedeutet, doch die Erklärungsfaktoren Variation und Selektion sind hier nicht, oder wenigstens nicht ohne weiteres, anwendbar.

17 Es sind noch Isolation und Annidation als Evolutionsfaktoren, die zur Biodiversität führen, wenigstens zu erwähnen.

18 Ein eigentümliches Element der darwinistischen Ontologie ist der vor allem mit der Variation verbundene Zufall (der allerdings auch bei der Selektion eine Rolle spielt). Zufall und Notwendigkeit, wie es Jacques Monod mit seinem bekannten Buchtitel (1971) zusammengefaßt hat, scheinen gleichermaßen zur Evolution dazuzugehören. Dabei ist der Zufall als Gegenbegriff zu einem Telos der Wirklichkeit vom Darwinismus konzipiert; er scheint zwar eine nicht-deterministische Weltsicht nahezulegen, ist aber mit einem nicht-teleologischen Determinismus durchaus verträglich. Im Grunde handelt es sich hierbei nur um einen epistemologischen Zufallsbe-

griff, der die Grenzen jeder Vorhersagbarkeit markiert – nicht notwendig um Löcher im allgemeinen Kausalnexus.

19 Damit ist aber weder die Evolutionstheorie als ganze schon tautologisch, noch ist es eine Tautologie im strengen Sinne, da ja der „Kampf ums Dasein" selbst nicht analytisch notwendig ist und so eine Situation denkbar wäre, in der auch die weniger gut angepaßten Organismen überlebten. Gegen den Tautologievorwurf spricht auch die Möglichkeit, andere Kriterien für Angepaßtheit als das Überleben zu finden. Siehe dazu V. Hösle, Tragweite und Grenzen der evolutionären Erkenntnistheorie, in: Zeitschrift für allgemeine Wissenschaftstheorie, 19 (1988), 348–377, hier 357 f. (in diesem Bande 83 f.).

20 Vergleiche etwa: G. Vollmer, Was können wir wissen? 1. Die Natur der Erkenntnis, Stuttgart 1985, sowie G. Vollmer: Was können wir wissen? 2. Die Erkenntnis der Natur, Stuttgart 1986.

21 Vergleiche etwa St. Toulmin, Human Understanding, Bd. 1, Oxford 1972. Als Vorläufer Toulmins können Nietzsche und besonders Dilthey gelten (vgl. des letzteren: Gesammelte Schriften, Bd. VIII: Weltanschauungslehre, Abhandlungen zur Philosophie der Philosophie, Stuttgart 1960, 36).

22 Vergleiche etwa E. Mayr, Evolution – Grundfragen und Mißverständnisse, in: Ethik und Sozialwissenschaften, 5 (1994), 274, wo er morphologische Varianten als Experimente bezeichnet.

23 Zitiert nach J. W. Burrow, Darwin. The Origin of Species, Harmondsworth 1968, 33.

24 Auch die Konzeption der „Teleonomie", wie sie C. S. Pittendrigh 1958 in die Evolutionstheorie eingeführt hat (Adaption, Natural Selection and Behavior, in: A. Roe, G. G. Simpsion (Hrsg.), Behavior and Evolution, New Haven), darf natürlich nicht als Grundlegung eines normativen Maßstabes mißverstanden werden. Es geht hier lediglich um die Zielgerichtetheit, wie sie als Systemeigenschaft der Organismen auftritt, die stets die Funktion einer speziellen Anordnung von Wirkungsmechanismen bleibt. Siehe zum Teleonomieverständnis in Abgrenzung zur Teleologie besonders E. Mayr, Evolution und die Vielfalt des Lebens, Berlin 1979.

25 Vgl. „Die fröhliche Wissenschaft", Fünftes Buch 357 (in: Sämtliche Werke. Kritische Studienausgabe in 15 Bänden, hrsg. von G. Colli und M. Montinari, München 1980, Bd. 3, 598). Vgl. auch Bd. 11, 442.

26 Bd. 9, 433 f. (aus dem Nachlaß Frühjahr 1880 bis Frühjahr 1881).

27 Jenseits von Gut und Böse, Siebentes Hauptstück 230 (Bd. 5, 169).

28 Vgl. Bd. 7, 267; Bd. 9, 244. Nietzsche verweist an der ersten Stelle auch auf Bell und meint offenbar den Physiologen und Anatomen Ch. Bell, den Verfasser der „Anatomy and Philosophy of Expression" (1806). Colli und Montinari schreiben in ihrem Kommentar (Bd. 14, 539): „Quelle nicht erschlossen". – Wichtig für die Formierung von Nietzsches biologischen Vorstellungen und seine Auseinandersetzung mit Darwin war W. Roux, Der Kampf der Theile im Organismus, Leipzig 1881.

29 Der große Entlarver S. Freud sagt übrigens, er habe Nietzsche „gemieden", weil sich „dessen Ahnungen und Einsichten (...) oft in der erstaunlichsten Weise mit den mühsamen Ergebnissen der Psychoanalyse decken." (Selbstdarstellung (1925), in: A. Freud u. a. (Hrsg.), Sigmund Freud. Ge-

sammelte Werke, Bd. 14, Frankfurt a. M. ⁵1976, 86). Bezeichnenderweise ist der zweite große Moralpsychologe in der Philosophie Spinoza, der ebenfalls wegen seiner antiteleologischen Metaphysik eine Reduktion moralischer Motive auf natürliche Antriebe versuchte.

30 Jenseits von Gut und Böse, Achtes Hauptstück 253 (Bd. 5, 193) – sowie öfters und derber im Nachlaß – wird Darwin mit Mill und Spencer als „mittelmäßig" bezeichnet. Damit meint Nietzsche, daß Darwin keine radikalen Konsequenzen aus seinem Ansatz gezogen habe, und man kann ihm zugeben, daß in der Fähigkeit zum Kompromiß eine der Ursachen für die politische Größe Großbritanniens ebenso wie für die Tatsache liegt, daß die philosophischen Leistungen der britischen Kultur den politischen nicht gleichkommen.

31 Streifzüge eines Unzeitgemässen 14 (Bd. 6, 120 f.). Vgl. auch im Nachlaß Bd. 13, 303 ff., 315 f. (beide Male mit der Überschrift „Anti-Darwin") sowie Bd. 12, 304 f. („Gegen den Darwinismus"). Dieser letztere Text ist in den Abschnitt der „Götzen-Dämmerung" nicht eingegangen.

32 In seiner Darwin-Kritik war Nietzsche vor allem durch den von ihm geschätzten Basler Zoologen L. Rütimeyer beeinflußt (vgl. C. P. Janz, Friedrich Nietzsche, Frankfurt a.M./Wien 1994, 317–321).

33 Bd. 9, 508: „Das Zeitalter der Experimente! Die Behauptungen Darwin's sind zu prüfen – durch Versuche! (...) Affen zu Menschen erziehen!" Vgl. auch Bd. 13, 304. Diese Einwände sind zur Zeit Nietzsches weit verbreitet (in diesem Sinne etwa auch A. Dove, 1871 – siehe Quelle Anmerkung 8 –, 449) und als Problem von Darwin selbst herausgestellt (vergleiche Kapitel „Recapitulation and Conclusion" der „Origin").

34 Bd. 12, 304.

35 Die Punktualisten vertreten eine Großmutation als Möglichkeit einer sprunghaften Neuentstehung von Bauplänen; zu ihnen zählten die meisten Vertreter der Evolutionstheorie im 18. Jahrhundert. In diesem Sinne prägte E. Geoffrey Saint-Hilaire (1772–1844) den berühmten Satz: „Der erste Vogel kroch aus einem Reptilienei". Im Unterschied dazu waren Darwin, aber auch Lamarck Gradualisten, das heißt sie argumentierten für eine additive Typogenese. Die Schwierigkeiten, eine graduelle Umwandlung von Organen im Sinne des Selektionsvorteils zu erklären, wie sie die Punktualisten schon gegen Darwin herausstellten, diskutiert dieser ausführlich in „Origin".

36 Nietzsche spricht Bd. 13, 317 von „comprimittirende(r) Fruchtbarkeit".

37 Bd. 6, 120 f., Bd. 13, 303 ff., 315 f.

38 Bd. 8, 259.

39 Bd. 6, 120.

40 Siehe auch Bd. 9, 604: „der einfachste Organismus ist der vollkommene (...) Heerden und Staaten sind die höchsten uns bekannten – sehr unvollkommene Organismen."

41 Bd. 13, 316 f.

42 In noch fundamentalerer Weise bestreitet er mit dem Gedanken der „ewigen Wiederkehr des Gleichen", daß es überhaupt sinnvoll sei, von einer Entwicklung zu sprechen.

43 Bd. 9, 620.

44 Bd. 1, 196.

45 Siehe: Wie die „wahre Welt" endlich zur Fabel wurde, Bd. 6, 80/81.
46 Jenseits von Gut und Böse, Bd. 5, 144.
47 Nietzsche schreibt einmal über Spinoza: „Ich habe einen Vorgänger und was für einen!" (Karte an Overbeck vom 30. 7. 1881, in: G. Colli u. M. Montinari (Hrsg.), Nietzsche. Briefwechsel. Kritische Gesamtausgabe, III/1, Berlin/New York 1981, 111).
48 Spinozas bahnbrechender Beitrag zur Wissenschaftstheorie ist im Rahmen einer analytisch arbeitenden Philosophiehistorie erstmals von E. Curley (Spinoza's Metaphysics, Cambridge, Mass. 1969) analysiert worden. Vgl. auch J. Bennett, A Study of Spinoza's „Ethics", Cambridge 1984.
49 Vgl. Fußnote 18.
50 Es muß hier jedoch Darwin von dem Neodarwinismus abgegrenzt werden, weil er Gott als Grund der Naturgesetze zumindest nicht ausschließt. Vgl. Fußnote 11.
51 In: Eine Schwierigkeit der Psychoanalyse, Wien 1917 (in Bd. 12 der von A. Freud herausgegebenen Gesamtausgabe). Freud sieht insgesamt drei Demütigungen, nämlich die kosmologische durch Kopernikus, die biologische durch Darwin und die psychologische durch die Psychoanalyse, die zeige, daß der Mensch auch in seiner eigenen Seele nicht souverän sei.
52 Vergleiche vor allem: R. Dawkins, The Selfish Gene, Oxford 1976. Es liegt wissenssoziologisch auf der Hand, daß die Wendung des öffentlichen Interesses von der Soziologie zur Soziobiologie in den letzten zwanzig Jahren teils mit einer Überforderung der Soziologie, die zu einer furchtbaren Enttäuschung führen mußte, teils mit dem Zusammenbruch bestimmter politischer Hoffnungen zu tun hatte – die Biologie ist im allgemeinen eine konservativere Wissenschaft, weil sie eine gesunde Skepsis hinsichtlich der raschen Veränderbarkeit der menschlichen Natur nährt.
53 Die argumentative Stärke dieses Ansatzes gegenüber der klassischen Ethologie ist offensichtlich: Sollte es in einer Organismengruppe zu altruistischem Verhalten kommen, welches der ganzen Gruppe nützt, so würde innerhalb dieser Gruppe dennoch dasjenige Individuum einen Selektionsvorteil besitzen, welches egoistisch ist und doch vom Altruismus der anderen profitiert. So würde stets ein solches Gen für Egoismus in einer Gruppe undifferenziert altruistisch Handelnder relativ höhere Überlebenschancen bzw. Reproduktionsaussichten haben – und sich durchsetzen.
54 Besonders für die angewandten Fragen der Ethik sind aber nicht nur die Ergebnisse der Soziobiologie, sondern auch weitere Resultate der evolutionsbiologischen Forschung von offensichtlicher Bedeutung. Von ihnen sollen wenigstens einige erwähnt werden: Man denke etwa an die Erkenntnisse über die Empfindlichkeit ökologischer Gleichgewichte, in die unser Handeln eingreift. Auch läßt sich von der Evolution lernen, daß bei vielen komplexen Prozessen eine Veränderung eher durch langsame Umwandlungen (die Anpassungen erlauben) als durch Revolutionen Erfolg versprechen wird.
55 Siehe vor allem W. D. Hamilton, The Genetical Evolution of Social Behavior, in: Journal of Theoretical Biology, 7 (1964), 1–32.
56 Stark verkürzt wird in der Soziobiologie Moral mit dem (biologischen) Altruismus gleichgesetzt. Unabhängig davon, daß es hier nur um ein dem

moralischen Altruismus analoges Verhalten geht, erschöpft sich die Moral keineswegs in (einem moralischen) Altruismus; so ist etwa die Gerechtigkeitsforderung nicht als altruistisches Verhalten zu rekonstruieren, sondern entspringt dem Universalitätsanspruch der Vernunft (vgl. K. Bayertz, Evolution und Ethik, Stuttgart 1993, 19).

57 Trotz der weiter unten genannten Unterschiede zwischen biologischer und kultureller Evolution gelten die Einsichten von Maynard Smith für beide,. da „evolutionär stabile Strategien" nur eine Variante des „fittest" im Bereich des Verhaltens sind. Deswegen können sie durch das Selektionsprinzip erklärt werden, welches als quasitautologisch natürlich universal gültig sein muß.

58 Siehe hierzu V. Hösle, Moral und Politik, München 1997, 258 ff.

59 Siehe etwa R. Riedl, Die Spaltung des Weltbildes, Berlin/Hamburg 1985, 177 f. u. 199. Vergleiche zum Epigenetischen System: C. Waddington, The Strategy of the Genes, London 1957. Allerdings behaupten manche Soziobiologen, mit diesem Einwand durchaus fertigwerden zu können.

60 „Die Zeit" vom 29. 9. 1978, Dossier „Soziobiologie", 33; zit. nach R. Spaemann und R. Löw, op.cit., 232.

61 Vgl. V. Hösle, Über die Unmöglichkeit einer naturalistischen Begründung der Ethik, in: Wiener Jahrbuch der Philosophie, 21 (1989), 13–29 (in diesem Bande 104 ff.). Einen guten Überblick über neuere Versuche einer biologistischen Ethik gibt B. Gräfrath, Evolutionäre Ethik?, Berlin/New York 1997.

62 Kants Lehre vom Apriorischen im Lichte gegenwärtiger Biologie, in: Blätter für deutsche Philosophie, 15 (1941), 94–125 und vor allem: Die Rückseite des Spiegels. Versuch einer Naturgeschichte menschlichen Erkennens, München/Zürich 1973. In ihren Grundprinzipien geht die Evolutionäre Erkenntnistheorie allerdings schon auf Darwin selbst zurück und war bereits im ausgehenden 19. Jahrhundert weit verbreitet. Vgl. V. Hösle (wie Anm. 19).

63 Erkenntnis und Irrtum. Skizzen zur Psychologie der Forschung, Leipzig ⁵1926 (Nachdruck Darmstadt 1980), 164.

64 Vgl. St. Toulmin (wie Anm. 21).

65 In: K. Popper/J. Eccles, Das Ich und sein Gehirn, München ⁷1987, 101 ff.

66 In Wahrheit muß Poppers Theorie zu einer Vierweltenlehre weiterentwickelt werden, denn seine Welt 3 nimmt ideale und soziale Entitäten zusammen, was offenbar abwegig ist. Siehe hierzu V. Hösle, Die Krise der Gegenwart und die Verantwortung der Philosophie, München ³1997, 214 ff.

67 Es gibt schon im 19. Jahrhundert gelegentlich Ansätze einer evolutionsbiologischen Deutung des Ästhetischen, so etwa bei Haeckel und Nietzsche (vgl. K. Bayertz, Biology und Beauty: Science and Aesthetics in Fin-de-Siècle Germany, in: M. Teich/R. Porter (Hrsg.), Fin de Siècle and its Legacy, Cambridge 1990, 278–295).

68 Vielleicht ließe sich diese Unmöglichkeit sogar durch eine kritische Selbstanwendung zeigen, indem man auch die möglichen Rationalitätsvorstellungen evolutionär betrachtet. Es dürfte sich dann im Lichte der gegenwärtigen selbstzerstörerischen ökologischen Krise, welche die letzte Konsequenz einer rein instrumentellen Vernunft ohne Wertbewußtsein ist, kaum be-

streiten lassen, daß gerade dieser Vernunfttyp nicht evolutionär stabil ist, wenn er die Wertrationalität ausschließt. Daher spricht selbst im Rahmen der Evolutionstheorie alles gegen seine ausschließlichen Geltungsansprüche.

69 Vergleiche seine kritischen Bemerkungen zur „Ethica", in: G. W. Leibniz, Die philosophischen Schriften, 7 Bde., hrsg. von C. J. Gerhardt, Reprint Hildesheim/New York 1978, Bd. 1, 139 ff.

70 Ein anderes Kriterium wäre das Prinzip der Fülle (insbesondere der Vielfalt organischer Formen, innerhalb deren personale Organismen eine Sonderstellung einnehmen).

71 Einen Versuch, die Soziobiologie in einen objektiven Idealismus zu integrieren, findet man in den in Anm. 58 zitierten Ausführungen.

72 Siehe hierzu V. Hösle, Hegel und Spinoza, in: Tijdschrift voor Filosofie, 59 (1997), 69-88 (jetzt in: Hegels System, Hamburg ²1998, 685–700).

Tragweite und Grenzen der evolutionären Erkenntnistheorie

1 Unter den Arbeiten, die eine ähnlich vermittelnde Stellung einnehmen, sind besonders hervorzuheben die durch Klarheit und Ausgewogenheit des Urteils ausgezeichneten Aufsätze von E. M. Engels: Evolutionäre Erkenntnistheorie – ein biologischer Ausverkauf der Philosophie?, in: Zeitschrift für allgemeine Wissenschaftstheorie 14 (1983), 138–166 (im folgenden zitiert als: EEBAB); Die Evolutionäre Erkenntnistheorie in der Diskussion, in: Information Philosophie, Jan. 1985 (1), 56–63 und April 1985 (2), 49–68 (= EED); Was leistet die evolutionäre Erkenntnistheorie? Eine Kritik und Würdigung, in: Zeitschrift für allgemeine Wissenschaftstheorie 16 (1985), 113–146 (= WLEE).

2 Die Stellen entnehme ich M. T. Ghiselin, Darwin and Evolutionary Psychology, in: Science 179 (1973), 964–968, 965.

3 Evolutionary Epistemology, in: The Philosophy of Karl Popper, ed. by P. A. Schilpp, La Salle/III. 1974, 413–463, 437 f. Eine historische Fundgrube sind 437–441 und der vierte Anhang. In seiner Antwort (ebd., 1059–1065) nennt Popper Campbells Beitrag zu Recht „a treatise of prodigious historical learning" (1059). – Zur EE im 19. Jahrhundert vgl. auch F. M. Wuketits, Evolutionsmodelle in der Erklärung menschlicher Denkstrukturen im 19. Jahrhundert, in: Conceptus 6 (1983), 115–122.

4 Eine These Schopenhauers, in: Populäre Schriften, Leipzig 1905, 385–402, 397.

5 Op.cit., 398. – Zu Boltzmann vgl. E. Broda, Ludwig Boltzmann als evolutionistischer Philosoph, in: Conceptus 6 (1983), 103–114. E. Machs biologische Erkenntnistheorie ist Gegenstand des Aufsatzes von M. Čapek, Ernst Mach's Biological Theory of Knowledge, in: Synthese 18 (1968), 171–191.

6 Blätter für Deutsche Philosophie 15 (1941), 94–125, jetzt in K. L., Das Wirkungsgefüge der Natur und das Schicksal des Menschen, hrsg. und eingeleitet von I. Eibl-Eibesfeldt, München/Zurich 1978 (= WNSM), 82–109 (= KLA).

7 Zeitschrift für Tierpsychologie 5 (1943), 235–409 (= AFME). Diese zweite Abhandlung ist zweifelsohne die an aufgearbeitetem Material und frucht-

baren Ideen reichere, und es ist daher bedauerlich, daß sie in der gegenwärtigen Diskussion wenig berücksichtigt wird, wie G. Vollmer zu Recht moniert hat (Evolution und Erkenntnis – Zur Kritik an der evolutionären Erkenntnistheorie (1985), in: G. V., Was können wir wissen?, Bd. 1: Die Natur der Erkenntnis, Stuttgart 1985 (= NE), 268–323, 320). Allerdings dürfte es nicht schwer zu erklären sein, warum sie auch von Lorenzschülern ungerne zitiert wird, während jener erste Aufsatz inzwischen mehrmals wiederabgedruckt wurde: Sie enthält in so massivem Maße rassistisches Gedankengut und implizit derart entsetzliche rassenpolitische Empfehlungen, daß ein allgemeines Bekanntwerden dieser Abhandlung Lorenz' Reputation nur schaden könnte. Vgl. Anm. 77.

8 Zu erwähnen ist hier auch L. v. Bertalanffy, An Essay on the Relativity of Categories, in: Philosophy of Science 22 (1955), 243–263. Vgl. bes. 247–250: „The Biological Relativity of Categories."

9 Ich sehe hier ab von dem kaum beachteten Aufsatz von R. Conradt, Grundzüge einer naturwissenschaftlichen Erkenntnistheorie, in: Philosophia Naturalis 12 (1970), 3–46.

10 München 1973. Ich zitiere nach der Ausgabe von dtv, München [7]1984 (= RS).

11 Ihm folgte, wenn auch mit größeren philosophischen Ansprüchen, R. Riedl mit seiner „Biologie der Erkenntnis" (Berlin/Hamburg 1979, unter Mitarbeit von R. Kaspar). Ich zitiere nach der 3. Auflage von 1981 (= BE).

12 Op.cit. Popper spricht bezüglich dieser schon einige Jahre vor dem Erscheinen des Schilpp-Bandes abgeschlossenen Arbeit von „the greatest agreement with my epistemology, and … an astonishing anticipation of some things which I had not yet published when he wrote his paper." (1059) Ähnlich W. W. Bartley III, The Philosophy of Karl Popper, Part I: Biology & Evolutionary Epistemology, in: Philosophia 6 (1976), 463–494, 468: „Although Campbell says that Popper is the modern founder and leading advocate of an evolutionary epistemology, Popper himself had not previously put the problem in so full a context." Poppers „Objektive Erkenntnis. Ein evolutionärer Entwurf" erschien englisch 1972. Ich zitiere nach der deutschen Übersetzung, Hamburg 1973 (= OE). Vgl. dort bes. 81 ff., 267 ff.

13 Evolutionäre Erkenntnistheorie, Stuttgart 1975. Ich zitiere nach der 3. Auflage von 1981 (= EE).

14 Ausdruck der Differenzen zwischen beiden Lagern ist Vollmers bissige Rezension von Riedls „Biologie der Erkenntnis" (Des Biologen philosophische Kleider, in: Allgemeine Zeitschrift für Philosophie 7.2 (1982), 57–68 (= BPK)).

15 Piaget selbst akzeptiert den Grundgedanken der EE, tendiert aber anscheinend zu einer eher lamarckistischen als darwinistischen Interpretation der Evolutionstheorie. Vgl. Biologie und Erkenntnis, Frankfurt a. M. 1974 (frz. 1967), 276–312: „§ 19: Die angeborenen Erkenntnisse und die erblichen Werkzeuge des Erkennens". Eine ‚Simulation des Lamarckismus' stellt Poppers interessante *darwinistische* These von einem ‚genetischen Dualismus' dar (OE, 300 ff.).

16 S. auch den Beitrag von A. Idam/A. Kantorovich, Towards an Evolutionary Pragmatics of Science, in: Zeitschrift für allgemeine Wissenschaftstheorie 16 (1985), 47–66.

17 Vgl. R. Riedl, Die Spaltung des Weltbildes, Berlin/Hamburg 1985.

18 Vgl. G. Vollmer, EE, 170 ff.; R. Riedl, Die kopernikanischen Wenden, in: R. R., Evolution und Erkenntnis, München 1982, 273–298; L. Thönissen, Kopernikanische Wenden, in: Philosophia Naturalis 22 (1985), 294–327.

19 Vgl. schon K. Lorenz, KLA, 86: „Diese zentralnervöse Apparatur schreibt keineswegs der Natur ihr Gesetz vor, sie tut das genausowenig, wie der Huf des Pferdes dem Erdboden seine Form vorschreibt. Wie dieser stolpert sie über nicht vorgesehene Veränderungen der dem Organ gestellten Aufgabe … Unsere vor jeder individuellen Erfahrung festliegenden Anschauungsformen und Kategorien passen aus ganz denselben Gründen auf die Außenwelt, aus denen der Huf des Pferdes schon vor seiner Geburt auf den Steppenboden … paßt."

20 Vgl. G. Vollmer, Mesokosmos und objektive Erkenntnis – Über Probleme, die von der evolutionären Erkenntnistheorie gelöst werden, in: K. Lorenz/ F. M. Wuketits (Hrsg.), Die Evolution des Denkens, München/Zürich 1983 (= ED), 29–91 (= MOE), 43: „Die evolutionäre Erkenntnistheorie ist also zugleich bescheidener und anspruchsvoller als Kants transzendentale Erkenntnistheorie. Sie ist *bescheidener*, indem sie keine notwendigen Wahrheiten oder Objektivitätsgarantien vertritt … Was … das Ding an sich betrifft, ist die evolutionäre Erkenntnistheorie *anspruchsvoller* als Kant."

21 G. Vollmer, MOE, 34.

22 G. Vollmer, Was können wir wissen? Eigenart und Reichweite menschlichen Erkennens (1982), in: G.V., NE, 1–43, 43.

23 Vgl. K. Popper, OE, 80.

24 Vgl. K. Lorenz, RS, 90.

25 OE, 37. Popper denkt an das trial-and-error-Verfahren, hebt freilich als Hauptunterschied zwischen Einstein und einer Amöbe hervor, „daß Einstein *bewußt auf Fehlerbeseitigung aus ist*." (Ähnlich 84 f., 273 f.) Damit werde es möglich, „daß an unserer Stelle unsere Hypothesen sterben" (271; vgl. 168, 274).

26 WLEE, 143. – Den Versuch einer informationstheoretischen Rekonstruktion des Erkenntnisbegriffs stellt E. Oeser, Wissenschaft und Information, 3 Bde., Wien/München 1976 (bes. Bd. 2: Erkenntnis als Informationsprozeß) dar.

27 Vgl. K. Lorenz, RS, 47 ff. R. Löw hat gegen diese Rekonstruktion geltend gemacht, daß ein so verstandener Fulgurationsbegriff „auf die ganze Wirklichkeit ausgedehnt werden" müsse, da ja auch aus zwei H-Atomen und einem O-Atom ein neues System mit neuen Qualitäten entstehe (Evolution und Erkenntnis – Tragweite und Grenzen der evolutionären Erkenntnistheorie in philosophischer Absicht, in: K. Lorenz/F. M. Wuketits, ED, 331–360 (= EETG), 348). In der Tat ist ihm zuzugeben, daß es Fulgurationen auch innerhalb des Anorganischen gibt (daraus folgt freilich nicht, daß *jeder* Zusammenschluß von Systemen eine Fulguration darstellt), ebenso wie auch innerhalb des Organischen; nur werden durch die meisten von ihnen weniger neue Eigenschaften emergieren als etwa durch den Zusammenschluß von Proteinen und DNA-Ketten, der nach Eigens faszinierender Hyperzyklustheorie zur Entstehung des Lebendigen geführt hat.

28 Bemerkenswert ist der in diesem Sinne unternommene Versuch R. Riedls,

causa efficiens und *causa finalis* zu versöhnen, ja die ganze aristotelische Vierursachenlehre systemtheoretisch neu zu rekonstruieren (BE, 148 ff., bes. 165 f.).

29 So ist bisher nicht nur die transspezifische Evolution im Versuch nicht nachgewiesen worden, auch ihre theoretische Rekonstruktion ist umstritten. Gegen das ‚gradualistische' Modell haben St. J. Gould und N. Eldredge ein ‚punctuated equilibrium model' entwickelt, das plötzliche große Sprünge zugrunde legt. Vgl. die populärwissenschaftliche Darstellung bei St. M. Stanley, Der neue Fahrplan der Evolution, München 1983.

30 Vgl. etwa A. Locker (Hrsg.), Evolution – kritisch gesehen, Salzburg/München 1983, zumal den Aufsatz des Herausgebers (der auch eine äußerst scharfe Rezension von Riedls „Biologie der Erkenntnis" verfaßt hat: Wiener Jahrbuch für Philosophie 13 (1980), 259–264): „Evolution" – Begriff und Theorie unter der Sonde von Sprach- und Wissenschaftskritik, ebd., 11–46. Dieser Beitrag disqualifiziert sich selbst, so wenn es heißt, eine naturwissenschaftliche Theorie könne empirisch nicht widerlegt werden (35), Erklären bedeute, sich dem Wesentlichen zu entziehen (39), aus dem „zufälligen" Zusammentreffen der Todestage Goethes und Darwins sei etwas Geheimes zu verstehen (39) und die EE sei schlimmer als ein Märchen – „ist doch das Märchen immer 'verdünnter' Mythos, da es tiefste menschlich/übermenschliche Wahrheit bekundet" (43). Sachlicher ist H. Kahle, Evolution – Irrweg moderner Naturwissenschaft?, Bielefeld 1980. – Ganz anderer Natur ist die unten S. 96 f. entwickelte Kritik, daß die Evolutionstheorie ein Uniformitätsprinzip voraussetzt, um als wissenschaftlich gelten zu können, denn das gilt im Grunde von jeder Theorie mit Allaussagen.

31 So etwa G. Frey, Möglichkeit und Bedeutung einer evolutionären Erkenntnistheorie, in: Zeitschrift für philosophische Forschung 34 (1980), 1–17, 8 f.

32 Man könnte hier einwenden, er hätte jedoch nicht falsifiziert werden können, da Existenzaussagen wie „Es gibt Mutationen" prinzipiell nicht falsifizierbar sind. Das ist richtig; nur folgt daraus, daß die Forderung prinzipieller Falsifizierbarkeit wissenschaftlicher Aussagen (die unter bestimmten Umständen auch Existenzaussagen sein können) inakzeptabel ist. Zu Recht meint E.-M. Engels, daß die Diskussion des Problems der Falsifizierbarkeit der Evolutionstheorie, eine der zentralen Fragen in der Auseinandersetzung um deren logischen Status, wichtige Konsequenzen nicht nur für die Evolutionstheorie, sondern auch für die Wissenschaftstheorie haben könnte (EED, 1,62).

33 Tautologien sind zwar nicht falsifizierbar – aber nur, weil sie logisch wahr sind. Umgekehrt gibt es nicht-falsifizierbare Sätze, die nicht logisch wahr, sondern sinnlos sind – und nur vor solchen Sätzen (etwa: „Es gibt Engel, die in das Naturgeschehen eingreifen, ohne daß wir Menschen das merken können") hat sich die Wissenschaft zu hüten.

34 Vgl. OE, 83, 268.

35 Natural Selection and the Emergence of Mind, in: Dialectica 32 (1978), 339–355, 343 ff. Popper meint allerdings, die geschlechtliche Zuchtwahl widerlege die Konzeption der natürlichen Zuchtwahl, während sie m. E. diesen Begriff nur modifiziert.

36 Vgl. C. Darwin, The origin of species by means of natural selection, Harmandsworth 1978, 136 ff.: „Sexual Selection" (innerhalb von Kap. 4: „Natural Selection").

37 K. Lorenz erwähnt in einem ähnlichen Zusammenhang als besonders plastisches Beispiel die Schwingen des Argusfasans (Über das Töten von Artgenossen (1955), in: K. L., WNSM, 275–298, 278 f.).

38 So heißt es auch bei Lorenz: „Möglicherweise ist Reflexion, durch die das Subjekt sich seiner Subjektivität erstmalig bewußt wird, die Voraussetzung für alle anderen, nur dem Menschen eigenen Prinzipien des Verhaltens." (Die instinktiven Grundlagen menschlicher Kultur (1967), in: K. L., WNSM, 246–274 (= IGMK), 264) Äußerst interessant ist Lorenz' Hypothese, nach der die Ausbildung von Reflexion durch intersubjektive Prozesse ermöglicht wurde (265).

39 Sein und Gewordensein. Was erklärt die Evolutionstheorie?, in: R. Spaemann u. a. (Hrsg.), Evolutionstheorie und menschliches Selbstverständnis, Weinheim 1984 (= EMS), 73–91, 85. Spaemann beharrt auf der Unableitbarkeit der Negativität (deren erste Form der Schmerz sein soll, dessen selbst- und arterhaltende Funktion Spaemann freilich anerkennt). Allerdings gilt die Tatsache, daß hier noch keine naturwissenschaftlich befriedigende Erklärung vorliegt, nicht spezifisch für den Schmerz, sondern ebenso für die Lust, ja für bewußtes Erleben überhaupt; sie hat also nichts mit Negativität zu tun. Zudem folgt aus dem bisherigen Fehlen einer Erklärung keineswegs, daß eine solche grundsätzlich nicht möglich ist. – Bemerkenswert ist, daß auch einige Befürworter der EE eine dualistische Lösung des Leib-Seele-Problems befürworten – man denke nur an K. Popper und H. v. Ditfurth.

40 RS, 216.

41 RS, 214.

42 Ein starkes Argument für die (zugegebenermaßen nicht apodiktisch zu beweisende) Annahme, daß Pflanzen kein subjektives Erleben haben, ist m. E. folgendes: Empfindung hätte bei ihnen keine selbst- oder arterhaltende Funktion. Da eine Pflanze nicht über Lokomotion verfügt, würde es ihr prinzipiell nichts nützen, etwa Angst davor zu empfinden, daß ein Tier sie fräße: Sie könnte trotzdem weder fliehen noch sich wehren. Lokomotion ist wohl notwendige, wenn auch nicht hinreichende Bedingung für Empfindung. (Vgl. J. Locke, Essay, II 9, 13).

43 Ebensowenig ist m. E. a priori auszuschließen, daß aus synthetischen Stoffen ein Wesen künstlich hergestellt werden könnte, das Empfindung, ja sogar Selbstbewußtsein besäße. Gegen diese Möglichkeit – die wegen der ungeheueren Komplexität der entsprechenden Strukturen freilich äußerst unwahrscheinlich ist – gibt es m.W. keine stringenten Argumente. Dies einzuräumen, ist übrigens das gerade Gegenteil von ‚Materialismus', denn es heißt davon ausgehen, daß Empfindung und Selbstbewußtsein nicht an eine bestimmte *Materie*, sondern an *systemtheoretische Strukturen* gebunden sind. – Ein etwaiger Computer mit Selbstbewußtsein wäre als mit den Menschen gleichwertig zu behandeln; er würde auf die Respektierung seiner ‚Person' Anspruch erheben können.

44 Eine solche Struktur müßte sich natürlich auch physikalisch von Prozessen

ohne Innenaspekt unterscheiden, wie G. Vollmer zu Recht auf den Einwand entgegnet, für eine nichtdualistische Position sei ein Prozeß mit Bewußtsein von einem ohne Bewußtsein nicht zu unterscheiden (MOE, 86). Sie müßte ferner – wie schon das Leben – die Möglichkeit haben, dank Rückkopplungsstrukturen eine gewisse Autonomie zu entwickeln und auf niedrigere Stufen zurückzuwirken.

45 Daß bei den Verfechtern einer solchen Unüberbrückbarkeit im Hintergrund oft religiöse Überzeugungen von der Einzigartigkeit des Menschen stehen, ist offenkundig. Freilich bedenken diese Verfechter zu wenig, daß das Leib-Seele-Problem nicht viel mit dem Übergang Tier-Mensch zu tun hat, da man (wenn man nicht auch in diesem Punkt Cartesianer ist) gemeinhin Tieren so etwas wie „Seele" zuspricht. Die entscheidende Zäsur in der realen Welt wäre nach dieser Konzeption also nicht die zwischen Leblosem und Lebendem oder die zwischen Tier und Mensch, sondern eine, die irgendwo im Tierreich verläuft – und es ist nicht zu sehen, was an dieser Konzeption erbaulich sein soll.

46 BE, 107.

47 BE, 30.

48 Ein interessantes Beispiel sind etwa die Überzeugungen, die man von der Einstellung eines anderen Menschen einem selbst gegenüber hat – Überzeugungen, die selten begründet werden können, aber doch überdurchschnittlich häufig richtig sind, weil sie auf der (fast nie bewußten) Wahrnehmung von körperlichen Signalen (wie Pupillenerweiterung usf.) basieren. Diese Signale sind an sich durchaus rekonstruierbar, z.T. auch schon rekonstruiert, doch ist die Rekonstruktion keineswegs nötig, um mit ihnen richtig umgehen zu können – ebensowenig wie das Studium der Physiologie für eine richtige Verdauung. Nur in den seltenen Ausnahmefällen, in denen diese Signale versagen (etwa weil sie bewußt manipuliert sind: man denke an die künstliche Pupillenerweiterung durch Belladonna), ist die bewußte Rekonstruktion von Nutzen.

49 Allerdings hat die traditionelle Erkenntnistheorie durchaus auch Fragen erörtert, die deskriptiver Natur sind, ja oft genug hat sie nicht klar zwischen deskriptiven und normativen Fragestellungen unterschieden.

50 Vgl. K. Lorenz, Über die Entstehung von Mannigfaltigkeit (1965), in: K. L., WNSM, 54–81 (= EM), 79: „Höherentwicklung und bessere Anpassung sind ... durchaus nicht ohne weiteres gleichzusetzen. Höherentwicklung bringt viele anpassungsmäßige Nachteile mit sich, zum Beispiel die erhöhte Abhängigkeit des Gesamtsystems von jedem seiner Teile, die unabdingbar mit der Spezialisierung ihrer Arbeitsteilung einhergeht. Eine Hydra kann man in kleine Teile schneiden, ein Wirbeltier verträgt nicht einmal, daß man es köpft." Vgl. auch 78: „Ein *Paramaecium* ist durchaus nicht schlechter an seinen Lebensraum angepaßt als ein Affe ..."

51 Kant und die evolutionäre Erkenntnistheorie (1984), in: G. V., NE, 166–216 (= KEE), 186. – Im Anschluß an K. Lorenz (RS, 129ff.) beharrt Vollmer auf dem Unterschied eines *propter hoc* von einem regelmäßigen *post hoc* – einem Unterschied, der in einem Energieübertrag bei kausaler Verursachung bestehe.

52 Diese Unterscheidung zwischen Zirkularität und Hypothetizität wird in

keinem jener Beiträge gemacht, die der EE generisch Zirkularität vorwerfen (vgl. W. Lütterfelds, Kants Kausalkategorie – ein stammesgeschichtliches Aposteriori?, in: Philosophia Naturalis 19 (1982), 104–124; H. Holzhey, Genese und Geltung. Das vernunftkritische Resultat einer Kontroverse zwischen biologischer und kantianischer Erkenntnistheorie, in: Studia Philosophica 42 (1983), 104–123, bes. 120; H. Köchler, Erkenntnistheorie als biologische Anthropologie?, in: G. Pfligersdorffer (Hrsg.), Blickpunkte philosophischer Anthropologie, Salzburg 1983, 43–63, bes. 55 ff.; H. M. Baumgartner, Die innere Unmöglichkeit einer evolutionären Erklärung der menschlichen Vernunft, in: R. Spaemann u. a., EMS, 55–71, 66; G. H. Hövelmann, Sprachkritische Bemerkungen zur evolutionären Erkenntnistheorie, in: Zeitschrift für allgemeine Wissenschaftstheorie 15 (1984), 92–121, bes. 100).

53 Vgl. die durch Putnam angeregte Kritik W. Stegmüllers am ‚metaphysischen Realismus' der EE: Evolutionäre Erkenntnistheorie, Realismus und Wissenschaftstheorie, in: R. Spaemann u. a., EMS, 5-34 (= EERW), 20 ff.

54 So betont G. Vollmer selbst, keine wissenschaftliche Theorie sei biologisch vorgeformt (Evolution der Erkenntnisfähigkeit – Ansätze zu einer evolutionären Erkenntnistheorie (1984), in: G. V., NE, 44–56, 55). H. Mohr versucht dagegen, zumindest das Ethos der Wissenschaft evolutionstheoretisch zu erklären (Ist das ‚Ethos der Wissenschaft' mit der evolutionären Erkenntnistheorie zu vereinbaren?, in: K. Lorenz/F. M. Wuketits, ED, 300–328). Seine Ausführungen – die ein seltenes Unverständnis des Problems des naturalistischen Fehlschlusses verraten – sind freilich bestenfalls unter genetischem, keineswegs unter geltungstheoretischem Aspekt akzeptabel.

55 EEBAP, 158 f. Gegen den Vorwurf der Zirkularität vgl. auch den allerdings wenig klärenden Beitrag von G. P. Wagner, Über die logischen Grundlagen der evolutionären Erkenntnistheorie, in: K. Lorenz/F. M. Wuketits, ED, 199–214.

56 KEE, 183.

57 KEE, 184.

58 Why reason can't be naturalized, in: Synthese 52 (1982), 3–23 (= RCN), 20. Vgl. zur evolutionären Erkenntnistheorie 4 ff.

59 Besonders mißlich ist an Vollmers Position, daß er aus der Verwerfung des Normativen nicht relativistische Konsequenzen à la Feyerabend zieht, sondern in unbefangenem Dogmatismus weiterhin der Wissenschaft einen, wenn auch nur hypothetischen, so doch allen anderen kognitiven Systemen überlegenen Wahrheitsanspruch zubilligt. Ein derartiges Nebeneinander von Dogmatismus (auf Objektebene) und Relativismus (auf der Metaebene der Kriterien) ist noch widersprüchlicher als der reine Relativismus.

60 Nach Vollmer ist dieses Problem freilich der „Prüfstein empiristischer und rationalistischer Argumente" (MOE, 42).

61 So zu Recht W. Stegmüller, EERW, 30 ff. Ähnlich bezüglich der Differenzen zwischen Platons und Lockes Begriff von angeborener Idee I. Craemer-Ruegenberg, Was leistet die Evolutionäre Erkenntnistheorie? Zu einem Aufsatz von Gerhard Vollmer in AZP 1984, 2, in: Allgemeine Zeit-

schrift für Philosophie 10.2 (1985), 61–71, 64. – Mit Popper ließe sich sagen, daß das Problem der EE wie das Lockes ein Problem von Welt 2 ist, während Kants (und wohl auch Platons) Problem Welt 3 betrifft.

62 Vgl. De mundi sensibilis atque intelligibilis forma et principiis, § 15 Zus.; Kritik der praktischen Vernunft, A 254; Über eine Entdeckung, BA 68.

63 Zwischen den Begriffen von a priori und angeboren gibt es nicht den mindesten logischen Zusammenhang – es könnte also angeborene und erworbene Aprioris sowie angeborene und erworbene Urteile geben, deren Geltung nur a posteriori auszumachen ist.

64 Vgl. G. Simmel, Über eine Beziehung der Selectionslehre zur Erkenntnistheorie, in: Archiv für systematische Philosophie 1 (1895), 34–45, bes. 43: „so dass ursprünglich das Erkennen nicht zuerst wahr und dann nützlich, sondern erst nützlich ist und dann wahr genannt wird."

65 Vollmer selbst reflektiert gelegentlich über dieses Problem (vgl. etwa: Über vermeintliche Zirkel in einer empirisch orientierten Erkenntnistheorie (1983), in: G. V., NE, 217–267 (= VZEOE), 251 f.), aber in unzureichender Weise. So räumt er ein, daß synthetische Sätze a priori, auch wenn sie nicht existierten, doch „logisch möglich" seien (KEE, 193), sieht jedoch nicht, daß daraus der synthetische Charakter und damit die Widersprüchlichkeit und Falschheit des Satzes S folgt. *Bei dem Satz T folgt aus der bloßen Möglichkeit sofort die Existenz.*

66 Die eben skizzierte Begründungsmethode geht im wesentlichen auf K.-O. Apel und seinen Schüler W. Kuhlmann zurück (s. besonders dessen Buch: Reflexive Letztbegründung, Freiburg/München 1985). Vgl. allerdings zum ontologischen (und damit auch: naturphilosophischen) Defizit der Transzendentalpragmatik V. Hösle, Die Transzendentalpragmatik als Fichteanismus der Intersubjektivität, in: Zeitschrift für philosophische Forschung 40 (1986), 235–252.

67 Daher ist auch Kants Transzendentalphilosophie im Grunde zirkulär, wie er selbst einräumt (KdrV B 765/A 737).

68 BPK, 61.

69 Ich sehe hier ganz ab vom Außenweltproblem, das der hypothetische Realismus (und mit ihm die EE) einerseits für unlösbar erklärt – denn in der Tat ist der Satz „Es gibt eine Außenwelt" ein synthetischer Satz a priori: Er kann durch keine Erfahrung gestützt oder widerlegt werden, und seine Negation ist nicht analytisch widersprüchlich. Andererseits wird aber der Solipsismus vom hypothetischen Realismus als größenwahninnig, unsinnig usf. beschimpft (vgl. K. Popper, OE, 54; G. Vollmer, KEE, 203), da starke Argumente gegen ihn sprächen. Allerdings sind die Argumente, die etwa Vollmer, EE, 34 ff. anführt, nicht nur nicht stringent (wie von den hypothetischen Realisten zugegeben wird) – sie sind nicht einmal Plausibilitätsargumente, da sie selbst dies nur *unter der Voraussetzung des Realismus* sind. Ganz allgemein können noch so viele empirische Sätze, ohne schon einen synthetischen Satz a priori zugrunde zu legen, einen synthetischen Satz a priori auch nicht um ein bißchen wahrscheinlicher machen.

70 Damit soll nicht gesagt sein, daß dies das einzige apriorische Prinzip einer reinen Naturphilosophie wäre – zu denken wäre auch an Erhaltungssätze usf. Jenes Prinzip ist aber das grundlegende, und es ist gewiß kein Hemm-

nis für die Wissenschaft (verabsolutiert es doch nicht wie die Kantischen synthetischen Sätze a priori eine bestimmte historische Theorie), sondern vielmehr die Bedingung ihrer Möglichkeit. Näher zu diesem Problemkreis vgl. D. Wandschneider, Die Möglichkeit von Wissenschaft. Ontologische Aspekte der Naturforschung, in: Philosophia Naturalis 22 (1985), 200–213.

71 Vgl. den interessanten Aufsatz von B.-O. Küppers, Die Berechenbarkeit des Lebendigen (Philosophia Naturalis 22 (1985), 250–270), der unter Rückgriff auf einen Satz von Chaitin zeigt, daß der Vitalismus auch bei Bekanntheit aller Mutationen prinzipiell nicht zu widerlegen wäre.

72 Dazu vgl. etwa F. M. Wuketits, Kausalitätsbegriff und Evolutionstheorie, Berlin 1980, 65–69.

73 So zu Recht R. Löw, EETG, 350 ff.

74 IGMK, 273.

75 S. etwa: Die Vorstellung einer zweckgerichteten Weltordnung (1976), in: WNSM, 24–35, 27.

76 MOE, 50 f.

77 Vgl. in AFME nur die Abschnitte „Die Leistung des intoleranten Werturteils" (308–311) und „Der Wert der Reinrassigkeit" (311–314) sowie folgende Äußerungen: „Die ganz allmählich und unmerklich zunehmende Korruption durchdringt den noch gesunden Volkskörper in „infiltrierendem Wachstum", wie der Fachausdruck der *Krebsforschung* so vielsagend lautet. Die Gründe hierfür sind die gleichen wie bei der bösartigen Neubildung. Während der gesunde Körper auf die Einführung *fremder* lebender Zellen, etwa solcher von Parasiten, mit Abwehr- und Abgrenzungsreaktionen antwortet, wie sie auch ein gesundes Volk fremdrassigen Elementen gegenüber unter Umständen mit Erfolg durchführen kann, „bemerkt" die noch gesunde Umgebung den Ent-Differenzierungsvorgang ... *nicht*, sondern reagiert auf sie auch weiterhin „mit sozialem Entgegenkommen" ... und macht dadurch das ... Wachstum der Krebsgeschwulst überhaupt erst möglich ... so *müssen* ganz einfach alle diese Ursachen die zu erwartende Wirkung haben, daß ein Kulturvolk kurz nach Erreichung der Zivilisationsphase zugrundegeht, *woferne nicht eine bewußte, wissenschaftlich unterbaute Rassenpolitik diese Entwicklung der Dinge verhindert"* (301 f.); „Gleich dem Chirurgen, der bei der Entfernung einer wuchernden Krebsgeschwulst mit einiger Willkür und „Ungerechtigkeit" irgendwo durch seinen Schnitt die scharfe Grenze zwischen zu Entfernendem und zu Erhaltendem zieht, ja sogar bewußt lieber gesundes Gewebe mit entfernt als krankes stehen läßt, so muß sich auch das apriorische Werturteil zur Festlegung einer Grenzlinie ... entschließen" (309); „Das apriorische Beurteilen des Wertes von Artgenossen ist eine jener arteigenen Reaktionen des Menschen, die durch intellektualisierernde Selbstbeobachtung stark in ihrer Funktion gestört werden ... Toleranz gegen moralisch Minderwertige ist eine schwere Gefahr für die Volksgemeinschaft" (311); „Mein Vater ... sagte einst: rassebiologisch gesehen, ist die gesamte ärztliche Kunst ein Unglück für die Menschheit" (380).

78 Analoges gilt für die Ästhetik, obwohl auch sie von der Analyse angeborener ästhetischer Empfindungen viel lernen kann (man denke etwa an das Prinzip der Komplementärfarben, dem nichts Physikalisches, sondern nur

eine physiologische Eigenart des menschlichen Auges zugrunde liegt). Freilich ist das unmittelbar Ansprechende – etwa ein weiblicher Körper von bestimmten Proportionen – noch nicht schön in dem normativen Sinn, den ein Kunstwerk beansprucht; in einem großen Kunstwerk kann es vielmehr sogar sinnvoll sein, das angeborene Schönheitsempfinden zu negieren, auf das ohne Brechung gewöhnlich nur der Kitsch zurückgreift. Vgl. dazu die erhellenden Ausführungen bei K. Lorenz, AFME, 281–290.

79 Auch ihr normatives Argument, das vom Vorhandensein einer angeborenen kognitiven Struktur auf deren partielle Wahrheit schließt, setzt voraus, daß das Problem der Geltung der Wissenschaft schon gelöst ist.

80 Vgl. z. B. R. Löw, EETG, 350: „Nicht nur die Geltung, sondern auch die Genesis der Kategorien ist ihr (sc. der EE) entzogen." Allerdings kann man Löw insoweit zustimmen, als eine deskriptive Erkenntnistheorie, die das Geltungsproblem nicht bedenkt, trivialerweise auch nicht die Genese desjenigen erkenntnistheoretischen Vermögens thematisieren kann, das sich mit Geltungsfragen befaßt, da sie ja davon ausgehen muß, daß es dieses gar nicht geben kann. Doch bedeutet jene faktische Unvollständigkeit der EE keineswegs, daß die Genese dieses Vermögens nicht ebenfalls auf natürliche Weise erklärt werden könnte.

81 H. Putnam, RCN, 6.

82 Vgl. in diesem Sinne Ch. S. Peirce' Kritik (in: Collected Papers, Cambridge 1931ff., Bd. V, Abschnitt 254–258, 310, 452, 525). Peirce möchte den Begriff des Unerkennbaren durch denjenigen des Unerkannten, aber *in the long run* Erkennbaren ersetzt haben. – Ähnlich sinnlos wie Kants Lehre vom Ding-an-sich sind m. E. G. Vollmers Äußerungen über mögliche, aber prinzipiell unerkennbare Welten ohne Naturgesetze, Symmetrien usf. (MOE, 29).

83 EEBAP, 154.

84 Den Versuch einer kritischen Sichtung der Hegelschen Naturphilosophie stellen die Beiträge von D. Wandschneider und V. Hösle in: M. J. Petry (Hrsg.), Hegel und Naturwissenschaften, Stuttgart-Bad Cannstatt 1987 dar.

85 Zu einer genaueren Rekonstruktion der für diesen Gedanken sprechenden Argumente sowie zu seinen Konsequenzen vgl. H. Hösle, Begründungsfragen des objektiven Idealismus, in: Forum für Philosophie (Hrsg.), Philosophie und Begründung, Frankfurt a. M. 1987, 212–267.

86 Vgl. in diesem Sinne H. Baumgartners idealistisch inspirierte Kritik an der EE (Über die Widerspenstigkeit der Vernunft, sich aus Geschichte erklären zu lassen, in: H. Poser (Hrsg.), Wandel des Vernunftbegriffs, Freiburg/München 1981, 39–64, 57; Ereignis und Struktur als Kategorien einer geschichtlichen Betrachtung der Vernunft, in: Grenzfragen, Bd. 12: Aufbau der Wirklichkeit, Freiburg/München 1982, 175–224, 197ff.).

87 Vgl. die klaren Ausführungen in G. Vollmer, VZEOE. Wichtig ist zumal Vollmers Bemerkung, daß Reflexivität nur notwendige, aber nicht hinreichende Bedingung für Antinomien ist und daß es daher unsinnig wäre, Reflexivität generell zu verbieten (222f.).

88 Eine unreflektierte Affinität zum objektiven Idealismus Platonisch-Hegelscher Prägung ist bei Riedl auch in seiner extrem realistischen Lösung des

biologischen Homologieproblems festzustellen (vgl. BE, 76, 108, 114, 138, 142, 167 f.).

89 Den einzig mir bekannten Versuch einer Integration der EE in einen objektiv-idealistischen Ansatz hat C. F. v. Weizsäcker unternommen. In seinem Aufsatz „Die Rückseite des Spiegels, gespiegelt" (in: Der Garten des Menschlichen, München/Wien 1977, 187–205) entfaltet er von einem platonisierenden, nicht bloß subjektiv-idealistischen Ansatz aus eine Kritik an Lorenz, die vornehmlich darauf abhebt, daß Lorenz' Grundgedanken mit einem platonischen Idealismus (der alles andere als dualistisch sei) sehr wohl kompatibel seien: „Platon kann Lorenz dulden, ja er müßte ihn bejahen." (190) Gut objektiv-idealistisch ist folgende Formulierung Weizsäkkers: „Organe sind ... *objektive Begriffe.*" (203)

90 Z. B. RS, 50.

91 RS, 91. – Auch innerhalb der Vorgänge kurzfristigen Informationsgewinns läßt sich unschwer die topische Reaktion als Synthese von Kinesis und phobischer Reaktion interpretieren: Während in der Kinesis nur Informationen über den Ort verarbeitet werden, an dem der Organismus sich gerade befindet – in günstigem Milieu bewegt er sich langsamer –, erfährt er in der phobischen Reaktion etwas über die Richtung, in der zu Vermeidendes liegt; die topische Reaktion schließlich informiert ihn darüber, welche Richtung er am besten einschlagen soll. Auch bei der Behandlung der Vorgänge der Sensitivierung, der Gewöhnung (oder De-Sensitivierung) und der Angewöhnung (oder Umkehrung der De-Sensitivierung) bemüht sich Lorenz um einen inneren logischen Zusammenhang zwischen den einzelnen Formen.

92 Vgl. R. Kaspar, Die biologischen Grundlagen der evolutionären Erkenntnistheorie, in: K. Lorenz/F. M. Wuketits, ED, 125–145, 129 f.: Das *conditioning by reinforcement* entspreche „einem Lernprogramm, bei dem der Erfolg (oder Mißerfolg) jeder Aktion auf das Gesamtprogramm rückverrechnet wird, einem Prinzip also, das wir schon vom Hyperzyklus kennen und das insgesamt den synergetischen Mechanismen der Selbstorganisation entspricht."

93 Deswegen könnte ein objektiver Idealist folgender Äußerung Lorenz' ohne weiteres zustimmen, auch wenn er darauf bestehen würde, daß sie auf naturalistischer Basis, ohne synthetische Sätze a priori, nicht zu begründen ist, da der konsequente 'Materialismus' ohne objektiv-idealistische Prämissen nur eine inkonsistente Versicherung ist: „Dem wahren Naturforscher ... scheint es ... erst recht ehrfurchterweckend, wenn das Prinzip des Sammelns von Information, das allem Leben und aller Anpassung zugrunde liegt, ohne Verstoß gegen die allgegenwärtige Naturgesetze auf grundsätzlich erklärbarem Wege zur Höherentwicklung von Organen einschließlich des menschlichen Gehirnes geführt hat." (EM, 81).

Über die Unmöglichkeit einer naturalistischen
Begründung der Ethik

1 Eine ausgezeichnete Kritik von Feyerabend, die zu Recht auch wissenssoziologische Gesichtspunkte bedenkt und den manchmal erfrischenden Provokationen Feyerabends gerecht wird, ohne sie über Gebühr ernst zu nehmen, stammt von H. Lenk: Über Rationalitätstypen und Rationalitätskritik, in: Zwischen Wissenschaftstheorie und Sozialwissenschaft, Frankfurt a. M. 1986, 104–130, bes. 117 ff.

2 Nicht minder falsch sind die Lehren, daß nur die Sätze der Sozial- und Geisteswissenschaften bzw. nur diese zusammen mit den naturwissenschaftlichen Sätzen wahr sein können. In philosophischen Kreisen ist die Reduktion von Philosophie auf empirische Sozialwissenschaften sogar die weitaus größere Gefahr – eben weil ein Philosoph sich leichter in die Sozial- als in die Naturwissenschaften einarbeiten kann. Oft kann man die Spielart des Reduktionismus, die ein Philosoph vertritt, aus dem Nebenfach ableiten, das er studiert hat.

3 Man denke an Lord Ernest Rutherford – zweifelsohne einen kompetenten Kenner der Materie –, der 1934 vor der British Association for the Advancement of Science feierlich erklärte: „Anyone who says that, with the means at present at our disposal and with our present knowledge, we can utilize atomic energy is talking moonshine." (Zitiert nach C. Rubbia/N. Criscenti, Il dilemma nucleare, Varese 1987, 185) Rutherfords Satz ist natürlich nicht falsch gewesen, aber er hat doch eine Sicherheit geweckt, die unangemessen war: 1942 gelang Fermi die erste kontrollierte und sich selbst erhaltende Kernkettenreaktion.

4 Das Elend des Historizismus, Tübingen 1965.

4b Vgl. inzwischen meine „Philosophie der ökologischen Krise" (München [2]1994).

5 Manchmal habe ich den Eindruck, daß einer der Gründe für die geistige Flaute in unserer Zeit eben dieses Bewußtsein ist. Der großartige und edle Enthusiasmus jener auch menschlich so beeindruckenden Begründer der modernen Physik ist nach Hiroshima und Nagasaki nicht mehr möglich; die Physik hat ihre Unschuld verloren, und der gegenwärtige Naturwissenschaftler kann und darf nicht mehr den Rätseln der Natur ohne Reflexion auf die Folgen seines Handelns nachjagen. Und auch an dem Philosophen, der sich ausschließlich für die zeitlosen begründungstheoretischen Fragen interessiert und den Notruf seiner Zeit nicht hört, stimmt moralisch etwas nicht. Immerhin bleibt es sittlich achtenswert, wenn der Wirkungsgrad des menschlichen Intellekts durch derartige Rücksichten herabgesetzt wird; unerfreulich ist hingegen der Anblick jener Narzisse, die durch selbstverursachte psychologische Probleme die Leistungsfähigkeit ihres Geistes bei der Lösung der drängenden Fragen minimalisiert.

6 Besonders deutlich wird dieses Bedürfnis bei E. Haeckel. Vgl. Die Welträtsel, Stuttgart [11]1984 ([1]1903).

7 Gegen jede Form von absolutem Pluralismus gibt es ein altes und starkes Argument: Gäbe es eine Vielzahl von weder aufeinander noch auf eine ge-

meinsame Grundlage reduziblen Prinzipien, so müßten diese Prinzipien - gerade wenn sie wirklich aufeinander irreduzibel wären und es nicht nur bisher noch nicht gelungen wäre, sie auf ein Metaprinzip zurückzuführen - in ihrem Prinzipiencharakter übereinkommen; es müßte ihnen also eine Rücksicht gemeinsam sein, die es uns erlaubte, in ihnen irreduzible Prinzipien zu erkennen. Und abstrahierten wir von jeder Gemeinsamkeit, wären sie voneinander nur verschieden, so wären sie gerade darin identisch, daß sie voneinander nur verschieden wären. Kurz: Es gibt immer eine gemeinsame Bestimmung der verschiedenen Prinzipien, die in der Prinzipientheorie selbst als höchstes Prinzip aufgestellt werden muß -- etwa als Substanz, deren Attribute jene unteren Prinzipien sind. Auch wenn nicht gesagt ist, daß aus dem höchsten Prinzip die unteren abgeleitet werden können, so ist doch umgekehrt klar, daß von ihnen stets zu einem höheren Prinzip übergegangen werden kann. – Doch nicht nur im Denken wird der Übergang von einem Prinzip zum anderen immer schon vollzogen – auch was die Realität angeht, sind wir durchaus davon überzeugt, daß es einen Zusammenhang zwischen Leib und Seele gibt und daß es der Sinn von Normen ist, die reale Welt zu bestimmen. Bei einem wirklich konsequenten Dualismus von Leib und Seele bzw. Sein und Sollen könnte aber nicht sinnvoll von Zusammenhang oder auch nur Bestimmung des einen durch das andere die Rede sein.

8 Die Genialität von Kants Theorie besteht darin, daß er seine beiden auf den ersten Blick entgegengesetzten Hauptanliegen – die Begründung der *allgemeinen* Geltung der Wissenschaft und d.h. ihrer fundamentalen Kategorien und Grundsätze einschließlich des Kausalitätsprinzips und ihre *Beschränkung* auf die Welt der Erscheinungen zu dem Zwecke, für die Willensfreiheit Raum zu schaffen – scheinbar in einem Zug leistet. Denn die Allgemeinheit setze apriorische Erkenntnis voraus; eine solche sei aber nur als subjektive denkbar, die nicht die Dinge an sich betreffe. Dieses Argument ist das Herz des subjektiven im Unterschied zum objektiven Idealismus, für den apriorische Erkenntnis die objektive Wirklichkeit erfaßt.

9 Vgl. M. Eigen/P. Schuster, The hypercycle: a principle of natural self-organization, Berlin/Heidelberg/New York 1979.

10 Siehe etwa H. Mohr, Natur und Moral. Ethik in der Biologie, Darmstadt 1987.

11 Mit der gewohnten ungeheuren Sprachgewalt, die seine Hauptleistung ausmacht, schreibt Nietzsche (Jenseits von Gut und Böse, Siebentes Hauptstück, 230): „Aber wir Einsiedler und Murmelthiere, wir haben uns längst in aller Heimlichkeit eines Einsiedler-Gewissens überredet, dass auch dieser würdige Wort-Prunk zu dem alten Lügen-Putz, -Plunder und -Goldstaub der unbewussten meschlichen Eitelkeit gehört, und dass auch unter solcher schmeichlerischen Farbe und Übermalung der schreckliche Grundtext homo natura wieder heraus erkannt werden muss.“

12 Zum Behaviorismus s. Blanshards treffende Kritik: The Problem of Consciousness – a Debate, B. Blanshard/B. F. Skinner, in: Philosophy and Phenomenological Research 27 (1967), 317–337.

13 Ich beziehe mich auf das „System der Sittenlehre“ (§ 18 III h). Ähnlich

Schelling noch im „System des transzendentalen Idealismus" (IV, Dritter Satz, II) – Vgl. inzwischen meinen Aufsatz „Intersubjektivität und Willensfreiheit in Fichtes „Sittenlehre", in: Philosophiegeschichte und objektiver Idealismus, München 1996, 180–205.

14 Eine treffliche Darstellung und Widerlegung von sogenannten Freiheitsbeweisen findet sich bei U. Pothast, Die Unzulänglichkeit der Freiheitsbeweise, Frankfurt a. M. 1980.

15 Vgl. K. Popper, Objective Knowledge, Oxford 1972, 215 f.

16 Daß Kant an dieser Theorie auch aus strafrechtsphilosophischen Gründen interessiert war, ist offenkundig. Aber es geht in meinen Augen nicht an, Freiheit zu postulieren, weil man etwa die Sühnetheorie befürwortet – der Wunsch darf nicht Vater des Gedankens sein. Wenn starke Argumente für den Determinismus sprechen, wird man sich nach einer anderen Theorie umschauen müssen – und da die Theorie der Generalprävention aus bekannten Gründen inakzeptabel ist (mit ihr könnte etwa auch Sippenhaft legitimiert werden), bleibt nur die der Spezialprävention übrig. Übrigens ist nicht zu leugnen, daß der Argumentation für die Generalprävention ein richtiger Gesichtspunkt zugrunde liegt (ein Übel ist gerechtfertigt, wenn es erforderlich ist, um ein größeres zu verhindern), aber er trifft nicht auf die Strafe zu, die eben kein bloßes rechtfertigbares Übel sein darf.

17 Der von Moore zurückgewiesene naturalistische Fehlschluß umfaßt übrigens mehr als das, was von Humes Verbot (Treatise III, 1,1) ausgeschlossen wird. Denn mit Humes Verbot wäre die Auffassung kompatibel, daß „gut" kein einfaches Prädikat sei. In der Tat scheint mir Moores Kritik an der „Metaphysischen Ethik" im 4. Kapitel seines bahnbrechenden Werkes nicht in allen Punkten überzeugend. So scheint mir eine Rückführung von „gut" auf metaphysische Prädikate keineswegs unmöglich oder gar absurd – immerhin führt Moore selbst „schön" auf ein ethisches Prädikat zurück (Kapitel 6, 121). Wenn aber die Ästhetik auf die Ethik gegründet werden können soll, warum dann nicht auch die Ethik auf eine nicht-naturalistische Metaphysik? Klar ist jedenfalls, daß die Ethik, wenn sie nicht auf Metaphysik gebaut werden kann, auf Intuitionen gegründet werden muß. Der Intuitionismus scheint mir nun aus zwei Gründen problematisch: Erstens kann es kein *Kriterium* für die Wahrheit von Intuitionen geben, so daß ihre Unterscheidung von erziehungsbedingten Vorurteilen gewiß nicht einfach, vielleicht sogar unmöglich ist. (Bei der Lektüre des sechsten Kapitels von Moores Buch (Das Ideal) stößt man in der Tat auf die Wertvorstellungen eines feinsinnigen viktorianischen Cambridger Studenten, sieht aber keineswegs ein, warum seine Werte für alle Menschen gültig oder gar die einzigen oder wichtigsten sein sollten.) Und zweitens scheint eben wegen des Mangels an einem logisch analysierbaren Kriterium der Intuitionismus entweder auf einen emotivistischen Subjektivismus hinauszulaufen (so schon bei C. L. Stevenson), bei dem er jede intersubjektive Verbindlichkeit verliert, oder, wenn den Intuitionen eine absolute Gültigkeit zugesprochen wird, eine dualistische Leib-Seele-Theorie (bzw. etwas Vergleichbares) vorauszusetzen (denn ein Algorithmus, der zu den Intuitionen führt, ist ja nicht denkbar). So bei Scheler, der zwar kein Leib-Seele-Dualist ist, aber dessen Personbegriff eine kausalwissenschaftliche Rekonstruktion ausschließt.

18 Gegen jeden Versuch, Normen und Werte auf Entwicklungsgesetze zu gründen - was nur dann möglich wäre, wenn wir schon wüßten, daß die entsprechenden Entwicklungen werthaft wären, wenn wir also über Werte schon verfügten –, s. M. Scheler, Der Formalismus in der Ethik und die materiale Wertethik, Bern/München [6]1980, 32 f., 215, 275 ff., 280 ff.

19 Vgl. meine Kritik an der evolutionären Erkenntnistheorie „Tragweite und Grenzen der evolutionären Erkenntnistheorie", in: Zeitschrift für allgemeine Wissenschaftstheorie 19 (1988), 348–377 (in diesem Bande 74 ff.).

20 Natürlich ist nicht auszuschließen, daß *lokale* Gesetze sich ändern - wenn etwa alle Planetensysteme zerstört würden, würden die Keplerschen Gesetze nicht mehr gelten. Aber wir sind zu Recht davon überzeugt, daß das Naturereignis, das zur Vernichtung der Planetensysteme führen würde, selbst auf der Grundlage allgemeinerer Naturgesetze und gewisser Antezedensbedingungen erklärt werden könnte.

21 Ich darf mir gestatten, zu näherer Ausführung auf meinen Aufsatz „Begründungsfragen des objektiven Idealismus" zu verweisen (in: Philosophie und Begründung, hrsg. vom Forum für Philosophie, Frankfurt a. M. 1987, 212–267). – Was eine objektive-idealistische Naturphilosophie angeht, so stammen die wichtigsten Arbeiten dazu von D. Wandschneider; s. insbesondere sein Buch „Raum, Zeit, Relativität", Frankfurt a. M. 1982.

22 Man kann freilich manchmal seine Zweifel haben, ob im gegenwärtigen Universitätsbetrieb institutionelle Rahmenbedingungen dafür gegeben sind, daß Philosophie und Naturwissenschaft so häufig miteinander kommunizieren, wie es sachlich geboten ist. Sollte man nicht vielleicht an Philosophischen Fakultäten einführende naturwissenschaftliche und an Naturwissenschaftlichen Fakultäten einführende philosophische Kurse anbieten, um die gleichermaßen schrecklichen Gefahren eines blinden Szientismus und einer geschwätzigen Philosophie zu bekämpfen?

Zur Philosophie der Geschichte der Sozialwissenschaften

1 H. Weigel, Die Leiden der jungen Wörter, Zürich/München [5]1975, 62.

2 The Consequences of Modernity, Cambridge 1991, 38.

3 Die unbewältigten Sozialwissenschaften oder die Abschaffung des Menschen, Graz 1984.

4 Reinbek 1976.

5 Paris 1967.

6 Ebd., 19.

7 Dies ist der Titel eines Buches von R. Schönberger (Berlin/New York 1986). Im Zusammenhang der Fragestellung dieses Essays ist „Exkurs II: Normative Definition als Methode der klassischen Philosophie" (373 ff.) besonders interessant.

8 Vgl. zu beiden Revolutionen V. Hösle, Philosophie der ökologischen Krise, München [2]1994, 50 ff.

9 Im folgenden fasse ich mich sehr kurz und verweise für Belege und weitere Ausführungen auf meine Einleitung „Vico und die Idee der Kulturwissen-

schaft" zu Ch. Jermanns und meiner Übersetzung des Werkes (2 Bde., Hamburg 1990, I, XXXI–CCXCIII).

10 Abs. 343 in der Ausgabe von F. Nicolini der dritten Auflage von 1744 (G.B. Vico, Opere, 8 in 11 Bänden, Bari 1911–1941, Bd. IV: La Scienza nouva seconda giusta l'edizione del 1744, con le varianti dell'edizione del 1730 e di due redazioni intermedie inedite, [1]1911–1916, [4]1953).

11 Abs. 2. Die Situation ist insofern etwas komplexer, als Vico aufgrund seiner Sympathie mit dem Okkasionalismus die Welt des Psychischen direkt in Gott ansiedelt; daher ist die Welt der Nationen nur das zweite Attribut Gottes (neben der physischen Welt).

12 Abs. 331, 349.

13 Abs. 236, 331.

14 Abs. 348 f.

15 Abs. 517 f., 547, 1079.

16 Abs. 592, 668, 985, 1021.

17 Vgl. Abs. 821 und 838: Man könne nicht gleichzeitig großer Philosoph und großer Dichter sein.

18 Vgl. Montesquieu, Œuvres complètes, Bd. I, Paris 1949, 575.

19 I i; in der zweibändigen Flammarion-Ausgabe des Werkes mit einer Einleitung von V. Goldschmidt (Paris 1979) I 124.

20 Natürlich gibt es Ausnahmen – man denke an den sechsten Teil des Werkes. Besonders das 27. Buch berührt sich sehr mit Vicos Fragestellungen und Methode.

21 XXI xxi; II 68.

22 XXX i; II 309.

23 V xiv; I 188.

24 XVI iv; I 411 f.

25 I 83 in der oben zitierten Flammarion-Ausgabe.

26 II 437.

27 II 440.

28 II 448.

29 XXIV xxvi; II 159.

30 XXIV iii f.; II 141 ff.

31 VIII xvi f.; I 255 ff. und XXIV v; II 143: Für große Gebiete und katholische Staaten sei die Monarchie besser, für Kleinstaaten und protestantische Staaten die Republik.

32 XIX xxiii ff.; I 475 ff.

33 XI vi; I 294 ff.

34 XIX xxvii; I 477 ff.

35 A. de Tocqueville, De la démocratie en Amérique, 2 Bde., Paris 1981, 161.

36 I 68.

37 I 61.

38 I 541.

39 II 77.

40 II 127.

41 II 224.

42 II 228.

43 II 401.

44 A. Comte, Calendrier positiviste ou système général de commémoration publique, Paris 1849, 33.

45 Discours sur l'esprit positif, in: A. Comte, Philosophie des sciences, Paris 1996, 127–225, 138.

46 149f.

47 192.

48 165.

49 166.

50 181f., 201f.

51 151; vgl. 183.

52 Interessant sind die Worte, die Comtes Abgesandter Sabatier an den Jesuitenpater Beckx in Rom richtete: „Wenn die politischen Gewitter der Zukunft die ganze Intensität der modernen Krise offenbaren werden, dann werden Sie die jungen Positivisten bereit finden, sich für Sie töten zu lassen, so wie Sie bereit sind, sich für Gott massakrieren zu lassen." (Zitiert nach: R. Spaemann, Der Ursprung der Soziologie aus dem Geist der Restauration, München 1959, 183)

53 Vgl. dazu immer noch den ersten Teil von: J. A. Schumpeter, Kapitalismus, Sozialismus und Demokratie, Tübingen/Basel [7]1993. Zu spezifischen Problemen des Begründungsansatzes des Marxismus s. V. Hösle, Die Krise der Gegenwart und die Verantwortung der Philosophie, München [3]1997, 63ff.

54 K. Marx, Frühe Schriften, Bd. I, Darmstadt 1962, 488.

55 É. Durkheim, Les règles de la méthode sociologique, Paris 1973, IX.

56 20.

57 116f.

58 27.

59 41.

60 58.

61 90.

62 137.

63 74.

64 Vgl. W. Hennis, Die Spuren Nietzsches im Werk Max Webers, in: Nietzsche-Studien 16 (1987), 382–404.

65 Der Aufsatz wird zitiert nach: M. Weber, Gesammelte Aufsätze zur Wissenschaftslehre, hrsg. von J. Winckelmann, Tübingen [7]1988, 146–214. Ebd. 149.

66 150.

67 152.

68 154.

69 170.

70 183f.

71 200.

72 Der Aufsatz findet sich 489–540. Ebd. 499.

73 507. Vgl. auch: Wissenschaft als Beruf, 582–613, 603ff.

74 Vgl. L. Strauss, Naturrecht und Geschichte, Frankfurt a.M. 1977, 37ff.

75 595, 613.

76 Trattato di sociologia generale, Firenze 1923, § 1712, III 33.

77 Ebd., § 2268, III 423f.

78 N. Luhmann, Paradigm lost: Über die ethische Reflexion der Moral, Frankfurt a. M. 1990, 23 ff.
79 Vgl. dazu V. Hösle, Moral und Politik, München 1997, 116 ff.
80 Opladen 1986.
81 Vgl. die frühe Auseinandersetzung zwischen beiden in: J. Habermas/N. Luhmann, Theorie der Gesellschaft, Frankfurt a. M. 1971.
82 2 Bde., Frankfurt a. M. 1981.
83 Frankfurt a. M. 1992.

Philosophische Grundlagen eines zukünftigen Humanismus

1 Ich verdanke für die folgenden Ausführungen manches K. Jaspers' Abhandlung „Über Bedingungen und Möglichkeiten eines neuen Humanismus" (Stuttgart 1951).
2 Erstdruck: Basel 1532.
3 Op. cit., 213.
4 Op. cit., 214.
5 Op. cit., 216: Spucke als Heil-, Kot als Dungmittel usw.
6 Op. cit., 141.
7 Op. cit., 137 ff., 145.
8 Op. cit., 43: „… quasi solus eorum omnium dominus et rex et imperator, in universo terrarum orbe non immerito dominari ac regnare et imperare videatur". Vgl. 134 ff.
9 Op. cit., 79, 154.
10 Man denke nur an J. Burckhardts „Die Cultur der Renaissance in Italien" von 1860.
11 Vgl. op. cit., 129.
12 Man lese besonders den „Idiota de mente".
13 Op. cit., 176 ff.
14 Pythia VIII 95 f.
15 Zu den Unterschieden beider Wissenschaftstypen vgl. V. Hösle, Philosophie der ökologischen Krise, München 21994, 50 ff.
16 F. Schiller, Sämtliche Werke, 5 Bde., München 1959, V 593.
17 Vgl. ed. cit., V 711: „Sie (sc. die Griechen) empfanden natürlich; wir empfinden das Natürliche."
17b Vgl. inzwischen meinen Aufsatz „Zur Philosophie der Geschichte der Sozialwissenschaften" (oben 125 ff.).
18 Gadamer könnte als Gegeninstanz angeführt werden, denn seine Philosophie ist wesentlich durch sein Studium der Klassischen Philologie geprägt. Aber ein so eindrucksvolles Werk „Wahrheit und Methode" (Tübingen 1960) auch ist, die bedeutende Einsicht in die Geschichtlichkeit des Historismus wird nicht weitergeführt zur Überwindung des Historismus und zur Wiedererlangung eines Horizontes reiner Geltungen, sondern wird letztlich sogar dem Triumph des Historismus dienstbar gemacht.
19 Zu Recht schreibt Heidegger in seinem Brief an Jean Beaufret „Über den Humanismus" (in: Platons Lehre von der Wahrheit, Bern/München 31975,

53–119, 63), im weiten Sinne sei „auch das Christentum ein Humanismus, insofern nach seiner Lehre alles auf das Seelenheil (salus aeterna) des Menschen ankommt und die Geschichte der Menschheit im Rahmen der Heilsgeschichte erscheint". Heideggers Kritik am Humanismus kann ich mich freilich nicht anschließen, weil der Zielpunkt seiner Kritik, sein Seinsbegriff, mir unverständlich bleibt; nur eine Übersetzung von „Sein" mit „Sittengesetz" erlaubt m. E., in jener Kritik einen bleibenden Sinn zu finden.

Religion, Theologie, Philosophie

1 Vgl. M. Weber, Wirtschaft und Gesellschaft, Tübingen [5]1980, 245: „Eine Definition dessen, was Religion „ist", kann unmöglich an der Spitze, sondern könnte allenfalls am Schlusse einer Erörterung wie der nachfolgenden stehen."

2 Ed. C. Gebhardt, III 115.

3 Ed. Th. H. Green/Th. H. Grose, IV 331. Vgl. auch 332.

4 Vgl. meine detaillierteren, aber immer noch unzulänglichen Überlegungen in: Die Krise der Gegenwart und die Verantwortung der Philosophie, München [3]1997, 143 ff., wo ich die Apelschen Überlegungen zur Letztbegründung ontologisch auswerte und weiterführe.

Nachweise

Rationalismus, Determinismus, Freiheit, in: Jahrbuch für Philosophie des Forschungsinstituts für Philosophie Hannover 10 (1999), 15–43; englische Übersetzung erscheint in der Festschrift für H. Primas, hrsg. von A. Amann/H. Atmanspacher/U. Müller-Herold, Dordrecht 1999.

Der Darwinismus als Metaphysik (zusammen mit Ch. Illies), in: Jahrbuch für Philosophie des Forschungsinstituts für Philosophie Hannover 9 (1998), 97–127.

Tragweite und Grenzen der evolutionären Erkenntnistheorie, in: Zeitschrift für allgemeine Wissenschaftstheorie 19 (1988), 348–377; italienische Übersetzung als eigenes Büchlein: Napoli 1996. Die Fassung in diesem Band enthält einige Korrekturen gegenüber dem Original.

Über die Unmöglichkeit einer naturalistischen Begründung der Ethik, in: Wiener Jahrbuch für Philosophie 22 (1990), 13–29; portugiesische Übersetzung in: E. Stein/L. A. de Boni, Dialética e liberdade, Porto Alegre/Pétropolis 1993, 588–609. Die Fassung in diesem Band enthält einige Korrekturen gegenüber dem Original.

Zur Philosophie der Geschichte der Sozialwissenschaften, erscheint in der Festschrift für K. Rohe, hrsg. von O. Haberl, Baden-Baden 1999.

Philosophische Grundlagen eines zukünftigen Humanismus, in: Erfurter Universitätsreden, hrsg. von P. Glotz, München 1998, 47–73; erscheint zudem in: Kultur und Menschlichkeit. Neue Wege des Humanismus, hrsg. von F. Geerk, Basel 1998; englische Übersetzung in: Objective Idealism, Ethics and Politics, Notre Dame 1998, 167–185.

Religion, Theologie, Philosophie, erscheint in der Festschrift für Bischof J. Homeyer, hrsg. von W. Schreer und G. Steins, Hildesheim 1999.

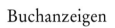

Buchanzeigen

Vittorio Hösle bei C.H.Beck

Vittorio Hösle
Moral und Politik
Grundlagen einer politischen Ethik für das 21. Jahrhundert
1997. 1216 Seiten. Leinen

Vittorio Hösle
Philosophiegeschichte und objektiver Idealismus
Acht Aufsätze
1996. 277 Seiten. Paperback
Beck'sche Reihe Band 1159

Vittorio Hösle
Philosophie der ökologischen Krise
Moskauer Vorträge
2., um ein Nachwort erweiterte Auflage. 1994. 155 Seiten. Paperback
Beck'sche Reihe Band 432

Vittorio Hösle
Praktische Philosophie in der modernen Welt
2., um ein Nachwort erweiterte Auflage. 1995. 216 Seiten. Paperback
Beck'sche Reihe Band 482

Nora K./Vittorio Hösle
Das Café der toten Philosophen
Ein philosophischer Briefwechsel für Kinder und Erwachsene
3. Auflage. 1997. 256 Seiten mit einer Abbildung. Gebunden

Verlag C.H.Beck München

Ethik im technischen Zeitalter
Herausgegeben von Vittorio Hösle

Dietrich Böhler (Hrsg.)
Ethik für die Zukunft
Im Diskurs mit Hans Jonas
1994. 491 Seiten. Broschiert

Dmitri Nikulin
Metaphysik und Ethik
Theoretische und praktische Philosophie in Antike und Neuzeit
1996. 167 Seiten. Broschiert

Klaus M. Leisinger/Vittorio Hösle (Hrsg.)
Entwicklung mit menschlichem Antlitz
Die Dritte und die Erste Welt im Dialog
1995. 264 Seiten. Gebunden

Klaus M. Leisinger
Unternehmensethik
Globale Verantwortung und modernes Management
1997. 250 Seiten. Leinen

Vittorio Hösle
Die Krise der Gegenwart und die Verantwortung
der Philosophie
Transzendentalpragmatik, Letztbegründung, Ethik
3., erweiterte Auflage. 1997. 287 Seiten.
Beck'sche Reihe Band 1174

Bernd Gräfrath
Es fällt nicht leicht, ein Gott zu sein
Ethik für Weltenschöpfer von Leibniz bis Lem
1998. 295 Seiten. Paperback
Beck'sche Reihe Band 1265

Verlag C.H.Beck München